丛书主编◎杨德军 朱传世

U0574097

儿童的学术启蒙

北京市朝阳区白家庄小学
遨游计划成果

▶ 祖雪媛◎主编 ◀

北京师范大学出版集团
BEIJING NORMAL UNIVERSITY PUBLISHING GROUP
北京师范大学出版社

图书在版编目(CIP)数据

儿童的学术启蒙/祖雪媛主编 .—北京：北京师范大学
出版社，2023.9
ISBN 978-7-303-27988-3

Ⅰ.①儿… Ⅱ.①祖… Ⅲ.①小学教育—教育研究
Ⅳ.①G622.0

中国版本图书馆 CIP 数据核字(2022)第 140784 号

图书意见反馈 gaozhifk@bnupg.com **010-58805079**
营销中心电话 010-58802755 58800035
北京师范大学出版社教师教育分社微信公众号 京师教师教育

ERTONG DE XUESHU QIMENG
出版发行：北京师范大学出版社 www.bnup.com
　　　　　北京市西城区新街口外大街 12-3 号
　　　　　邮政编码：100088
印　　刷：三河市兴达印务有限公司
经　　销：全国新华书店
开　　本：710 mm×1000 mm　1/16
印　　张：20.75
字　　数：279 千字
版　　次：2023 年 9 月第 1 版
印　　次：2023 年 9 月第 1 次印刷
定　　价：86.00 元

策划编辑：冯谦益　　　　　　责任编辑：申立莹
美术编辑：陈　涛　焦　丽　　装帧设计：陈　涛　焦　丽
责任校对：陈　荟　　　　　　责任印制：马　洁

丛书编委会

主　　任：方中雄　李　奕

主　　编：杨德军　朱传世

编　　委：马　可　黄晓玲　范佳午

本书编委会

主　　编：祖雪媛

副 主 编：魏华丽　安海霞

编　　委：祖雪媛　魏华丽　李瑞霞　郑　燕
　　　　　徐小青　李　颖　胡岩芳　胡艳霞
　　　　　祁　颂　程淑娟　李海玲　陈淑慧
　　　　　陈欣婷　杨　泽　蒋雨晨　朱　玲
　　　　　姚屹松

『遨游计划』首都课程创新丛书

总 序

ZONGXU

　　我国自 2001 年进入新一轮课程改革，到 2010 年课程改革 10 年反思之际，教育、课程、教学等方面的新老问题被聚焦。这些问题主要包括：学校课程供给的低效、单一、有限与家长、学生对于课程的高效、多元、多样化的需求之间存在矛盾；学校"教育－课程－教学－评价－管理"各环节之间互不搭界；学校育人模式单一且德学分治；学校层面和教师层面成为课程深化基础教育领域综合改革的瓶颈；学生课业负担重，学习效率低，学习效果差；学校课程建设体制机制僵化。

　　这些问题既有整体性的和全局性的，也有具体环节与要素层面的。如果简单地按照"头疼医头、脚疼医脚"的原则处理，可能会出现"按下葫芦浮起瓢"的局面。这就需要找到一个抓手，能"抓住一点遍及其余"，具有"牵一发而动全身"的功效。2010 年 7 月 29 日，备受关注的《国家中长期教育改革和发展规划纲要（2010—2020 年）》正式发布，为我国教育改革提供了方向与依据。为落实纲要精神，促进首都基础教育公平、优质、创新、开放地发展，进一步提高首都基础教育现代化水平，结合创新型国家和世界城市建设的需要，2012 年在北京市教育委员会（简称北京市教委）基础教育二处的统筹下，国家教育体制改革项目——部分中小学承担的课程建设研究项目启动。项目组选定了 15 所小学、12 所中学、1 所九年制学校，共 28 所实验校开展前期研究和实践探索。

为深化此项研究，推进基础教育综合改革，进一步激发学校自主发展的活力，2013 年，项目组在 28 所实验校的基础上扩大实验范围，增至 41 所，正式将项目命名为"北京市中小学课程创新实验——遨游计划"项目（简称"遨游计划"项目）。自此，"遨游计划"项目的基本宗旨也确立下来，即以"义务教育课程创新实验"为切入点，以下放课程建设的部分权力为路径，以问题、需求、特色为导向，以巧设计、多支持、少干预为原则，让实验校大胆改革，破除阻碍教育发展的体制机制，蹚出一条具有首都特色的义务教育课程创新之路。

2014 年，又有 2 所学校在不申请经费的情况下自愿加入"遨游计划"项目，经审批，形成了 41（＋2）所实验校的局面。由于前期实验效果明显，社会反响好，2015 年，北京市教委决定将实验校增至 50 所。在这期间，相关领导提出了项目的"低代价发展模式"，追求自主发展、生态发展、绿色发展；作为实验执行单位的北京教育科学研究院基础教育课程教材发展研究中心提出了"变量控制模式"，控制六个主要变量，科学设计"六位一体"首都课程创新战略。"六位"指"六位自主"，即"课程目标自主""课程结构自主""课程内容自主""课程实施自主""课程评价自主""课程主体选择自主"。"六位自主"是引导学校从课程建设的主体方面切入，将国家对于课程的基本要求与学校特色、学生需求相结合，充分利用好手中的自主权，激发学校课程活力，从而创新人才培养的模式，形成学校课程特色。"一体"指学校课程一体化建设，即学校在明确国家、地方、学校三级课程管理体系以及把握三级课程学时比例的基础上，结合学校特色和师生特点，融通三级课程，形成三级课程的整体推进方案和实践体系，达成课程整体育人的效果。"课程创新"是本实验的基本出发点和归宿点，要求各实验校在现有的课程政策、课程体系的基础上，调整课程各要素的关系，发挥各要素更大的效能，从而改进课程供给品质，创造更有价值的课程以及课程体系的新元素、新方法、新机制，从而获得更好的课程效益，解决课程领域的矛盾，满足课程各利益相关者的需求。

"遨游计划"项目实施 8 年以来，无论在项目管理方面还是在项目成果方面都卓有成效，积累了许多课程建设的典型经验。

一是确定了学校课程自主创新架构的三个基本原则：以"人的整体性发展"为核心，以"六位一体"为基本抓手，构建具有开放而综合特点的课程体系。

二是研制了基于"六位一体"模式的课程自主创新路线图，如下。

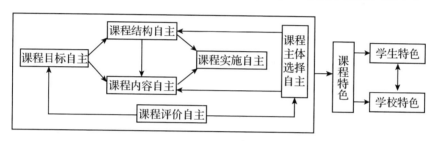

基于"六位一体"模式的课程自主创新路线图

三是形成了"六位一体"课程模式的特点。国家总督学顾问、联合国教科文组织协会世界联合会副主席陶西平先生总结了"遨游计划"项目课程创新的特点，即自主性、包容性、实践性、发展性、创新性、开放性。

四是探索出了课程创新的 12 步法则——精准破题—理论夯基—立柱架梁—有限行权—激活机制—重构课程—优化供给—身份塑造—多极关联—诊断评估—节点管理—现场推进，既实现流程管理目标，指明方向，降低风险，又提供课程创新内容和方法指导，加强专业引领，提升课程改革质量。

五是初步形成了基于课程整体育人的 50 个教育新架构、基于立德树人根本任务和中国学生发展核心素养的 50 个富有学校特色的课程体系，开发了 30 多个理论和实践结合的课程创新主题。

六是学校课程结构丰富多样，大小课、长短课等课程排课样式灵活多变，国家课程校本实践效果突出，教与学方式的变革提升了课程效益。各实验校积累了上千门的精品课程,学校课程管理变革提升了课程建设的品质。

"遨游计划"项目自实施以来,成果丰硕,市级项目组和许多实验校的成果在北京市乃至国家成果评比中斩获殊荣。2014年,2所实验校获基础教育国家级教学成果奖一等奖,8所实验校获基础教育国家级教学成果奖二等奖。在2016年全国教育科学成果评比中,1所实验校荣获优秀成果奖二等奖,2所实验校荣获优秀成果奖三等奖。在2017年北京市第五届基础教育教学成果奖评比中,"遨游计划"项目实验校共获奖31项,其中特等奖3项,一等奖10项,二等奖18项。在2018年基础教育国家级教学成果奖评比中,"遨游计划"项目实验校获评一等奖2项,约占北京市获奖总数(12项)的17%;二等奖11项,约占北京市获奖总数(28项)的39%。

北京市"遨游计划"项目组及实验校以对国家教育和学生负责的态度开展课程创新实验,积极作为,大胆改革,小心求证,破解了义务教育改革的难点,开创了义务教育课程改革的新局面,将人才培养模式变革落到了学生层面,在研究视角、研究内容、研究方式等方面取得重大突破。学生的课程需求得到最大满足,学生全面而有个性地发展、可持续发展和自主发展水平,以及教师的课程意识与水平得到普遍提升,学校课程文化成为学校文化的重要组成部分,实验成效在北京市乃至全国都产生了积极而深远的影响,"六位一体"课程体系成为首都品牌。

项目成果印证了基础教育改革坚持"从群众中来,到群众中去"的重要性和正确性,促进了课程理论与课程实际的结合,回应了教育改革和发展"为了谁、依靠谁和成果由谁共享"的重大主题。同时,项目的推进,为加快解决经济社会发展对高质量、多样化人才的需要与教育培养能力不足的矛盾,人民群众期盼良好教育与资源相对短缺的矛盾,增强教育活力与体制机制约束的矛盾提供了很好的案例。项目在北京市中小学校课程建设、育人模式改革、减轻学生过重负担、提高课程整体效益、促进学校内涵式发展等方面具有示范和推广意义。北京市2015年

7月颁布的《北京市实施教育部〈义务教育课程设置实验方案〉的课程计划（修订）》就吸收了此项目的先进经验，其中大小课、长短课、学科实践活动课程、开放性科学实践活动、整体育人实践、自主课程实验等就是其集中体现。

　　课程改革是教育改革的"牛鼻子"，课程改革的空间很大，向课程要效益是现在和未来一直要做的工作。今天，我们以实验校的课程创新成果为依托，推出北京市"遨游计划"项目成果系列丛书，一方面是为了巩固课程改革成果，凝练北京市课程改革的典型经验，引领首都教育向着更高水平迈进，为全国同行提供参考，为课程建设的伟大事业添砖加瓦；另一方面是要加深课程理论研讨，深入课程内涵层面，把握好课程各要素和各种关系，加强协同，突破结构性、体制性障碍，探索具有中国特色的课程理论框架，让课程创新在纵横两方面全方位推进，以期获得更好的课程效益。这套丛书是从北京市课程的变革性实践中凝聚、提炼而来的，也可以说是北京市课程改革的缩影，希望它的现实之光，能照见课程改革的未来。

李　奕

2019 年 8 月 1 日

前 言

QIANYAN

　　白家庄小学始建于 1956 年，是一所具有六十多年的办学历史与文化积淀的区级直属示范校。学校现发展出一校十三址的集团化办学规模，在朝阳区呈远距离、散点式分布，具有鲜明的文化多样化、区域国际化等特点。

　　白家庄小学以"尊重"为核心理念。儿童具有与生俱来的好奇心，这个好奇心是驱动他认识事物、认识世界的动力，使他不断追问、获得解释、持续思考。儿童学术启蒙充分尊重这种好奇心、探究欲的天性，充分尊重儿童心理发展需求，呵护儿童的研究心性，引导儿童了解、经历做学问、做研究的全过程。学校努力营造主动提问、敢于质疑、善于追问的氛围，并引导学生有理有据地辨析、推理，经历提问—选题—计划—答辩—实施—总结—反思—创新的过程，初步形成良好的研究习惯，习得研究方法，体味研究的趣味与成果表达的快乐，促进深度学习，培养创新思维。

　　随着新课程改革不断深入，学校围绕"尊重"这一办学理念，基于国家课程积极思考各学科的育人价值，系统建构学校尊重特色课程体系，通过开发主题课程将有关学科内容深度整合，改进单一学科教学，最大限度发挥学科独特的育人价值和学科之间的综合育人功能，以满足学生全面而个性化的生长和未来发展的需求。学校课程建设分为四个阶段。

1. 横向拓展阶段：满足学生兴趣需求，拓展校本课程，形成"基础＋选学"课程结构

自 2001 年起，学校逐渐形成"尊重"这一办学理念与育人目标体系，落实"两个体现"：体现文化多样性和差异性，体现学生的多样性和差异性。根据第八轮课程改革的精神，学校自主开发校本课程来丰富基础课程，解决了学生多样化需求得不到满足的问题。学校将基础课程内容进行拓展延伸，尊重学生多样化的学习需求，建构了"基础＋选学"的课程结构：基础课程重在保持国家课程"学科本质突出、注重思维的系统性和逻辑性、基础扎实"等优势，按照国家课程方案开设；选学课程是在基础课程的基础上，满足学生的学习兴趣和发展需要，由学校老师自主开发、学生选学的课程。选学课程经过不断拓展，于 2004 年形成文化、艺术、健康和科技四大类。

2. 纵向贯通阶段：开发跨课程、跨学科主题课程，逐渐形成四个尊重领域、"一贯通"主题课程

进一步提炼学校"尊重"这一办学理念，不断丰富尊重的内涵和外延，明确学校课程目标，优化课程结构，力求实现三级课程整体推进并解决学科间交叉的问题。把教材内容、三级课程的内容等合并相同、补齐不足，开发设计跨学科、跨课程的主题课程，初次形成尊重文化十个"串串烧"主题课程，为"国家＋地方＋校本"三级课程的整体推进提供可资借鉴的经验。三级课程的整体推进成果喜人，学校被评为 2010 年度北京市课程建设先进单位。

自此，主题课程从成功实验走向优质推广的课程创新开发。在市级专家的指导下，学校研发出主题课程的课程指南、领域目标、分目标等，为不断创新的主题课程奠定了科学而坚实的基础。主题课程的开发优势不断扩大，学生自主探究流程逐渐清晰，跨学科学习优势逐渐凸显，最后概括出课程深度整合的有效策略和优秀实施经验，逐步由一个尊重维度的开发推进到四个尊重维度的开发。至 2019 年年底，学校开

发出四大维度七十三个主题课程。

3. 立体建构阶段：横纵联合，立体发展，形成"基础＋主题"立体课程结构

随着四类百余门校本课程的横向拓展，与七十三个跨学科主题课程的纵向贯通，学校逐渐形成立体清晰的三维课程结构，即"基础＋主题"的课程结构：基础课程分为基础核心性课程、基础拓展性课程和基础定制性课程，主题课程即跨学科、跨类别，鼓励学生自主探究的主题式课程。"基础＋主题"的课程结构围绕四大尊重维度、二十三个要点的课程目标体系，既强化国家课程的基础性，又构建与学生社会生活紧密联系的跨学科主题课程，充分尊重学生的学习需求和发展差异。

主题课程逐渐规范开题课流程，从学生提出问题出发，经过小组梳理，全班聚焦，形成探究问题，并制定计划，启蒙儿童的学术素养。同时，学校着力改进课程评价机制，设计主题学习评价单，设置学生提出问题、成果分享等评价指标，形成以过程性评价引导学生发展的多元评价方式。

4. 深化实践阶段：深化自我发展课堂实践，教学研究引领、促进课程教学协同发展

课程的最终落脚点是课堂，课堂是根植社会主义核心价值、促进学生核心素养全面提升的重要场所。从"专注教"到"关注学"，自我发展课堂开启向整体关注人、整体培育人的方向的转变。学校以"关注百分百"为切入口，以"我会质疑、我会思辨、我会合作"为突破口，2017 年向全市公开推出八十八节"自我发展课堂"的优秀课例，通过核心问题等级启发学生独立思考，培养高阶思维，促进理性认识、批判质疑等核心素养的培育。同时，学校立项课题逐年增加，仅以"十三五"期间为例，学校共有四个市级规划课题、七个区级规划课题，涉及人才创新课程、生态文明课程、STEM 课程等专题课程群研究。学校积极以课题引领、促进学校课程教学的协同发展，落实立德树人根本任务。

经过十多年的课程探索，尤其是近十年的课程体系深度建构与实

践，学校的课程样态发生巨大的变化：主题课程的开发和实践从 2009 年一个尊重维度十个主题，发展到 2019 年四个尊重维度七十三个主题；课程结构从"基础＋选学"平面结构提升为"基础＋主题"立体结构，适应学生未来发展的、多学科协同育人的学校课程已经形成；改革管理模式，推进跨学科教研、跨校区联合教研，优秀主题课程实施范围从一个校区一个年级，推广到七个校区所有年级。充满活力的学校课程与课堂，让每一个学生个性化的学习需求都能得到充分尊重，每一个学生的潜能都得到充分挖掘，极大地提升了学生的学习主动性、思维深刻性、创造独特性。课题引领和课程的融合创新也大大提升了教师的课程领导力。

因此，我们认为，儿童学术启蒙是指在小学阶段比较系统地学习一些做学问的基本方法，从而具备问题意识，会辨析选择，能对信息进行搜集筛选，能用学习成果例举说明发现。儿童学术启蒙课程要引导儿童学会提问，学会选题，学会拟定研究计划，学会清晰阐述自己的思路，学会结合计划开展研究活动，学会用证据证明自己的观点，学会应用创意成果。教师要与儿童一起做学问，教师要与儿童一起发展思维，给儿童提供提问、选题、研究、表达和成果创造的机会，培养师生的问题意识、多角度思维和创新思维能力。我们相信，儿童潜在的研究能力和创造力都是无限的！我们在课程实施中致力于"求真"，即真思、真做、真辨，真经历、真表达、真成果，致力于倾听、质疑、思辨等能力的培养，致力于中国学生发展核心素养的培育！

北京市朝阳区白家庄小学

2023 年 6 月

目 录

MULU

第一章

小学阶段儿童学术启蒙的背景与定位

"建设教育强国"是新时代我国教育改革发展的方向，新时代呼唤基础教育以培养担当民族复兴大任的时代新人为着眼点，以社会主义核心价值观教育为突破口，培养德智体美劳全面发展的社会主义建设者和接班人。

　　在全面建设社会主义现代化强国进程中，教育要发挥基础性、先导性和全局性作用。面对未来的基础教育改革与发展，我们在充分尊重儿童天性发展、心理发展和未来发展需求的基础上，找准开展儿童学术启蒙教育的起点，力图通过开展儿童学术启蒙教育，为儿童主动自由的发展创造一个良好的空间，克服和解决在教育教学中存在的诸多问题，给每一个儿童提供"发现提问、质疑思考、选题研究、表达思辨、创新创造、成果分享"的机会，激活其学术思维，提升其学习品质，引导他们善于发现、敢于提问、勇于挑战、善于探索和创造，为其成为具有创新精神和实践能力的一代新人奠定基础，为其成为具有北京情、中国心的世界人奠定基础，让每一个生命都绽放异彩！

第一节　开展儿童学术启蒙教育的背景

百年大计，教育为本。教育工作既是人民群众的现实关切，也是国家民族未来发展的希望所在。改革开放以来，我国基础教育的改革和发展始终围绕两条主线展开：一是发展，就是千方百计地加快基础教育的普及，为人民群众提供更多、更好的受教育机会；二是改革，就是千方百计地实施素质教育，让人民群众接受更有内涵、更高质量的教育。

自 1986 年国家以立法形式确立普及义务教育制度之后，经过 30 多年的改革和发展，我国教育总体实力和国际影响力显著增强，基础教育也站在了一个新的起点上。但是，面对国家对人才培养的新需求，应试教育下的人才培养体制与机制并没有完全改变，这在一定程度上也导致了学校培养出的人才素质结构相对单一。2016 年 9 月，习近平总书记在北京八一学校座谈时强调："基础教育是提高民族素质的奠基工程，要遵循青少年成长特点和规律，扎实做好基础的文章。"①而国民的学术力提升是国民素质提升的一种重要表现，因此，要想进一步促进国家的文化创新力，实现"人才辈出、万众创新"的局面，在基础教育阶段开展儿童的学术启蒙就显得尤为重要。

一、我国教育改革与发展的需要

基础教育是提高我国国民素质和建设教育强国的奠基性工程，不仅覆盖着最广大的学生和教师队伍，而且是新时期我国教育改革和发展最活跃的领域。随着时代的不断发展和进步，党和国家提出了新时代人才培养新标准和教育体系新要求。我国基础教育也正在形成一种"以培养担当民族复兴大任的时代新人为着眼点，以社会主义核心价值观教育为

---

① 中共中央文献研究室：《习近平关于社会主义建设论述摘编》，58 页，北京，中央文献出版社，2017。

突破口"的结构性变革新趋势。[①]

（一）我国教育改革所处的时代背景

当今世界大国博弈形势复杂，中国正处于"四个伟大"的历史进程。在从站起来、富起来到强起来的新征程中，中国基础教育面临的时代背景也发生了重大变化。

1. 我国教育正处于"由大到强"的历史新起点

2017年1月10日，国务院印发《国家教育事业发展"十三五"规划》，提出"'十三五'时期教育改革发展的总目标是：教育现代化取得重要进展，教育总体实力和国际影响力显著增强，推动我国迈入人力资源强国和人才强国行列，为实现中国教育现代化2030远景目标奠定坚实基础"。

2017年10月18日，习近平总书记在党的十九大报告中指出："经过长期努力，中国特色社会主义进入了新时代，这是我国发展新的历史方位。""我国社会主要矛盾已经转化为人民日益增长的美好生活需要和不平衡不充分的发展之间的矛盾。"[②]这个矛盾也影响着教育领域。

进入新时代，踏上新征程，从人力资源大国迈向人力资源强国、从制造大国迈向创造大国、从教育大国迈向教育强国，都需要创新育人。面对新的形势和任务，面对社会和人们对教育的期待，我们的基础教育事业应该如何发展？党的十九大报告对教育事业做出了战略部署，提出优先发展教育事业，这无疑给我们指出了努力的方向，即建设教育强国是中华民族伟大复兴的基础工程，必须把教育事业放在优先位置，深化教育改革，加快推进教育现代化，办好人民满意的教育。

2. 我国教育正处于"最为深刻"的改革新阶段

1999年，国家启动第八次基础教育课程改革，以素质教育为基本

---

① 刘复兴：《试论新时代我国基础教育的结构性变革》，载《教育研究》，2018(10)。

② 习近平：《决胜全面建成小康社会　夺取新时代中国特色社会主义伟大胜利——在中国共产党第十九次全国代表大会上的报告》，10、17页，北京，人民出版社，2017。

取向，标志着中国教育开始进入一个新纪元。这场"教育领域最为深刻的改革"传播了先进的教育理念，推进了人才培养模式的变革，也使教师的观念与行为在悄然发生变化。

改革开放特别是党的十八大以来，在以习近平同志为核心的党中央坚强领导下，我国义务教育取得了举世瞩目的成就，实现了全面普及，教育部《2018年全国教育事业发展统计公报》指出，2018年我国九年义务教育巩固率为94.2%，处于由基本均衡向优质均衡迈进的新阶段。但是，教育改革永远在路上。当前，我国正处于全面深化改革新阶段，教育领域综合改革逐步深入。越是走入深水区的改革，其艰难性和复杂性就越高，越是需要系统地改革设计和实践推动。例如，信息化互联网时代对社会主义核心价值观教育、道德养成教育提出新命题，基础教育阶段面临着课程教学改革和人工智能等新技术带来的挑战，立德树人与片面追求升学率等传统观念的博弈，等等。

(二)我国基础教育承担的历史新使命

我们党历来重视培养什么人的问题，中华人民共和国成立后，提出培养又红又专的社会主义建设者；改革开放后，提出培养"四有"新人，培养德智体美全面发展的社会主义建设者和接班人。2018年9月10日，全国教育大会召开，这次大会首次提出教育是国之大计、党之大计；明确了培养什么人、怎样培养人和为谁培养人的问题，为中国教育指明了道路和方向。这是新时代对党的教育方针的重要发展和丰富，体现了人的全面发展和社会全面进步的新要求。

1. 从知识搬家到学以致用

素质教育是以提高国民素质为根本宗旨，以培养学生的创新精神和实践能力为重点，使学生德智体美劳全面发展的教育。可以说，从国家到地方，从管理科研部门到基层中小学校，从社会群体到家庭单位，素质教育都是一个热点话题。可是，素质教育的表现似乎有些乏力。有些学校"模式化""程序化"教学变革的倾向依然存在；有些教师以"学习者中心"的名义，让学生机械地进行自主、合作学习；课堂教学中"浅表化""满堂问"等问题依然存在。

2001 年，教育部印发的《基础教育课程改革纲要（试行）》提出："改变课程实施过于强调接受学习、死记硬背、机械训练的现状，倡导学生主动参与、乐于探究、勤于动手，培养学生收集和处理信息的能力、获取新知识的能力、分析和解决问题的能力，以及交流与合作的能力。"

面对国家对人才培养的新需求，2017 年，中共中央、国务院印发《关于深化教育体制机制改革的意见》，强调"要注重培养支撑终身发展、适应时代要求的关键能力。在培养学生基础知识和基本技能的过程中，强化学生关键能力培养"，从而把核心素养置于人才培养的基础地位，把必备品格和关键能力作为培育和践行社会主义核心价值观、落实立德树人根本任务、培养时代新人的一个十分重要的标准。2018 年，习近平总书记在全国教育大会上明确提出"培养德智体美劳全面发展的社会主义建设者和接班人"①。这是在中国特色社会主义进入新时代、全面建成小康社会进入决胜阶段的大背景下提出的新时代育人目标。

由此可见，新的时代有新的历史重任。当前教育改革已从追求知识体系完整的学科取向，转为以培育学生核心素养的能力取向，从知识搬家到学以致用，真正培养学生的核心素养，促进学生的全面发展，力求破解在实施推进素质教育中出现的一些困局和难题，使素质教育真正落地生根，开花结果。

小学教育作为正规学校教育的第一阶段，是全面提升国民教育水平的基础。小学教育必须在承担育人使命的过程中把"立德树人"作为教育的根本任务，关注课程最终给学生留下的是什么，只有让他们积极、充分地运用知识去理解世界、解决问题，学以致用，获得健全的人格和精神的成长，他们才能更好地成长为新时代社会主义建设者和接班人。

① 《习近平在全国教育大会上强调　坚持中国特色社会主义教育发展道路　培养德智体美劳全面发展的社会主义建设者和接班人》，载《人民日报》，2018-09-11。

2. 以学术启蒙建设教育强国

"建设教育强国"是新时代我国教育改革发展的新使命，党的十九大报告提出了"建设教育强国是中华民族伟大复兴的基础工程"的新论断。这就强调了新时代我国教育工作必须主动服务国家战略需求，这将有助于完成"建设教育强国"这一教育改革发展的根本任务。

建设教育强国，必然要办强的教育。2018年9月，"学习贯彻全国教育大会精神，加快建设教育强国新征程"座谈会在北京外国语大学举行。教育界专家学者就"如何学习贯彻全国教育大会精神"这一主题进行座谈讨论。北京师范大学褚宏启认为，建设教育强国要落实到培养强人。强人要具有平稳开放、民主法治、科学理性等现代素质，其最核心的素质是创新能力，要建设教育强国就要培养一大批具有现代素质和创新能力的强人。[①]

在全面建设社会主义现代化强国进程中，教育要发挥基础性、先导性和全局性的作用。我们知道，大学的灵魂是学术，大学文化的根基是学术，创造知识要靠学术研究，人才要用学术思想来培养，大学为社会服务的职能，也要靠学术研究创造的知识和培养的人才来完成。因此，学术是大学的核心，也是大学文化的核心。反观现在的学生，大部分从6岁进入小学课堂，到18岁走进大学殿堂，在传统的教学模式下，比较习惯于接受知识的灌输，习惯于寻找标准答案。因此，要改变这种局面，就需要在基础教育阶段开展学术启蒙，让学生在进行自主研究时，学会主动学习、学会质疑探究、学会创新创造。

二、学校推进教育教学改革的需要

当前，我国基础教育正在发生并将进行深入的结构性变革。我国基础教育面临的时代背景发生了重大变化，这一重大变化就是我国经济发

---

① 《学习贯彻全国教育大会精神　加快建设教育强国新征程》，中国教育新闻网，2018-09-30。

展进入新常态。这个新常态有三个突出标志：一是从高速增长转为中高速增长，二是经济结构不断优化，三是从要素驱动、投资驱动转向创新驱动。这就要求基础教育要更加重视培养人的创新精神和实践能力，这是实现中华民族伟大复兴的中国梦对基础教育提出的必然要求。

(一)深入理解新时代教育的总体要求

1. 转变思想观念，深化教育改革

思想是行动的先导，而教育思想是一种社会意识形态，它是人们在一定社会时代的教育实践活动中，直接或间接形成的对教育现象、教育规律、教育问题的认识和看法。什么样的教育思想引发什么样的教育行为。教育改革的年代一般会有两种思想并存，一种是传统的、陈旧的教育思想，另一种是现代的、先进的教育思想。要促进教育改革的深入开展和顺利进行，就需要转变广大教育工作者的思想观念，只有转变了思想观念，他们才能全身心地投入教育改革的大潮之中。否则，教育改革就只能是空中楼阁，或者昙花一现。

2017 年 9 月 8 日，《人民日报》刊登教育部部长陈宝生的《努力办好人民满意的教育》，文章提出："深化基础教育人才培养模式改革，掀起'课堂革命'，努力培养学生的创新精神和实践能力。"站在新时代和实现教育现代化的高度，基础教育就要以培养担当民族复兴大任的时代新人为着眼点，以社会主义核心价值观教育为突破口，以养成核心素养特别是必备品格与关键能力为重点，系统、集中克服我国基础教育长期以来存在的诸多难题。

因此，面对未来的基础教育改革与发展，我们要尽力去弄懂学生的实际水平和发展需求，找准开展儿童学术启蒙教育的起点；读懂国家的教育方针政策，深入把握社会主义核心价值观、纲要的精神内涵，把握好教育的发展方向。一是树立历史大局观，把培养德智体美劳全面发展的社会主义建设者和接班人作为方向和根本任务；二是树立整体发展观，把学生的全面健康发展作为教育决策的出发点和落脚点；三是树立科学教育观，遵循人的发展规律和教育教学规律，加强对教育问题的深

入扎实研究；四是树立大教育观，把整个社会变成教育场，把每一个相关者变成教育者，构建起促进人的全面发展、社会全面进步的良好教育生态。

2. 转变学习方式，推进深度学习

美国学者费伦斯・马顿（Ference Marton）和罗杰・萨尔乔（Roger Saljo）于 1976 年首次提出关于"深层学习"的概念。浅层学习处于较低的认知水平，是一种低级认知技能的获得，涉及低阶思维活动；而深度学习则处于高级的认知水平，面向高级认知技能的获得，涉及高阶思维活动。[①]

布卢姆在认知学习领域中把教学目标分成六个层次，从低级到高级依次是：识记、理解、应用、分析、综合、评价。[②]深度学习的认知水平是对应后面四个层面的学习。我们认为，在基础教育领域，深度学习主要指的是以学生学习为中心，在教师的指导下学生自主进行知识建构，基于真实情境进行的主动学习、解决问题，全身心积极参与、体验成功、获得发展的有意义的学习过程。深度学习强调的是学生的主动性、批判性和再建性学习，鼓励学生在积极探索中不断反思，进而实现再创造。在这个过程中，学生通过学习学科的核心知识，理解学习过程，把握学科核心思想与方法，形成积极的内在学习动机，形成健康向上的情感、态度与价值观，成为既具独立性、批判性、创造性又有合作精神、基础扎实的优秀学习者。

随着信息技术的迅猛发展，深度学习作为一种发展素养的学习，强调学习过程中的反思与元认知，注重高级思维能力的培养，已经被越来越多的国家所重视。针对当前基础教育阶段课堂教学中存在的一些形式化、碎片化、浅表化、机械训练等问题，教育改革目标直指学生发展的核心素养，指向增进学生的深度理解、实践应用和创造性解决问题能力

---

① 夏季云：《尊重学生主体　实现深度学习》，载《江苏教育》，2017(5)。
② 何捷：《基于深度学习的写作教学转变》，载《中小学教师培训》，2018(8)。

的提升。

因此，深度学习是信息时代教育教学变革的必然选择，是深化基础教育课程改革的诉求。儿童学术启蒙教育是一场促进学生核心素养发展的智慧之旅，通过引导学生在小学阶段比较系统地学习做学问的一些基本的入门的方法，使其身心愉悦地经历观察、质疑、思考、猜想、验证等活动，在循序渐进的深度学习中得到全面、健康、可持续的发展。

(二)准确把握新时代教育的培养标准

1. 五育并举，促进学生的全面发展

2018 年 9 月 10 日，习近平总书记在全国教育大会上强调："在党的坚强领导下，全面贯彻党的教育方针，坚持马克思主义指导地位，坚持中国特色社会主义教育发展道路，坚持社会主义办学方向，立足基本国情，遵循教育规律，坚持改革创新，以凝聚人心、完善人格、开发人力、培育人才、造福人民为工作目标，培养德智体美劳全面发展的社会主义建设者和接班人，加快推进教育现代化、建设教育强国、办好人民满意的教育。"①

学校必须围绕"促进人的全面发展"，实施德智体美劳全面发展的教育，形成"五育并举"的教育格局。一是加强德育，要把德育放在学校工作的首位，在加强品德修养上下功夫，教育、引导学生培育和践行社会主义核心价值观，踏踏实实修好品德，成为有大爱、大德、大情怀的人。二是加强智育，要在增长知识和见识上下功夫，教育、引导学生珍惜学习时光，心无旁骛求知问学，增长见识，丰富学识，沿着求真理、悟道理、明事理的方向前进。三是加强体育，要树立健康第一的教育理念，开齐开足体育课，帮助学生在体育锻炼中享受乐趣、增强体质、健全人格、锤炼意志。四是加强美育，要全面加强和改进学校美育，坚持以美育人、以文化人，提高学生审美和人文素养。五是加强劳动教育，

---

① 《习近平在全国教育大会上强调　坚持中国特色社会主义教育发展道路　培养德智体美劳全面发展的社会主义建设者和接班人》，载《人民日报》，2018-09-11。

要在学生中弘扬劳动精神，教育、引导学生崇尚劳动、尊重劳动，懂得劳动最光荣、劳动最崇高、劳动最伟大、劳动最美丽的道理，长大后能够辛勤劳动、诚实劳动、创造性劳动。[①]

2. 校本课程设计，助力学生的个性发展

课程是贯彻学校核心办学理念的主渠道和主阵地，《国家中长期教育改革和发展规划纲要（2010—2020年）》指出，学校要"创造条件开设丰富多彩的选修课，为学生提供更多选择，促进学生全面而有个性的发展"。新一轮基础教育改革中，新课程改革赋予了学校校本课程设计、研发和实践的自主权，学校有了校本课程设置的"自留地"。

学校的发展是一种生命实践过程，必须为每一个学生的学习、生成和发展搭建平台。校本课程则是基于学校自身特色，以学生的学习和发展需求为开发主体，旨在满足学生多样化的兴趣，发展师生个性，进而实现师生全面成长的课程。因此，只有通过校本课程设计将国家教育方针、学校理念与育人目标、学生发展需求融为一体，才能很好地贯彻党和国家的教育政策，这样既能保证立德树人的有效落实，又能体现学校的办学特色，满足区位发展和学生未来发展的需求，促进每一个学生全面而个性的发展。

三、学生获得未来可持续发展的需要

2014年3月，教育部印发《关于全面深化课程改革落实立德树人根本任务的意见》，明确提出了要培养学生必备品格与关键能力的要求，强调要"组织研究提出各学段学生发展核心素养体系，明确学生应具备的适应终身发展和社会发展需要的必备品格和关键能力"。这些必备品格和关键能力都是学生未来获得可持续发展所必需的。在基础教育阶段开展儿童学术启蒙，有助于促进学生可持续学习能力的提升。

---

① 《努力构建德智体美劳全面培养的教育体系——二论学习贯彻习近平总书记全国教育大会重要讲话精神》，载《光明日报》，2018-09-14。

(一)学会主动学习

1996 年，国际 21 世纪教育委员会在向联合国教科文组织提交的报告书《教育——财富蕴藏其中》中指出："终身学习是 21 世纪人的通行证。"终身学习又特指"学会求知，学会做事，学会共处，学会做人"。因此，在一个终身学习的时代，学会主动学习不仅是当前学校教育改革和儿童学术启蒙的一项重要内容，而且是我们每一个人学会终身学习的通行证。

《基础教育课程改革纲要（试行）》提出："改变课程过于注重知识传授的倾向，强调形成积极主动的学习态度，使获得基础知识与基本技能的过程同时成为学会学习和形成正确价值观的过程。"主动学习是指学习者在一定程度上从元认知、动机和行为方面积极主动地参与学习活动的过程。简单地说，就是让学生参与教学活动，通过讲中懂、辩中明、用中会等多元互动的方式来学习。可以说，主动学习也是儿童学术启蒙的一种体现。

"想学就能学会，乐学方能学好。"主动学习不仅是时代发展的需要，而且是我国课程改革的要求，更是助益学生未来获得可持续发展的一种能力。

(二)培育创新精神

创新是知识经济的本质特征，在知识经济和信息化时代，创新品质也成为人才必备的重要素质之一。伴随着知识经济的来临，全面实施素质教育，培养具有创新精神和实践能力的一代新人，已成为教育战线一项紧迫的任务。学生的创新精神、创新思维不是与生俱来的，创新学习的能力也不是自然形成的，而是培养、训练的结果。

创新精神是一个国家和民族发展的不竭动力，是一个现代人应该具备的素质，也是学术精神的应有之义。创新精神包含创新意识、创新思维和创新行为。学生在成长过程中具有原始的创新精神的特征。他们对身边的事物有很强的求知欲，总是有问不完的问题，而且有打破砂锅问到底的精神，这种好奇心是培养创新精神的巨大动力，是培养创新精神不可缺少的条件。在基础教育阶段发挥学生的主动性和积极性，培养他们创新的意识、创造的思维和创新的行为，使他们具有能够综合运用已有的知识、信息、技能与方法提出新问题、新观点的能力和进行创新创造的意识、勇气和智慧，这将推动社会可持续发展。

(三)提高实践能力

2017 年 1 月 13 日，陈宝生在《办好中国特色社会主义教育 以优异成绩迎接党的十九大胜利召开——2017 年全国教育工作会议工作报告》中明确表示："实践是培养人的主要途径，要将教育与生产劳动和社会实践相结合，以知促行、以行促知、学以致用。"

针对目前小学生生活实践经验缺乏、实践能力不足的表现，北京市新发布的义务教育课程计划要求各学科拿出不低于 10％的学时用于开展学科实践活动，由此诞生了学科实践活动课程。实践能力可分为生活实践能力、学科实践能力、综合实践能力，这些都是小学生本应具备的关键能力。学科实践活动类课程就特别凸显开放性和实践性，同时主题实践活动在选题、开题和结题等阶段也特别注重儿童学术的启蒙教育。学科实践能力主要包含：发现与提出问题的能力、收集与处理信息的能力、交往合作与社会活动的能力、实践体验与分析思考的能力、思维参与与解决问题的能力、自我发展与分享成果的能力等。可以说，实践是发展和检验学术的基本标准。

教育家苏霍姆林斯基在《给教师的建议》一书中指出，如果学生亲自去研究和发现了某种东西，那么亲自去把握知识的情感就会更强烈。学生主动参与动手实践，有利于培养主体意识，能极大调动学习的能动性，创造能力和实践能力会得到充分的锻炼。

第二节　小学阶段儿童学术启蒙的定位

在深化教育领域综合改革的阶段，我校(白家庄小学)在"尊重"理念引领下，充分尊重儿童的天性发展、心理发展和未来发展，力图通过开设儿童学术启蒙课程，找准儿童学术启蒙的起点，为学生提供"发现提问、质疑思考、选题研究、表达思辨、创新创造、成果分享"的机会和平台。在不断地实践探索与研究过程中，我校为学生主动自由的全面发展创造良好的成长空间，激发学生的内驱力，激活学生的学术思维，希望学生真正体验到学习的探究之乐、收获的成功之乐和超越自我的发展之乐，从而实现每一个生命的精彩绽放。

一、儿童学术启蒙教育的要义

在基础教育阶段开展儿童学术启蒙，并不是让学生在小学阶段就像本科生、研究生一样做系统的、专业的学术研究，而是在尊重儿童天性发展、身心发展和成长发展需求的基础上，带领他们在真实情境中经历一段基于问题的实践研究的历程，让他们能够获得一些有关质疑、探究、合作、思辨、创造等基本的、入门的学术意识、方法和能力，为成为具有创新精神和实践能力的一代新人奠定坚实的基础。

(一)遵循儿童的天性

天性是人的自然属性，是人与生俱来的禀赋。童年是人生最自然的时期，是天性保存得最完全的时期。对儿童的学术启蒙就是要发现儿童的学术天性，并且有意识地指导其成长。夸美纽斯认为，儿童的天性就如同"自给自足"的"种子"，而教师就要像"园丁"一样，他相信种子生长的能力，准备好适宜的土壤，全力为其花木的生长创造适宜的条件，但是他并不能揠苗助长，而是要让苗儿自己生长。[①]

1. 儿童的天性之一：好奇

好奇是儿童的天性，是儿童在遇到新事物或身处新环境时所产生的注意、探究、操作、询问的心理倾向。我国著名教育家陈鹤琴先生认为

① 程志宏：《儿童天性与儿童教育》，载《学术界》，2015(6)。

"好奇心是儿童学问之门径"①，是儿童学习的动机，在教育上具有极其重要的价值。

儿童天性好问，这源于儿童对未知世界的好奇，好问与探究是学习的起点，更是创造的起点，是启迪儿童思维的智慧之源。我们发现，儿童遇到不认识或不熟悉的事物，经常会提出很多千奇百怪的问题。这是由于他们从小就对身边的事物感兴趣，很早就对自己生活的世界、看到的事物和现象有一定的思考和想法。这就是儿童天性中的好奇心和求知欲。它们是儿童不断成长的最原始的动力。

因此，要培养儿童的学术意识就要尊重儿童天然的好奇心，给予他们充分想问题、提问题的时间和机会，以多种方式满足儿童的好奇心、求知欲，把儿童的问题作为课程教学的起点，帮助儿童充分地进行智慧探求。

2. 儿童的天性之二：游戏

爱玩之心人皆有之，关于"玩"，人天生有一种发自内心的向往和追求。儿童在自由、自发的游戏中不断进行着自我学习与教育。可以说，哪里有儿童，哪里就有游戏活动。

游戏的本体价值在于促进儿童身心的全面发展，有许多研究结果表明，游戏性与积极主动、快乐自信、好奇、想象、灵活性、责任心、坚持性、创造性等多种个性特征或者说学习品质存在正相关。② 尤其是在游戏化学习中，儿童表现出的强烈的学习兴趣和学习动机，是构成其学习基础素养的重要学习品质。儿童在游戏的过程中所积累的方法、经验与知识，不仅为相关学科知识的学习做好了准备，而且进一步深化了学习动机，促进儿童在学校主动学习、创造性地发展。

因此，游戏性也是高创造性儿童所具有的重要品质之一。游戏需要更多地进入教育者的视野，在课程设计、课堂教学乃至学校生活的方方

---

① 李金艳：《幼儿学习品质的含义及其培养策略研究》，载《林区教学》，2017(10)。
② 沈兰：《游戏化学习：儿童学习品质培育初探》，载《上海教育科研》，2018(8)。

面面去体现，如此，才能有效培养儿童主动学习、持久专注的学习品质。

3. 儿童的天性之三：模仿

模仿是个体参照一定刺激后所做出的反应行动或行动结果。我们每一个人从出生到咿呀学语，从儿童到长大成人，甚至可以说在人生的每个阶段都离不开模仿。每一个儿童学说话、学走路、学吃饭、学做各种游戏……这些无一不是从模仿开始的。可以说，模仿是学习之母。没有模仿就没有学习，任何科学、艺术、技能、风格的发展和形成，都有它最初的范本和源头。

有人说，模仿是一个人与生俱来的本能。尤其对于儿童来说，他们的很多学习活动最初都是从模仿开始的。当儿童在模仿学习的时候，不仅仅是表面的行为模仿，而且还是潜意识中对知识、技能和情感等方面的综合性模仿。也许，在他们的心中，正在蕴藏着一个个"创新"的梦。因此，培养儿童乐于模仿的心灵和强劲的模仿学习能力，正是在教育活动中实现儿童创新的根基所在。

(二)保护儿童的天性

儿童天性的发展需要适宜的土壤去培育，否则天性只是一种可能性，永远无法实现。对于儿童而言，学术意识就是好奇、好学的心理，是一种打破砂锅问到底的追问精神。因此，开展儿童学术启蒙教育也是保护儿童本有的学术天性。

1. 敬畏儿童天性，发现并顺应儿童成长的规律

儿童身上存在的天性具有发展的潜力和主动性，虽说是不可改变的，但是也需要在后天得到保护和激发，需要在适宜的教育环境中健康发展。儿童的成长是自然生命、社会生命和精神生命协同发展的过程，儿童天性的发展也遵循内在的法则和规律。

儿童学术启蒙教育，要在遵循儿童天性的基础上尽可能地符合儿童天性发展的内在逻辑，根据儿童的内在需要在合适的时间、用合适的方式开展教育活动，使儿童在学习的过程中感受到幸福，获得可持续性的

发展。如果教育与儿童的需要之间存在根本的对立和矛盾，那么就很难取得预期的教育效果。

2. 谨防不当开发，在天性和社会性之间寻求平衡

在现代社会中，教育的核心目标是促进儿童的社会化发展与个性化发展。理想的教育应该是激发儿童发展的内在潜力，使他们在自由、自主的活动中全面提高自然生命、社会生命和精神生命的质量，逐步适应社会文化的要求，使社会化与个性化的发展构成有机整体。

然而，在教育实践过程中，儿童的自然天性与社会文化对儿童的要求之间常常存在着矛盾。比如，儿童有好奇心、爱问问题、爱幻想，喜欢自由自在的游戏，社会文化则要求他们懂规则、守纪律、严谨认真、刻苦学习。为了不让儿童输在起跑线上，于是，就会出现一些揠苗助长式的、违背儿童身心发展规律和超过儿童接受能力的过度教育。皮亚杰认为，人为地推动儿童超越其自然的水平，无异于训练动物在马戏团中表演杂技，这种做法对儿童的成长并无益处，反而可能成为其长期发展中的阻滞。

因此，保护儿童的天性、尊重儿童的个性、培养儿童的社会性，就要尊重规律，谨防不当开发，要让儿童在自然的天性、后天形成的个性和社会性之间求得有机的统一与平衡，进而实现其全面发展。

二、儿童学术启蒙教育的价值

习近平总书记提出广大教师要做学生的四个"引路人"，即"锤炼品格的引路人""学习知识的引路人""创新思维的引路人""奉献祖国的引路人"[1]。习近平总书记也提出教育工作要做到"四个相统一"，即坚持教书和育人相统一，坚持言传和身教相统一，坚持潜心问道和关注社会相

---

① 《习近平在北京市八一学校考察时强调　全面贯彻落实党的教育方针　努力把我国基础教育越办越好》，载《人民日报》，2016-09-10。

统一，坚持学术自由和学术规范相统一。[①] 意在引导和激励广大教师，要立足培养中国特色社会主义事业建设者和接班人的需要，在不断提升自己学识能力和立德树人能力的过程中，努力培养出具有国际视野、家国情怀、集体精神和创新思维的新时代人才。

因此，在基础教育阶段开展儿童学术启蒙教育，不仅能有效地促进教师与儿童一起做学问，教师与儿童一起拓展思维，而且能在充分尊重儿童天性发展、心理发展和未来发展需求的基础上，解决当前学校课程改革和课堂教学中存在的诸如"开展不到位、研究不深入、发展不平衡"等方面的问题，给每一个学生提供"发现提问、质疑思考、选题研究、表达思辨、创造创新、成果分享"的机会，让每一个生命都绽放出不同的光彩。

(一)尊重儿童文化，激活儿童潜力

每一个社会群体都有属于自己的独特的行为方式和相互认可的游戏规则，或者说是自己独特的文化特征。因此，儿童也不例外。儿童文化既是儿童智慧的结晶，也是儿童自由交往的结果，有其独特的行为方式和意识方式，我们要尊重儿童文化。

1. 尊重儿童的独立人格：童心

每一个儿童都是独立的个体存在，不是我们眼中的"小大人"。儿童具有和成人一样的人格和尊严，具有和成人一样丰富的精神世界。《中华人民共和国教师法》第八条规定，教师应履行"关心、爱护全体学生，尊重学生人格，促进学生在品德、智力、体质等方面全面发展"的义务。因此，在开展儿童学术启蒙教育中，教师不能代替学生提出问题、做出选择，而应通过引导和鼓励，让学生自己主动做出选择和判断，主动发表自己的观点和意见。只有做到珍视童心、开掘童心、融入童心，才能发掘儿童的天性，张扬儿童的个性，较好地实现教学相长。

---

① 《习近平在全国高校思想政治工作会议上强调　把思想政治工作贯穿教育教学全过程　开创我国高等教育事业发展新局面》，载《光明日报》，2016-12-09。

2. 尊重儿童的差异性：童性

每个儿童都有不同的天性：有的性格开朗，有的内向；有的反应敏锐，有的反应迟缓；有的语言表达能力强，有的不善言辞……就像世界上没有两片完全相同的树叶一样，世界上也没有两个天性完全相同的儿童，儿童天然存在着差异。尊重儿童的差异，即尊重儿童的生理、心理、学习方式和环境背景等多方面的差异。尤其是在教育教学活动中，儿童在学习动机、学习态度、学习方式、认知方式、意志品质等方面的差异表现得更为明显。因此，教师要在充分尊重儿童的差异的基础上，尽可能地发现差异、利用差异，进行有效引导。

3. 尊重儿童的心理自由：童真

儿童受自身年龄特点与认知水平发展的限制，思维具有"自我中心"与"泛灵论"的特点，他们眼中的世界充满了生机、奇幻与冒险。据此产生的儿童文化也具有整体性、直观形象性、游戏性与非功利性的特点。因此，教师要依据儿童的年龄特点，尊重儿童文化的游戏精神以及儿童独特的想象力与创造力。

尊重儿童的心理自由主要指的是尊重他们，倾听他们的心声，让他们敢于辩论、勇于挑战、善于创造和探索。要鼓励儿童讲出自己内心深处的想法，给儿童一个自由想象的空间，允许他们自由地联想和自由地谈论，只有这样才能不扼杀儿童的创造力。

总之，只有被尊重的儿童才能自由地创造、发展属于自己的文化。教育要真正在学生身上达到预期的效果，就不能无视和抵制儿童文化。儿童学术启蒙教育要为儿童一生的幸福奠基，其价值就更加突出了采用符合儿童年龄特点的教学方式，从儿童的思维与认知方式出发，努力创设适宜儿童身心发展的环境与条件，引导和帮助儿童实现建构自己思想与精神的世界，开启他们探究与认知自我与世界的使命，以富有儿童文化的语言和行为来施加教育影响，促进每个儿童富有个性地成长和发展。

(二)激活学术思维，启迪人生智慧

20 世纪初，梁启超曾提出"学问之价值，在善疑，在求真，在创获"。"求真"为学术之魂，"善疑"为学术之本，"创获"为学术之用。从今日来看，引导儿童在学习和生活中求真、求善、求美，让儿童拥有幸福美好人生的核心，就是在激活学术思维，为培养新时代创新型人才奠定基础。

1. 善于发现和提问，养成从"问题"出发的良好习惯

"学起于思，思起于疑。"世界上的众多发明创造和先进成果均源于疑问，古今中外的教育家都重视学生问题意识的培养，如孔子的"学而不思则罔"，陆九渊的"为学患无疑，疑则有进，小疑则小进，大疑则大进"，杜威的"做中学"，布鲁纳的"发现学习"。因为提出问题需要创造性的想象力，所以善于质疑的人一定是善于思考的人。

爱因斯坦说过："提出一个问题往往比解决一个问题更重要。"小学作为学生正式接受基础教育的阶段，是学生智力提升、思维习惯养成的关键时期。只有养成从"问题"出发的良好习惯，才能更好地使学生的思维能力得到发展，让学生由浅入深、由表及里地掌握解疑的方法，在今后各阶段的学习中养成质疑的习惯，掌握质疑的正确方法，提高质疑的能力，让质疑问难成为开启学生思维的金钥匙。

2. 学会探究和实践，培养"求真、求实"的学术精神

求真、求实是学术精神的核心和本质。古希腊哲学家亚里士多德曾说过："吾爱吾师，吾更爱真理。"追求真理是培养学术精神的根本目标。

新一轮的基础教育课程改革突出强调创新精神和实践能力的培养，而学生创新精神和实践能力的培养则需要通过具体的探究活动来实现。在儿童学术启蒙课程中，教师要引导学生开展基于问题的探究，从学生感兴趣的问题和内容出发安排主题课程，引导学生自主探究、综合渗透、关注自然、关注社会，自选题目，并结合选题进行全方位调研、考察、探究，撰写开题、结题报告。在这样的学习活动中，学生的多元潜能得到极大的开发，学生的思维，质疑，表达，合作，运用现代教育技术收集、检索、归纳、整理资料等的综合实践能力得到了极大的提高。这种喜闻乐见的学习方式将促进学生终身发展。

（三）提升学习品质，奠定发展基础

良好的学习品质是儿童在活动过程中表现出的积极态度和良好行为倾向，是一个人终身学习与发展所必需的宝贵品质。学习品质通常包括好奇心与兴趣、主动性、坚持与注意、创造与发明、反思能力等。因此，我们要充分尊重和保护儿童的好奇心和学习兴趣，为儿童面向未来的学习和可持续发展奠定坚实的基础。

1. 激发学习兴趣，形成主动、专注、坚韧的学习品质

"兴趣是最好的老师。"浓厚的兴趣是推动人类求知的力量，也是儿童学习最好的老师。尊重儿童的好奇心、激发其学习兴趣，有助于帮助儿童逐步养成主动、专注、坚韧、敢于尝试和探究、乐于想象和创造等良好的学习品质。

主动是指个体在学习时表现出来的积极态度。具有不同主动性的人，在学习和活动中会取得不同的结果。专注是指个体在完成某项任务时的心理活动对有关对象的指向和集中，不被无关因素吸引和干扰。平常所说的集中精力、专心致志、心无旁骛等都是专注的具体表现。坚韧是指个体在学习或活动中注意力集中，遇到困难坚持不懈，克服干扰，实现预定目标的意志品质。

通过开展儿童学术启蒙教育，我们能够发现，具有主动、专注、坚韧的良好学习品质的儿童在学习或活动中会表现出更多的耐心和专注，更喜欢富有挑战性的活动，遇到困难时善于思考，积极想办法，锲而不舍，直至实现自己的目标。

2. 开展学术训练，养成讲理据、敢创造的学习倾向

学术训练一般指进行"理论基础，相关知识、技术和研究方法"等方面的系统训练。在小学阶段，对儿童进行学术训练的内容有很多方面。比如，如何运用网络科学有效地检索信息，如何发现问题、确定选题，如何查资料和运用工具书，如何进行研究，怎么撰写论文，如何进行开题和答辩……

第二章

儿童学术启蒙教育的
现实意义与可行性

学术启蒙教育是对学生核心素养的发展，既是深化课程改革、落实立德树人的根本要求，也是统领学校教育教学的顶层设计内容之一。我们以激发学生学习的好奇心和主动性为出发点，尊重学生的主体地位，促进其深度学习，提升其实际获得感，在教育教学实践中落实立德树人的根本任务。儿童学术启蒙，从根本上是对学生问题意识的启迪与培养，是在以知识为载体的实践探究过程中，在社会性认知和社会性交往中发展能力、形成素养的。

第一节　儿童学术启蒙教育的现实意义

学术启蒙教育是深化课程改革、落实立德树人的根本要求，也是统领学校教育教学的顶层设计内容之一。借鉴国际学生成绩测试（PISA）和国际文凭（IB）课程的观点，学生的学术素养体现为：将所学知识与其生活联系在一起，对周围世界好奇，具有用知识解释周围世界的强烈动机；会猜想、寻找论证和实验的方法，具备思考和学习的能力。[①] 激发学生的好奇心与求知欲，学术启蒙教育具有现实意义和可行性。

一、全面深化课程改革，筑牢"精神之根"

随着我国经济的不断发展，教育早已成为实现国家未来发展和社会不断进步的重要基础性工作。自改革开放以来，国家在不同的场景下不断对"素质教育"进行定义、要求、提倡和推进。国务院原副总理李岚清曾指出："素质教育从本质来说，就是以提高国民素质为目标的教育。"素质教育决定着国家的未来，也关系着每一个家庭的幸福。时代的发展要求我们将素质教育落到实处，不能只是口头上强调，而应通过全面深化课程改革真正落实素质教育。我们只有让学生成长为身心健康、品格健全、学有所长的人，才能筑牢精神之根，才有能力去实现每个家庭的幸福。只有高度重视和切实践行素质教育，培养具有创新能力、思维能力和具有积极内驱力的人才，才能实现国家和社会不断进步的发展目标，实现中华民族伟大复兴，才能在激烈的国际格局中拥有强大而持久的竞争能力。[②]

[①] 果淑兰、王萌、周永娟：《以学术为指向的课程变革》，载《北京教育（普教版）》，2016（11）。

[②] 姜俊颖：《做素质教育的过程践行者——有关小学阶段素质教育之浅论》，载《科学咨询（科技·管理）》，2020（27）。

(一)提高国民素质，回归学生主体

提高国民素质一直是我国教育的重要使命。在基础教育阶段开展学术启蒙，能引导学生在主动求学、探问、释疑、究理中有所感悟，有所发现，有一定的成就感。[①]

那么，学生乐于用什么样的学习方式？乐于求知是人的天性。荀子曰："凡以知，人之性也；可以知，物之理也。"(《荀子·解蔽》)求知的天性在儿童身上表现更甚，儿童天生具有探究兴趣与求知欲。杜威认为，儿童有四大本能，即社交本能、探究本能、艺术本能和制作本能。[②]其中，儿童探究本能就是一种探究未知事物的本能。陈鹤琴先生将好奇好问列为儿童发展的特点之一。儿童对知识有一种执着、向往的积极态度，他们是一群求索者，全身心投入每一次发问与探究之中。不让儿童对世界产生好奇，不让儿童去探究，不仅抹去了儿童生命的本色，无疑还否定了儿童自身。从这个意义上讲，儿童是喜欢知识的，儿童是"科学家"。儿童求知不为功名利禄，不为取悦他人，而是自发的，他们所做的一切都发自他们的内心。儿童的求知动机单纯，而这种动机又使求知具有可持续性。[③] 面对现实与儿童求知天性的矛盾，我们的教育存在某些偏离儿童认知规律的现象。重复、机械、无趣的浅层次学习，只会让更多的学生逃离学习。

(二)突破教材本位，开启学生智慧

北京师范大学林崇德课题组首次明确了"学生发展核心素养"：学生应具备的适应终身发展和社会发展需要的必备品格和关键能力，突出强调个人修养、社会关爱、家国情怀，更加注重自主发展、合作参与、创新实践。这一概念的提出，打破了我们习以为常的人才观与评价观，并

---

① 朱传世：《论基础教育阶段的学术启蒙问题》，载《北京教育(普教版)》，2016(6)。
② [美]杜威：《学校与社会 明日之学校》，赵祥麟、任钟印、吴志宏译，44～47页，北京，人民教育出版社，2005。
③ 郑三元：《儿童与知识——一个值得反思的幼儿园教学哲学问题》，载《学前教育研究》，2007(10)。

将"核心素养"置于实现"深化课程改革、落实立德树人"目标的重要地位。从 2016 年 6 月中国教育创新研究院和世界教育创新峰会（WISE）共同发布的《面向未来：21 世纪核心素养教育的全球经验》研究报告中发现，最受各经济体和国际组织重视的七大素养分别是沟通与合作、创造性与问题解决、信息素养、自我认识与自我调控、批判性思维、学会学习与终身学习以及公民责任与社会参与。在这里，"核心素养"教育体现着国际教育改革的发展方向，是对国际教育改革已有经验的发展和超越，成为改革、深化我国基础教育的巨大导向力量。从这个意义上来看，核心素养的落地，不只是在理论层面的研究，更应该在课堂、在教室、在学校、在整个社会文化中生根发芽。它具有社会复杂性，对学生、教师、校长和未来的学校教育形态都提出了更高的要求：第一，要求在关注点上发生转向，即如何从关注知识点的落实转向素养的养成，如何从关注"教什么"转向关注学生"学会什么"；第二，要求在课程观上发生转变，应当更多地思考如何让知识成为素养，让知识变成智慧；第三，要求教师在教学中渗透教育，做到教书与育人两不误，既为学生打下坚实的知识技能的基础，又培养他们正确的情感、态度、价值观，给学生最为适合的教育。①

　　在这个大背景下，学校应当突破教材本位，通过梳理各学科课程标准，发现其课程目标之间的融合性，通过梳理各学科课程发现各科教学内容存在交叉、重复与割裂的部分，引导在知识之间建立联系，优化整体教学效果。基于此我校创生出主题课程，主题课程的实施从发现真实问题入手，以学生多元发展为起点，创设一个真实情境，创造多种展现各种智能的机会，激发学生潜在的智能，充分发展每个人的个性，引领学生围绕自主发现的问题进行探究，开启学生智慧，使之在解决问题中不断超越自我、不断成长，从而促进学生全面而有个性的发展。

---

　　① 《教学管理与教育研究》编辑部：《核心素养：让教育改革有了动力》，载《教学管理与教育研究》，2016（9）。

二、落实立德树人根本任务，培育学生核心素养

2014 年 4 月，教育部印发的《关于全面深化课程改革 落实立德树人根本任务的意见》，强调在课程改革中落实立德树人根本任务。2017 年，习近平总书记在党的十九大报告中再一次强调落实立德树人根本任务的重要性。我们以激发学生学习的好奇心和主动性为出发点，尊重学生的主体地位，促进其深度学习，提升其实际获得感，在教育教学实践中落实立德树人根本任务。

(一)发挥学生主体性，激发其学习的好奇心和主动性

学生有求知的本能和与生俱来的浓厚的探究兴趣。一个刚学会说话的孩子就会满脸好奇并不厌其烦地问"这是什么""那是什么"，总是迫切地想知道身边的事物到底是什么、是怎样的。随着年龄的增长，他们不再满足于这样简单的问题，他们的提问开始具有了哲学色彩，而且具有原始性，是一种原始的哲学思维。这种原始的哲学思维始于儿童的好奇心，他们思考的内容主要是事物的起源、天地形状以及事物的最简单变化和关系。例如，在"科技改变生活"主题课程学习中，学生提出很多生活中不方便的情况，并试图思考如何解决。又如，放学时等待着接孩子的经常是老人。有的学生希望能有一种把孩子安全送回家的大泡泡。还有的学生观察到小区里的居民在往分类垃圾箱投放垃圾时，并不能清楚、准确地将垃圾分类，经常把混杂各类垃圾的袋子直接投入垃圾箱里。学生们想，要是有一种高科技分类垃圾箱，把人们投进去的垃圾自动分类，就不用人工分类了，大大提高了回收的效率。还有的学生想出电子翻书器、自动检测浇花系统、适合小宝宝的带有音乐催眠陪伴功能的小夜灯……这些奇思妙想，都来源于学生对生活的观察与思考，即如何将不便改造为便利。教师也抓住一个个创想，帮助学生一同制作成实物模型，而梦想成真的现实会再一次激发学生的主动性和创造性。

(二)发掘课程潜在价值，提升学生的实际获得

一门课程能引领学生不断地深入探究下去，其原因不外乎是学生能够在学习的过程中获得知识的充盈感与内心的幸福感。我校的主题课程是依据学校课程目标，围绕四个尊重领域主题创生的跨课程、跨学科的课程体系。具体来说，就是主题课程贯穿了基础核心性课程、拓展深化性课程和创新实践性课程，把各级课程、各个学科中的相同、相关内容，进行删减和整合，然后在每一个大主题下面创生形成不同的小主题，开展跨学科、跨课程的联动学习。主题课程以学生为中心，强调学习要基于学生的真实问题，鼓励学生主动探究问题，自我选择学习方式，重视师生、生生之间的共同合作与磋商，重视走进社会进行多元实践。

1. 以学生为主体，凸显综合性、探究性

学校主题课程的实施可以从学生的生活入手，从学生的困惑出发，创设真实情境；围绕主题开展实践，通过实践不断产生问题，充分调动学生的主动性，引导学生探究解决问题。课程的实施路径是以学生为主体的，课程设置凸显综合性和探究性。

主题课程的实施流程分为四个步骤(环节)：问题驱动、实践探究、反思提升、总结创新(见图 2-1)。

图 2-1　主题课程的实施流程

主题课程的实施形态分为两种：线性必修形态和线性必修与并开选修相结合形态。

第一种：线性必修形态，如四年级主题课程"科技改变生活"(见图 2-2)。

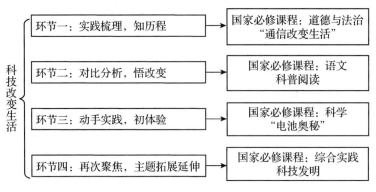

图 2-2　主题课程的线性必修形态

　　主题课程的研究与实施，促进了教师对课程标准进行深层次的解读与内化。在"科技改变生活"的主题课程中，道德与法治教师深切感受到关注儿童学术素养启蒙的重要作用。基于主题学习，教师让学生从实际生活出发提出感兴趣的问题，小组合并问题，全班聚焦问题。通过走进博物馆的实地学习，学生寻找答案、验证猜想、展开新的思考、提出新的问题。学生在经历提出问题、分析问题、解决问题、发现新问题的过程中，逐渐形成良好的学术习惯，体验发现的快乐，感受做学问是一种学习，更是一件有趣味的事情。教师不仅致力于学生的学术环境建设，在实践过程中，自己也在不断地反思、调整、再实践。在实践中，教师依据学情调整目标，关注学生的实际获得，在操作层面具体化，将课程理念真正落到实处。通过两次修改导学单，教师将学生的问题与博物馆的资源有效对接，使每个小组都明确任务，在实践的过程中都有实际收获，并能用自己喜欢的方式进行表达。通过"科技改变生活"主题课程实施，语文教师深刻体会到主题课程的不同学科是相互联系、有机结合的，存在不可替代性，各学科教师要围绕主题与总目标合理选用教材，突出学科本质，凸显"跨、整、融"的特点。在主题课程语文教学的授课中，教师从主题和学生的实际获得出发，紧密围绕主题重组了三篇课外文章。在课上依据语文课程标准对中年级段学生阅读、口语交际、综合性学习方面的要求设计课堂环节，重点从语言的建构与运用、思维的发展与提升两方面突破，提升了学生的语文素养，彰显了语文学科的本质特征。由此可见，正确的教学观是实现理想高效课堂教学的关键所在。

在前期学情调研中，学生能够客观辩证地认识科技给人类生活带来的便利与改变，科技改变生活的同时产生大量科技垃圾，这些对环境的破坏也是不可忽视的。学生能自觉从正反两面进行客观分析，这是学生认知的进步。在这个课程里，学生不仅收获了知识和能力，而且收获了对科学的热爱、对发明家的敬仰、对人类推动社会发展的一份自豪与责任……主题课程浸润着我校培养具有北京情、中国心的世界人的教育理念，也切实落实了"培养全面发展的人"的中国学生核心素养目标。

第二种：线性必修与并开选修相结合形态，如五年级主题课程"追根溯源品中秋"（见图 2-3）。

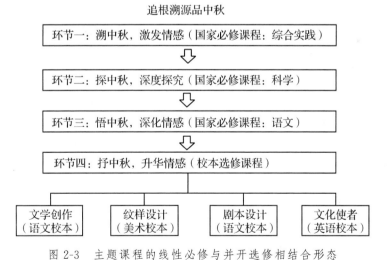

图 2-3　主题课程的线性必修与并开选修相结合形态

我国幅员辽阔、地大物博。独特的地理环境造就了独特的中华民族传统文化，对我国的发展和人文历史产生了不同的影响。一方水土养育一方人，中华民族传统文化是地理因素和人文因素的综合结果。优秀的传统文化蕴含着民族精神，民族精神是一个民族在长期的共同生产生活和共同的社会实践基础上形成和发展起来的，为民族大多数成员所认同和接受的思想品格、价值取向和道德规范，是一个民族的支柱和灵魂，它对于塑造民族的品格和风貌，对于增强民族凝聚力、向心力有着不可估量的作用。那么，现今的学生对中华优秀传统文化了解多少呢？我们就中秋节这一传统节日对学生进行调研，学生知道：中秋节要吃月饼、吃团圆饭、全家人还要一起赏月。关于中秋节其他的内容他们就不太清楚了。我们让学生提出最想了解的问题：有45%的学生想知道为什么中秋节要吃月饼；有51%的学生想了解中秋节的由来；有4%的学生提出中秋节时的月亮为什么比其他满月时候的看上去更圆、更大的疑问。通过调研不难看出，传统节日在一部分学生的印象中已经简化到只有吃和玩儿了。学生有想了解传统文化的欲望和需求，我们必须给学生补上这一课。

"追根溯源品中秋"主题课程，通过道德与法治学科追根溯源中秋节的来历，使学生知道我们的同胞将传统节日、优秀传统文化的种子播撒到世界各地，有很多国家也在庆祝中国的传统节日，从而激发起爱国热情。通过语文学科中诗人浓浓的思乡情，学生感受浓厚的人文色彩，体会身在他乡期盼团圆的思乡情。"十五的月亮十六圆"是民间的一句俗语，为什么会出现这句俗语？我们可以通过科学探究证实自然规律，培养学生实事求是的科学精神。在学科教学中，凸显学科本质，实现全方位育人。

2. 对接学生未来发展，注重家国情怀与社会责任感的培养，突出实践探究与创新能力的培养

我们在课程设置中注重贴近学生的生活实际与社会时事，在全国抗击新冠疫情中，抓住教育契机，把英雄人物与英雄事迹作为跨学科主题课程的资源，培养学生的家国情怀与社会责任感。

(1)注重家国情怀与社会责任感的培养

2020年，突如其来的新冠疫情不仅打乱了教与学的节奏，而且改变了教与学的方式。在居家学习期间，学生通过在线学习的方式了解疫情防控的很多知识。同时，学生对新冠病毒和平时的感冒病毒有什么区别，微生物有怎样的特征，自然界中的微生物与人类是怎样的关系等问题产生了浓厚的兴趣。借助病毒话题，我们翻阅了本学期的各学科教材，找到同主题下的教学内容，通过分析课程标准、单元教学目标等，进而形成融合主题的目标。在疫情防控的真实情境中，学生围绕提出的问题，通过在线小组交流，进行主题式探究学习。学生利用思维导图、科幻画、电脑小游戏创编等呈现探究结果，并积极主动用脱口秀、辩论会等形式与同学在线交流分享。

以"亦敌亦友微生物"融合主题课程为例，结合六年级下册的知识点及能力点，我们将语文、科学、道德与法治、综合实践这四个学科融合在"亦敌亦友微生物"这个主题下实施。实施融合课程有哪些好处？关于微生物的知识，学生在平时科学课上理解起来还是有一定难度的，且容易停留在浅层思维。加上语文的阅读积累、道德与法治的理性判断、综合实践的应用，学生对微生物的理解就容易从浅层走向深层，语文、道德与法治和综合实践的目标也会在融合中得到提升，并能节约三个课时。学生能通过启迪思维的关键性问题撬动课程靶子目标(见图 2-4)，并在相关活动的引领下展开自主探究学习的全过程(见图 2-5)。学生从精彩的辩论到制定科学防控指南，从初步感知到深度理解再到巧妙地应用，经历了从低阶思维到高阶思维的变化。我们感受到这个课程通过科学设计教学流程，以先学后教的方式，给予学生充分的活动空间，实现了内容融合、环节简化、活动丰富，让学生真正站在了课程的中心位置。

图 2-4 "亦敌亦友微生物"融合主题课程靶子目标呈现图

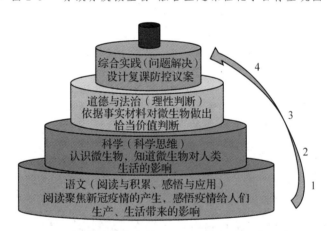

图 2-5 "亦敌亦友微生物"融合主题课程线性必修形态

此外，学校可以开展以疫情防控为主题的跨学科融合课程，根据不同的年龄特点和教学内容，设计不同梯度的课程侧重点。这样做可以把社会热点转化为学生可以参与、可以理解、可以探究的课程学习资源，让学生在逆境中学会思考、学会合作、学会探究、学会感恩、学会承担责任。

（2）突出实践探究与创新能力的培养

针对学生未来发展，我们在课程实施流程中更加关注实践性与创新性设计，主题课程分为主题教学模块和实践模块，在每一个主题教学模块实施之前都设置一个实践模块，实施流程如下。

第一步，实践准备。教师在调研学情、梳理教材的基础上，初步做好学生问题方向预设，拟定预设指导提纲，公示研究方向与选题步骤，学生根据教师公示的研究方向与选题步骤结成研究小组，根据每位成员特点进行合理分工，根据教师公示研究方向进行思考，收集相关资料并进行内容梳理，用思维导图等形式呈现思考，用多种方式交流课前收集的相关资料，教师从学生已有认知出发帮助他们厘清概念，指导学生根据资料从社会热点、个人兴趣等贴合自己的生活角度确定1～2个研究问题，作为小组探究问题。教师围绕主题制订实践计划，设计问卷调查、采访提纲等实践准备工作。

第二步，外出实践。教师指导各小组学生针对实践目标开展实地探究，引导学生整理探究内容，提炼出与本课目标相关联的内容。学生在探究过程中发现问题，对照实践目标进行调整，细化素材的展示手段，划分出文字材料、视频、图片等，并围绕实践准备阶段制订小组实践计划。教师在实践过程中注意收集、反馈学生实地探究情况，及时协调突发事件，根据实际情况进行有效指导，还可以邀请家长参与各小组协助探究，充分发挥家长作用，共同进行课程建设。

例如，在主题课程"故宫建筑里的科学"实施中，学校组织学生多次走进故宫博物院，实地考察故宫的保暖系统。学生第一次去故宫，发现在那么多的宫殿房屋里，除了火盆没有其他的取暖工具，寻而不得激发了学生的探究兴趣。大家又重新查阅资料，了解到地炕火道的设计令人惊叹，实际上在建造它的时候施工难度非常大，需要把它打通到大殿的地下，如果不小心就会引起建筑的直接损坏，因此只有少数的、重要的宫殿才建造了火道。火道的排烟口设计在宫墙下不易被发现的地方。有一些学生在家长的陪同下再次走进故宫，实地考察了宫墙，验证查找的资料，绘制出故宫烟道设计图并分析出热量是如何传递的，供大家直观理解。

第三步，实践分享。经过研究"故宫建筑里的科学"，我们抓住每个机会进行课程研究的分享，如早上第一节课课前 10 分钟脱口秀时间、学校文化节展示、来宾到校参观时的展示……学生自豪地说："在主题课程实践中，我发现自己不但是学习者，而且像一名研究者。"

在班级汇报时，学生谈到了自己的认识。有的学生感受到：到了整理归纳阶段才发现，他们制定的"故宫里的科学之保暖"这个研究主题太大了，包含的内容太多，从而明白应该把主题定得具体一些，可以先从小的研究做起。通过研究地炕火道的构造示意图，有的学生发现了故宫最令人惊叹的设计——地炕火道。以前去故宫参观，看到大殿墙壁上的方砖空隙，以为就是装饰用的，现在，他们知道其实那些有的是排烟口，下次去故宫要再好好看看。还有的学生说，知道由于有了这种设计，故宫才有了"暖炕""暖阁"的称呼。

更多的学生表示，通过主题课程的研究，他们更加敬佩古代劳动人民的智慧和才干，祖国的文化博大精深，他们要传承下去。更有学生表示，通过主题课程的学习，他们不仅对故宫的保暖系统及原理有了清楚的了解，而且明白了原来主题课程就是要他们自己进行专题研究，把课堂上学到的知识运用到实践中去，把知识变成活的。现在，他们发现自己的阅读能力还有待提高，比如，在查找资料时，不知道如何取舍，查了一大堆，但好多都是不相关的。所以，他们要好好学习语文。

不断提升师生学术能力，提高学生实际获得感。科学选题，启蒙儿童学术精神。厘清学生问题来源，从知识中心、经验中心、生活中心等方面，对学生提出的问题进行溯源性分类。开展主题课程探究流程创新实践研究。增设开题答辩环节，提升学生研究内驱力。教师指导、组织学生进行组内模拟、组间问答等多种形式的开题答辩，引导学生借助思维导图、PPT 等，清晰表达"为什么研究、研究什么、如何研究"。

(三)走向学生深度学习，促进学生核心素养发展

深度学习是教学中的学生学习，而不是一般的学习者的自学，有教

师的引导和帮助；深度学习的内容是有挑战性的已有认识成果；深度学习需要学生感知觉、思维、情感等的全面参与；深度学习的目的指向具体的、社会的人的全面发展。在这个过程中，学生掌握学科的核心知识，理解学习的过程，把握学科的本质及思想方法，形成积极的内在学习动机、高级的社会性情感、积极的态度、正确的价值观，成为既具独立性、批判性、创造性又有合作精神、基础扎实的优秀的学习者，成为未来社会历史实践的主人。[①]

在尊重理念引导下，我校通过课程带领学生走向深度学习。从尊重教育规律与学生身心发展规律出发，尊重学生差异，重视学生的自主活动，让学生在体验、创造中学习，引导学生注意观察自然、社会，培养其发现问题、分析与综合、问题解决、创造力等多种能力，形成积极的学习态度和批判性思维，发现和开发学生多方面的潜能，促进教师的专业化成长。

以"让共享单车走得更远"主题课程为例，通过前期四个阶段的学习，学生体会到共享文化的内涵，明白只有方便他人才能方便自己，每个人都应爱护共享资源，我们的社会才会更加舒适与美好，人民的生活幸福感才会大大提升。学生的感受正体现出核心素养中的社会责任感。

多年来，学校围绕尊重理念，注意在实践中积累。在研究中，我们引导学生把发现问题、提出问题、解决问题、改进问题的过程自觉运用到生活中。例如，我校梁方逊同学在中小学生城市管理建言献策中，提出了"在地铁机场线增加望京南站"的建议，这个想法缘于他父亲去机场遭遇到的不便利。不仅如此，他还提出了配套措施，即"将地铁 15 号线西延到北京大学东门站"，以方便清华大学、北京大学的学生和中关村高教园区居民的出行。此建议获得第八届中小学生科学建议奖的同时，也获得政府的采纳。科技让更多的学生展开梦想的画卷，有的学生以创作儿童诗的形式畅想遥远的星空。

---

① 郭华：《深度学习及其意义》，载《课程·教材·教法》，2016(11)。

星空世界①

栾雨欣

我常常想，地球的外面会有什么？
乘着想象的飞碟，我来到茫茫宇宙尽情飞翔。

银色的月亮，散发出皎洁的光芒。
幽静的广寒宫像被一层无形的白纱罩上，
银装素裹，好似清新的茉莉，流露迷人的幽芳。

窗前婀娜美丽的仙女，美丽的脸庞写满内心的惆怅。
怀里的小白兔也随着主人的目光，
望啊，望……望着远方它的同伴、它的家乡。

脚下踩着神秘而又宽阔的银河大道，
我又看到了一座别致的小桥，只是有些不一样。
一只只穿着燕尾服的鸟儿，
架成了一座别有风味的桥梁。

桥两边的璀璨钻石上，窈窕淑女，君子好逑闪亮登场。
繁星点点，牛郎织女在众星闪烁的星空中，两眼相望。
我坐着飞碟，回到了我漂亮的地球，我的故乡……

多少年后，我又在想，地球的外面会有什么？
我站在极大的阶梯上，
让知识的泉水在心中流淌。

———————

① 收录本书时有改动。

我又看到了月亮，看到了 1969 年，
穿着太空服的阿姆斯特朗。
他身下的第一个脚印，
就是人类在异星球上留下的第一枚勋章。

时光机的按钮又一次发亮，又要结束了，
我却不会再停止，再轻易地回到地球妈妈的身旁。
我要继续前进，像阿姆斯特朗一样，
登上八大行星的最后一颗蓝宝石上，
到海王星上瞧瞧有没有生命的迹象。
我会和那里的朋友，一起唱歌，一起跳舞，
给他讲讲那令我自豪的家园——地球的模样。
我想，我想……

三、尊重儿童天性，增强可持续发展能力

可持续发展动力的来源是终身学习的能力，拥有终身学习能力就是要学会学习，充分发挥学习的主动性，自觉监控并适时调整学习态度、策略和方法，形成自主学习意志力。培养学生的自主学习力既是落实立德树人根本任务、培养德智体美劳全面发展的社会主义建设者和接班人的需要，又是关注学生终身成长、为其后续发展助力的需要。[1]

(一)顺应儿童天性，掌握多元的学术方法

儿童的天性之一是玩，他们把大部分的精力都放到了玩什么、怎么玩上。玩就是儿童探究物质世界、学会知识技能的途径之一。儿童的哲

---

　　① 米红：《聚力课堂教学，提升学生自主学习力》，载《河南教育(基教版)》，2020 (7-8)。

学思维具有直观性和思辨性，很容易产生原始的唯物论和辩证法思想。[①]
例如，我小的时候在哪里呢？这几乎是每个儿童都问过的问题。很多问题在不同时期都被儿童提出过，他们并不满足于简单或者模糊的回答，往往有种打破砂锅问到底的精神。在追问答案的时候，他们不仅思考自己提出的问题，而且也在思考成人给出的回答。如果他们对成人给出的回答还有困惑，就还会继续追问，直到觉得没有疑问为止。

在教学中，我们应顺从儿童善问、善思的天性，传递给他们科学多元的研究方法，给他们一个研究抓手，在科学的研究步骤里使研究具有科学性、严谨性。例如，在"让共享单车走得更远"的主题课程学习中，依据主题课程四个阶段的学习进程，学生自由选择适当的研究方法。大量的单车被供应商摆上街头，学生们觉得这么多的单车通过手机扫码随便骑，不仅方便而且价格很实惠，想骑时街边就有，他们都想试试哪家提供的单车好骑。家长不能随时监管学生，有的学生把单车当成玩具，大街小巷、小区广场，成群结队玩得不亦乐乎。这些单车是从哪里来的？为什么会出现在街头？为什么叫共享单车？面对这些问题，教师让学生通过网络文献法进行初步了解。学生以学习小组为单位了解到共享的含义、共享单车产生的目的和意义、投资公司是谁以及运营模式是什么样的等。而后，谁来管理单车？谁来制止破坏单车的行为？单车的未来会怎样？这些问题一个接一个地从学生的脑袋里跳出来。他们又开始收集数据，对几个投资运营商的维护运营情况进行对比分析，并通过访谈、发放调查问卷来调研共享单车给周边小区居民带来的方便与问题，从而挖掘其可能遭受破坏的原因。最后，他们把收集到的资料分类整理，并制作成PPT，在全班分享。

(二)始于儿童兴趣，丰富儿童的童年生活

都说现在的孩子比过去的孩子要幸福，因为衣食不愁。但遗憾的

---

① 林德宏：《儿童的哲学世界》，载《南京大学学报(哲学·人文科学·社会科学)》，1999(4)。

是，那些有趣的传统游戏、身边值得探究的事物因各种原因早早就远离
了他们，沉溺于玩电子产品的孩子越来越多。通过课程的学习，教师教
会学生边学边玩。例如，学习"探究北京胡同文化"，教师提前把学习的
题目设计成探宝的形式，让学生在走访胡同时用摄影或是绘画的形式记
录下自己找到的答案；学习"老北京传统游戏"，教师带着学生玩跳房
子、滚铁环、跳皮筋、踢毽子等游戏；学习"老北京的小吃"，教师带领
研究小组品尝老北京传统小吃。

"求知是人类的天性。"求知是源于对智慧的爱、探索和追求。学的本
质是爱智慧，或者说是对智慧的热爱或追求，这种爱智慧的本质在儿童
身上似乎是先天就有的。苏霍姆林斯基曾经说过："儿童就其天性来讲，
是富有探求精神的探索者，是世界的发现者。"①而心理学上认为儿童的天
性是玩。实际上，儿童玩的过程其实是他们用自己的方式探究事物的本
质的过程，儿童对智慧的热爱和玩是相辅相成、缺一不可的，儿童爱智
慧的表现是提问和玩，玩是儿童的游戏，儿童在游戏中"做哲学"，两者
都是儿童的天性，一个是哲学意义上的爱智慧，另一个是心理学意义上
的玩，两者的本质都说明了儿童的天性是爱智慧。② 课程体验中的学习，
让儿童的童年生活丰富且有意义。

(三)奠基学术品质，增强儿童可持续发展能力

儿童从一生下来就处在一种互动着的环境中，他们经历着并且探究
着。与儿童关系密切的知识，从一开始就不是概念或语言符号，而是带
着儿童经验、情绪情感体验和对知识态度的综合体，如发问的投入与天
真、探究过程中的热切期待、发现的惊喜等都存在于知识之中。儿童获
得的不是那种倍感无聊的东西和无奈的心情，而是一种心理满足和长远

---

① ［苏联］苏霍姆林斯基：《把整个心灵献给孩子》，见《育人三部曲》，毕淑芝等
译，32 页，北京，人民教育出版社，2015。
② 王文文：《尊重儿童的天性——儿童哲学教育的出发点》，载《基础教育研究》，
2011(13)。

发展所需的学习动力。①

"什么是素质？素质就是当你把老师教的东西都忘光以后剩下来的东西。"②这"剩下来的东西"便是内化积淀的东西，是学习者真正体验、理解进而融合在生命之中、终身受益的东西，是自己习得而不只是教师教的东西。知识、技能、行为习惯的内化积淀绝不是一朝一夕的事，往往需要有一个反复感知、不断体验、坚持不懈地自主探究的过程。

因此，在小学阶段，学生经过学术启蒙得到基本的、入门的知识，通过培养问题意识、学会辨析选择、恰当收集筛选、充分体验经历、事实举证说明、分享学习成果的研究过程，逐步从浅层学习走向深度学习——注重批判理解、强调信息整合、促进知识建构、着意迁移运用③，掌握学习方法，增强可持续发展的能力。

第二节　儿童学术启蒙教育的可行性

学术研究，看似是成年之后具有一定学识基础的专业人的所属，但是从实际而言，在儿童阶段即开始进行学术启蒙教育，能够让学生形成正确的思维方法，形成基本的学术意识，掌握基本的学术研究途径是更为重要的。我们相信这种做法，也是对人类未来发展的积极贡献。

一、开展儿童学术启蒙的理论与实践基础

启蒙，泛指通过宣传教育使社会接受新事物而得到进步的运动。启蒙在《现代汉语词典（第7版）》中有两个意思：一是"使初学的人得到基本的、入门的知识"，如启蒙教育；二是"普及新知识，使摆脱愚昧和迷

---

① 郑三元：《儿童与知识——一个值得反思的幼儿园教学哲学问题》，载《学前教育研究》，2007(10)。

② 柳夕浪：《走向整体的人——核心素养的整合意义》，载《中小学管理》，2019(4)。

③ 张浩、吴秀娟：《深度学习的内涵及认知理论基础探析》，载《中国电化教育》，2012(10)。

信"，如启蒙运动。本书提到的儿童学术启蒙，是指儿童具备学术研究的基本的、入门的知识与方法。

开展儿童学术启蒙教育，在心理学、教育史中，都具有一定的研究基础。

(一)儿童发展心理学，为学术启蒙提供理论基础

儿童发展心理学是发展心理学的一个重要基础分支，它既是一门理论性的基础学科，又是具有实践性的应用学科，这强调了它的综合性特色。儿童发展心理学揭示儿童心理发展的一般规律和儿童各年龄阶段的心理特征，为解决教育教学中的问题提供心理学理论依据、可参考的模式和策略。

1. 符合儿童身心发展需求

儿童在经过了婴儿期的第一个生长高峰以后，逐渐进入一个平稳发展的时期。大多数 6~10 岁的儿童，身体发展出现了相对平缓的状态，因此小学五、六年级之前儿童的身体一般是稳步发展的。

从大脑和神经系统的发展方面来说，脑和神经系统是儿童心理发展的基础。脑和神经系统的发展主要体现在脑重量的增加、脑皮层结构的复杂化和脑电波的改变上。从大脑皮层的发展情况来看，在小学阶段，儿童的大脑皮层逐渐趋于成熟。大脑皮层的成熟奠定了记忆、思维等高级心理活动的基础。这为他们顺利完成学习任务提供了基本保证。

小学阶段的学生，在经历学术启蒙的过程中，会更好地促进脑神经的发展。学术启蒙，不仅注重学术本身，而且注重对高级思维形成过程的有效促进。

2. 符合儿童认知发展需求

认知就是指人的认识活动，其中包括我们通常所讲的感觉、知觉、注意、记忆、思维和想象过程。在小学阶段，学生的注意、记忆、思维的发展至关重要。

(1)将无意注意逐渐指向有意注意

注意可分为有意注意和无意注意。有意注意是指有预定的目的、需

要一定意志努力的注意。无意注意是指没有预定目的也不需要意志努力的注意。小学低年级学生由于其高级神经系统发育还不完善，其有意注意的选择性和稳定性都较差，他们还不太会控制自己的注意，容易被新颖、奇特、突发的无关刺激所吸引，因而容易分心。

在教学过程中，教师不要强制小学生集中注意力，而应当通过新颖、生动、活泼的学习内容和学习形式，将有意注意和无意注意巧妙地结合起来，延长学生的注意保持时间，保证其学习任务的顺利完成。运用"儿童学术启蒙"的思想启迪学生探究的意识，注重学生对研究内容的兴趣，能快速而有效地将学生的无意注意转化为有意注意。

（2）将无意记忆逐渐引向有意记忆

根据记忆活动有无目的性，记忆可以划分成有意记忆和无意记忆。能够明确目的和意图的记忆活动被称作有意记忆，没有目的和意图的记忆就是无意记忆。

随着年龄的发展，儿童的无意记忆和有意记忆都在发展，但一般来说，幼儿阶段无意记忆占优势，这种情况一直延续到小学一到三年级。在幼儿和小学低年级儿童中存在明显的偶发记忆现象，这种现象是指当要求儿童记住某样东西时，他往往会同时记住和这样东西一道出现的其他东西。小学高年级（四至六年级）儿童有意记忆的发展逐步赶上了无意记忆的发展，四年级儿童的有意记忆的效果开始超过无意记忆的效果，记忆中的偶发现象也开始减少。

3. 符合儿童社会发展需求

社会性是在个体社会化过程中发展起来的，与社会存在相适应的一切特征和典型的行为方式的总和。小学儿童社会性的发展集中表现在以下方面。

（1）小学儿童的社会认知发展

社会认知是指个体对自己和他人的观点、情绪、思想、动机的认知，对社会关系和对集体组织间关系的认知，它与个体一般认知能力发展相适应。一是小学儿童的自我意识，包括自我评价和自我体验；二是小学儿童对社会关系的认识，包括对他人的认识、对权威关系的认识与对友谊的认识，如赛尔曼的儿童友谊发展的五阶段：未形成友谊阶段、单向帮助阶段、双向帮助阶段、亲密的共享阶段、友谊发展的最高阶段。

（2）小学儿童的社会性交往

①亲子交往。

儿童入学以后，与父母的关系发生了很大变化，表现为儿童与父母的交往时间、交往内容和交往方式都有所改变。研究表明，随着年龄的增长，儿童越来越多地自己做决定，6岁以前儿童的大部分事情是由父母决定的。

②同伴交往与同伴团体的形成。

同伴交往是儿童形成和发展个性特点，形成社会行为、价值观和态度的一种独特的社会化方式。同伴交往的特点主要表现为：与同伴交往的时间更多，交往的形式更为复杂；在同伴交往中传递信息的技能增强，他们能够更好地理解他人的动机和目的，能更好地对他人进行反馈，其同伴间的交流更加有效；他们更善于利用各种信息来决定自己对他人采取的行动；更善于协调与其他儿童的交往活动；开始形成同伴团体。

③师生交往。

师生关系是小学生面对的又一种重要社会关系。小学生特有的社会认知特点决定了他们与教师的交往方式。刚刚跨入学校大门的儿童总是对教师充满了崇拜和敬畏，教师是他们心目中的权威。随着年级的增长，儿童的独立性和评价能力也在增长，儿童对教师的评价也影响着他们对教师的反应。

在实施儿童学术启蒙教育的过程中，学生会比常态学习有更多的交往时间与空间，社会交往能力的提升也就更为明显。

4. 符合儿童学习的心理要求

人的学习是有特点的，小学生的学习有其特殊性，主要表现为：学生的学习主要掌握间接经验；学生的学习是在教师指导下进行的；学生的学习是为未来的生活做准备的。

　　小学生学习除具有学生学习的基本特点外，还表现出其年龄阶段特有的特点，具体如下。

　　(1)小学生的学习动机从直接向长远发展

　　小学生的学习动机是一个发展的过程，主要表现为从比较短近的、狭隘的逐渐向比较远大的、自觉的学习动机发展；从具体的向比较抽象的学习动机发展；从不稳定的向比较稳定的学习动机发展。

　　(2)小学生形成初步的学习态度

　　小学时期是学习态度初步形成的时期，主要表现在对教师、对班集体、对作业的态度上。

　　(3)小学生的思维活动水平从直观向抽象发展

　　小学生刚入学时，思维活动的水平基本上处在具体形象思维阶段，因此，小学生是通过对实物、模型及形象性言语的直接感知、对学习材料的直接操作来获取知识和技能的。这时学生的模仿性强，有些知识是他们通过对教师和同伴的学习活动的模仿获取的。到中年级，学生言语能力有了较大的发展，特别是书面语言能力有所提高，能把自己的思维用日记和作文的形式记录下来，对数学概念可以进行简单的归纳、对比等。到高年级，学生对抽象内容的兴趣有所提高，阅读、写作能力有很大的改善，数学的抽象运算能力、空间想象能力等都有较大的提高。

　　综上所述，儿童学术启蒙教育，充分符合儿童学习心理的要求。

(二)儿童教育的历史，为学术启蒙提供经验与教训

　　中华文明源远流长。可以说，随着早期人类的产生，教育活动就在中华大地上萌芽了。

　　纵观我国教育的发展史，历数国外教育的发展历程，无不体现出人们对教育的追求。蔡元培提出，教育是帮助被教育的人，给他能发展自己的能力，完成他的人格，于人类文化上能尽一分子的责任，不是把被教育的人造成一种特别的器具。英国哲学家、社会学家斯宾塞认为，教

育是美好生活的准备。雅斯贝尔斯①在《什么是教育》中指出："教育是人的灵魂的教育，而非理智知识和认识的堆积。教育本身意味着：一棵树摇动另一棵树，一朵云去推动另一朵云，一个灵魂去唤醒另一个灵魂。"国际 21 世纪教育委员会在向联合国教科文组织提交的教育研究报告中说："教育的基本作用，似乎比任何时候都更在于保证人人享有他们为充分发挥自己的才能和尽可能牢牢掌握自己的命运，而需要的思想、判断、感情和想象方面的自由。"②

这些教育的历史，也为儿童学术启蒙提供了宝贵的经验与教训，让大家对于学习的实质性作用有了更深层次的思考。

当然，开展儿童学术启蒙，还要有几点特别值得注意的地方。

1. 注重提升儿童的学习品质与能力

儿童学术启蒙的过程，在于让学生在学习实践的过程中，提升能力，进行科学、系统思维的培养。知识只是载体，学生在实践探究的过程中能力素养的形成才是核心。

2. 注重儿童年龄特点，实施学术启蒙

儿童学术启蒙的过程，是让学生在实践中探究与感知学术研究的过程，并逐渐形成学术研究的意识与能力。但是，学术研究是实施"运用规律探寻规律"的过程，对处在学龄期的学生，需要让他们在不断地体验与实践的过程中感受规律、发现规律、总结规律，而不要让规律限制了他们的思维与认知，限制了他们与生俱来的创造力。

3. 注重儿童问题意识的启迪与培养

"研究"和"问题意识"彼此相依相存，问题是研究的切入点，而有问题意识则是研究者必备的素质。学校要注重培养学生的问题意识，提升学生的研究素养。

---

① 雅斯贝尔斯（Karl Jaspers，1883—1969），德国哲学家，存在主义主要代表之一。主要著作有《时代的精神状况》《生存哲学》《论历史的起源与目标》等。

② 联合国教科文组织：《教育——财富蕴藏其中》，联合国教科文组织总部中文科译，58 页，北京，教育科学出版社，2014。

二、开展儿童学术启蒙的课程建设基础

课程是指学校学生所应学习的学科总和及其进程与安排。课程是对教育目标、教学内容、教学活动方式的规划和设计，是教学计划、教学大纲等诸多方面实施过程的总和。广义的课程是指学校为实现培养目标而选择的教育内容及其进程的总和，它包括学校教师所教授的各门学科和有目的、有计划的教育活动。

2009 年，我校就已经开始了主题课程的研究，借助主题课程的实施，让学生在学习的过程中去感受，在学习的过程中去体验，在学习的过程中提升素养，不断形成学术意识与能力，真正实现启蒙的价值，课程建设则为开展儿童学术启蒙奠定了良好的基础。

(一)儿童学术启蒙的"萌芽期"

我校的办学追求是创建一座学习的乐园，将"四个乐"作为体系的架构。"四个乐"就是享有环境教育浸润之乐，享有课程学习探究之乐，享有人际交往归属之乐，享有管理文化温馨之乐。体系建立的同时，我们也制定了相应的分解目标。

其中，让学生享有课程学习的探究之乐的具体要求是目标让学生明确，问题让学生提出，过程让学生参与，规律让学生探究，方法让学生归纳，从而让学生形成好问、善思、博学、笃行的品质。这种乐学的思想能将儿童学术启蒙引入"萌芽期"。

1."品味北京文化"主题探究

"品味北京文化"主题探究，经历了从"收藏京味、品味文化"为主题开展探究性学习，到建构以"品味北京文化"为核心的校本课程体系，将我校培养具有北京情、中国心的世界人的育人目标承载在每一节课中。学生在教师的引导下玩老北京的玩具，在教师的点拨下，学生边玩边探寻这些老北京的玩具，还将老北京的玩具与现代的玩具进行对比，并撰写成报告。继而学生开始研究老北京的小吃、老北京的建筑、老北京的街道、"四九城"、北京的老字号等，学生们在体验的过程中发现，

在发现的过程中探究，在探究的过程中思考，在思考的过程中提升。他们做调研、写报告，尝试用不同的方式再现老北京的传统。

教师带着学生走进了老北京的胡同，学生带着问题走进了老舍故居、走进了北京的博物馆，教师将学校的课堂也搬到了那里，学生小组合作探究、教师现场讲授、专家进行点播，学生的问题在探究过程中逐渐得到解决，思路得到拓展延伸。学校逐渐将"学术启蒙"的种子播在学生心中，萌发嫩芽，也初步提升了他们的文化底蕴，加深了他们对北京文化和民族文化的理解和认同，使他们体验到了尊重教育的价值与意义。学生能够时刻将"尊重"理念根植于心中，形成健康的学习方式、生活方式和做人方式，从而不断提高自己的创新和实践能力。

2. 以"品味北京文化"为核心，全面建构校本课程体系

例如，"北京情"这条线，为了让低年级学生了解自己生活的这座城市，认识北京的标志，更好地了解北京的历史文化，在学校教师和家长的带领下，我们利用节假日的时间开展了以"逛北京、品文化"为主题的系列实践活动，灵活运用我校主题课程整体推进的实验策略，让学生在实践中行走，在阅读中前行，围绕着"两条主线"：走中轴线，看北京、探北京、爱北京；习读经典，诵经典、知经典、传经典开展实践活动。这逐渐拉近了学生与传统文化的距离，使六七岁的学生喜欢上了北京的传统文化，初步提升了其文化底蕴，加深了其对北京文化和民族文化的理解和认同。

中高年级学生通过"北京的历史""走进北京胡同""探访北京老字号""走进名人故居""走进中轴线""探究老北京玩具"等校本课程，学习传承我国优秀传统文化，在增长见识的同时，实现了能力的提升，体验到了尊重教育的价值与意义。

一位二年级家长在孩子参加完主题实践活动后的感受(节选)

我追问："闺女，那你们这次的任务是什么呢，组员之间如何分工？妈妈怎么来帮你呢？"

闺女头也不回，一边盯着屏幕继续搜索，一边答："妈妈，这个你

就不用操心了。我们班所有同学集体出动，以小组为单位，分头行动，我们中轴线的两头为钟鼓楼和前门，途经北海、景山、故宫、天安门。部分组从前门向钟鼓楼推进，我们这边则相向而行，从钟鼓楼开往前门。我们三人已经分工完毕：我负责收集资料，王昊祺负责绘制路线，杜亚堃负责协调。"

听着孩子娓娓道来的计划，看着她全神贯注地查询资料，我心生感叹：这可和我平时见到的那个拿着平板电脑不放手，能把动画片从第一集看到第十集的孩子完全不同啊，是什么让她自主学习的兴趣如此浓厚呢？是老师对于孩子的信任、尊重，是老师的点拨、教导。这种教育方式不给孩子设置想象的桎梏，让她们自行组建团队、自主设计行程、自主安排路线，这样没有禁锢的活动怎能不让孩子喜欢呢？

周六晚上，闺女查了周日的天气预报，发现有雨，提醒我赶紧找出雨具，又提醒我给她的两个组员打电话，让她们也备好雨具。我心想：孩子可真长大了，知道行动前要做好准备，而且不忘团队，这可和她平时凡事都不挂心上的性格大相径庭。

从家长的感受中，我们不难看出，学生在研究中发生着巨大的变化。学生在锻炼能力、增长见识的同时，体验到了尊重教育的价值与意义。这为我校培养具有北京情、中国心的世界人奠定了坚实的基础，为儿童学术启蒙教育找到了适合的途径。

(二)儿童学术启蒙的"发展期"

学校开展儿童学术启蒙教育，就要依托课程来实施。学校会在课程的建设中，整体设计培养目标，选择教育内容及其进程，指导各科教师对所教授的学科实施有目的、有计划的教育活动，从而保证学术启蒙教育的有效落实。

1. 校长引领，组建学校课程建设核心团队

校长是学校的领跑者，教育思路的创设者和规划者。祖雪媛校长带领全体教师，针对我校学生研究的发展方向，组建学校课程建设核心团

队，并规划课程方向。

(1)基于人的发展和学生的成长

教育是关注心灵成长的事业，使学生原有的智慧得以重新展现出来，重新发出光芒。我们要研究学生，尊重学生的身心发展规律、兴趣意愿和成长需要，让教育适合学生，努力满足不同学生的需求，为每一个学生提供适合的基础教育。因此，教育要着眼于学生成长的发展需要，更加关注教育过程，使每一个学生都得到全面而充分的发展。

当今世界的发展瞬息万变，教育必须为经济社会发展服务，课程改革既要立足当今，又要直指未来。什么样的学生更适合未来的发展？我们通过反复分析调查，清楚地认识到：学生除了要具有健康的身心素质之外，还需要有较强的质疑探究、合作实践的可持续学习能力，有形成批判性思维和创新性的能力，有敢于克服困难、不断改进和创新的超越能力。

如何让课程创新符合学生发展的需求、符合时代发展变革的需要，有效促进学生和学校的可持续发展呢？我们通过课程创新提高学校课程的供给力，解决课程间交叉、重复与割裂等现存的和潜在的问题，努力在重点环节实现关键性的突破。满足学生未来发展的需要，真正促进他们的可持续发展，为学生一生的幸福奠基。

(2)基于教育方针政策

《中华人民共和国教育法》第五条规定："教育必须为社会主义现代化建设服务、为人民服务，必须与生产劳动和社会实践相结合，培养德、智、体、美等方面全面发展的社会主义建设者和接班人。"这为课程建构的目标和课程内容的设置指明了方向。

此外，国家关于新课程的各项政策法规，如《基础教育课程改革纲要(试行)》、关于课程的三级管理政策、各个学科的课程标准以及各级教育行政部门的规定和指令，都为学校课程建构提供了保障，使其有据可循，有据可依。

（3）基于多元智能理论的提出

美国发展心理学家霍华德·加德纳曾提出"多元智能理论"，即每个人都有八大智能：语言智能、逻辑—数理智能、空间智能、运动智能、音乐智能、人际交往智能、内省智能、自然观察智能。这是一种积极的学习观。他认为每个学生都拥有不同的智能优势组合，适当的教育和训练能使每个学生的智能发挥到更高的水平。

"对于一个孩子的发展最重要、最有用的教育方法是帮助他寻找到一个他的才能可以尽情施展的地方，在那里他可以满意而能干。"霍华德·加德纳如是说。课程就为学生提供了宽松的氛围和一个良好的平台，为他们创造了多种展现各种智能的机会，激发他们潜在的智能，充分发展每个人的个性。运用多元智能理论分析基础教育中的课程问题，对于促进我国的基础教育课程改革和提高学生的综合素质有着重要意义。

（4）基于新课堂教学理论的实践

以焕发生命活力为基础的新课堂教学理论是从生命的高度用动态的观点看待课堂教学所包含的丰富含义的。对于学生而言，课堂学习是其学校生活的最基本构成，它的质量直接影响学生当下及今后的各方面发展和成长；对于教师而言，课堂教学是其职业生活的最基本构成，它的质量直接影响教师对专业水平的发展和生命价值的体现。因此，可以说，课堂教学对于参与者具有个体生命价值。

小学阶段是儿童人生观、价值观形成的关键阶段，课程建构必须创设利于学生自主探索的空间，使学习能够给学生带来发展的满足以及成长的乐趣。此外，每一节课都是教师与学生生命活动的构成。课堂教学不仅是为学生成长所做的付出，而且是教师生命价值的体现和自身发展的组成。在课程建构中，我们要自觉遵循以焕发生命活力为基础的新课堂理论的要求，实施并完善作为生命实践组成的课堂教学，使每一节课都能得到生命满足的价值。

教育的本质要求为课程建构提供了理论基础，多元智能理论为我们形成新的、有时代特点的课程设计思路提供了有意义的借鉴，以焕发生命活力为基础的新课堂教学理论则为课程实施过程中重要的一环——课堂教学的改革指明方向，国家关于新课程的政策法规是课程建设的政策保障。

在尊重理念的引领下，我们认为，课程不仅应考虑学生发展的差异，对接学生未来发展的需求，满足学生的差异发展，而且要遵循规律，对其进行科学有效的建构，这样才能最大限度地发挥其育人功能。

2. 课题引领，逐渐完善学校课程建设体系

围绕尊重人人、尊重环境、尊重文化、尊重规律，学校制定了以学生发展为基点的学校课程目标体系，并依据办学理念和培养目标，建构了两大类课程结构体系，即面向全体学生的"基础课程"和面向全体与面向差异并存的"主题课程"。

（1）课程目标体系的形成

课程是学校实现育人目标的重要载体，学校的办学理念和培养目标需要通过课程来实现。因此，学校课程的建构要结合学校文化，发扬学校特色，进而发掘和整合学校及区域的教育资源，打造出多元化、多样化、立体化的课程。

① 从区域特征、学校特点思考。

我校一校七址均位于朝阳区国际化发展进程较快的核心地区，具有鲜明的多样化、国际化特点，面临迎来国家文化产业创新实验区建设的新契机。但是由于远离传统文化核心区，存在人口资源环境矛盾凸显、城乡一体化发展的问题需要进一步突破等限制因素，因此，区域教育更需走向国际化，回应新时期区域发展的需求。

② 从学校育人目标入手制定学校课程目标体系。

我们围绕学校尊重理念与育人目标，在全面分析把握各学科课程目标基础上，把相关、相近的一些目标进行整合，对部分学科的薄弱部分进行强化，如针对学生未来的发展，在"尊重环境"领域中，突出提高环境主题探究学习的能力。在"尊重规律"领域中，在了解自然现象的本质联系和基本的社会规则上，增加了了解一定的认知规律的内容。为了让

学生更好地认识自我、把握规律，我们制定了以学生发展为基点的学校课程目标体系。基于学生认知与学习规律，我们尝试在多个学科中进行课程目标的设计创新。

我们将学校课程目标制定为：通过扎实实施基础课程，综合推进主题课程，全面落实国家教育方针，将我校学生培养成尊重自然规律和社会发展规律，具有"探究、合作、包容、超越"品质的人。

（2）课程的结构

①基础课程的建构。

在基础课程建构方面，依据国家培养目标和学校办学理念育人目标，将基础课程体系划分为三级。

第一级：基础核心性课程。它是面向全体学生的国家课程，注重基础知识、基本能力的学习与培养。

第二级：基础拓展性课程。它是面向学生差异，可供学生选择的以国家课程为主要内容进行拓展的深化性课程。针对学生差异与兴趣需求，并考虑与初中衔接，我校目前已经形成可供学生选择的 128 个拓展性课程。例如，针对语文学科的拓展性课程有趣的汉字、经典诵读、脱口秀等；针对数学学科的拓展性课程动手做、数学王国等；针对科学学科的拓展性课程疯狂科学、小小园艺师、我爱星空等；针对体育学科的拓展性课程足球、篮球、排球、手球等；针对艺术学科的拓展性课程节奏鼓、快乐口琴、载歌载舞、指印画、刮画、茶艺、立体雕塑等。

第三级：基础定制性课程。它是面向特长发展突出的学生，由学校自主创新开发的校本课程。创新实践性课程定向发展培优，促进学生特长发展。例如，针对科学学科的创新实践性课程我是小小发明家、单片机、机器人等；针对语文和英语学科的基础定制性课程戏剧达人等；针对体育学科的基础定制性课程定向越野、高尔夫等；针对艺术学科的基础定制性课程沥粉画、纸塑、民族合唱、民族舞蹈等，都为学有特长的学生提供了进一步学习、向更高层次发展的基础。

②主题课程的建构。

主题课程是基于学校尊重理念和课程目标建构的，通过学生提出、发现问题来创设真实情境的跨课程、跨学科联动学习的课程。主题课程侧重提出问题、解决问题、合作探究，深化学生认知水平，提升其综合能力，培养其健全人格。目前，我校已经开发创生了分年级的96个主题。

（3）课程的设置

尊重理念是课程改革的灵魂，也是课程改革的起点。课程改革引领学校的发展，促进师生可持续发展，更能满足未来发展的需要。在"尊重"的大背景下尊重学生的需求、尊重学生的差异，让每个学生快乐学习、幸福成长，我们需要找到属于每个学生的教育方式，给予学生更多的选择，更多的学习自由，更大的发展空间。在充分总结学校已有课程建设经验的基础上，我们进行了深度的课程创新，力求实现在办学理念和育人目标的统领下，省时、高效地完成国家级课程，丰富选修课程。

我们的课程设置遵循了两结合的原则：基础性和选择性相结合，长课时和短课时相结合。全校各年级每天都设置短课时课程脱口秀10分钟，长课时课程连排美术60分钟；三至六年级科学连排80分钟，每周的一个整天或两个半天安排主题课程。这样的课程设置既提高了学科的实效性，又为主题课程的实施提供了时间保障。每个年级根据各自特点进行具体设置（见表2-1）。

表 2-1　白家庄小学课程设置

学科	年级	学科月课时/节	10%综合实践活动/节	基础核心课程/节	基础课程中的拓展性课程和创新性课程/节	主题课程/节
语文	一至二年级	32	3.2	4	3（脱口秀、课本剧、百字讲坛、诗文诵读）	1（主题课程）
	三至六年级	24	2.4	3	2（脱口秀、课本剧、百字讲坛、辩论会、诗文诵读、品味文化）	

续表

学科	年级	学科月课时/节	10%综合实践活动/节	基础核心课程/节	基础课程中的拓展性课程和创新性课程/节	主题课程/节
数学	一至五年级	16	1.6	1	0.5(数学游戏、数学故事、数模)	0.5(主题实践活动)
	六年级	20	2	2	1(数学游戏、数学故事、数模)	1(主题实践活动)
英语	一至二年级	8	0.8	1	0.5(戏剧、童谣、合唱、英语电影片段)	0.5(主题实践活动)
	三至六年级	12	1.2	1	0.5(专题演讲、戏剧、故事会、童谣、合唱、英语电影片段)	
音乐	一至五年级	8	0.8	1	0.5(合唱、音乐剧、舞蹈)	0.5(主题实践活动)
	六年级	4	0.4			
美术	一至五年级	8	0.8	1	0.5(沥粉画、刮画、指印画、创意生活)	0.5(主题实践活动)
	六年级	4	0.4			
科学	三至六年级	8	0.8	1	0.5(疯狂科学、小小发明家)	0.5(主题实践活动)
体育	一至二年级	16	1.6	1	0.5(小鹤先飞班、篮球、足球、手球)	0.5(主题实践活动)
	三至六年级	12	1.2	1	0.5(小鹤先飞班、篮球、足球、高尔夫)	
综合实践	三至六年级	4		4	4(主题实践活动)	
道德与法治	一至六年级	8	0.8	1	1(主题实践活动)	

（4）课程的实施方式

① 自主申报，课程实施主体多元。

在课程主题的自主选择方面，课程的实施主体包括教师和家长。教师根据自己的特长和爱好，自主申报课程。美术教师的摄影、泥工、创意制作，音乐教师的合唱、舞蹈、爵士乐，体育教师的定向越野、跆拳道，语文教师的经典诵读、书法、茶艺，数学教师的指印画、民族饮食，英语教师的英语棋、手指编织，都成为学校课程精彩的组成部分。

学校征询家长建议，将有特长、有意愿参与课程的家长和社区志愿者吸收成为课程的积极支持者。

② 走班制、长短课结合灵活多样。

学生通过网络平台自主选择课程，学校为了保证学生自主选修校本课程，打破班级与年级界限，实行"大走班"与"小走班"、长课与短课相结合等更为灵活的课程实施方式。

（5）主题课程特点与实施路径

① 打破学科壁垒，实施跨学科研究。

主题课程围绕学校课程总目标将现有教材中交叉、重复的部分进行删减合并，将割裂的部分进行整合，在确保国家和地方基础课程实施的基础上，将不足的部分针对学生特点在学校育人理念目标下进行补充。它跨越学科边界，使各学科通过主题的形式成为有机的整体，既避免了各学科之间的"拼盘式"现象，又可以保证学科之间在主题范围内的联系和一致性。

②积极发挥多元主体评价的优势。

首先，引入优质的家长资源。我们对当前的大环境做情境分析，对社会的需求、社区的特色、学校的条件、家长的资源特征、可能取得的社区和学校的资源等条件加以分析。例如，我校家长资源丰富，对学生的期望更多是放在综合能力提升上，具有较广的国际视野，愿意为学校课程建设提供帮助，因此，在课程开发与建设中我们充分考虑家长资源，吸收他们为主题探究做指导，使优质家长资源成为我们实施主题课程的基础。

其次，对现有的课程、学生发展需求与个性化特征和课程改革进程进行分析梳理，将已有经验进行完善，针对现阶段突出问题进行课程的整体建设。充分分析学生发展需求与个性化特征，以学生为中心，带领教师全方位调研学生，从学生集中的问题与困惑入手，进行课程开发与建设，回归学生生活，指导学生做生活的主人。针对班级与学生不同的特质与需求，整合各种教育资源作为主题课程设计的基础。

③从学校尊重理念育人目标出发建构课程目标体系。

在制定课程目标体系过程中，我们在充分分析学校育人目标和课程指导纲要、地方课程指南等的内在关系基础上，通过对整合前各课程目标的分析，将这些课程的课程目标进行分类整合，既遵循了原有课程的课程目标，又使原来分散的、杂乱的课程目标变成有机的统一体，形成了科学、系统的"主题课程目标体系"。

主题课程的目标，一是整合学科内容交叉、重合与割裂的部分，完成各学科的教学目标和任务，二是学习共同主题，使学生对主题所包含的某种价值观有更深入的认识。因此，在确定课程总体目标时，我们在充分分析学校育人目标的基础上对学科教学目标加以提炼和整合，超越了具体的学科界限。

④依据国家课程标准梳理教材，确定主题。

第一，依据目标，筛选内容。依据学校的课程目标体系，在充分梳理各学科课程标准的基础上，我们以国家课程科学、品德与社会（生活）、综合实践活动、语文、美术等为主体，从地方课程环境教育、安全教育、民族团结等的相关内容中，找出活动性、体验性、探究性强的内容，将各学科中内容相关、相似的章节和带有普遍联系的内容抽取出来，归类到一起，进行教学资源重整。

例如，主题课程"大家帮助大家"，通过集体备课，学校领导和各学科教师对国家、地方课程和教材进行了分析，发现品德与社会、语文和美术课程中存在交叉的课时内容和共同的育人目标，三个学科都涉及人与人互相帮助、感受爱与真情的内容，可以进行整合教学，并结合学校育人目标中"尊重人人"的理念，进一步提出"做好自己，帮助他人"的目标。根据皮亚杰的儿童思维发展阶段和道德认知发展理论，我们发现三年级儿童的思维属于具体运算阶段，其道德认知发展规律是从他律到自律的认识、转化发展的过程。各学科教师对学生进行了学情分析和调研，通过对望京新城校区三年级一百多个学生的问卷调查，发现学生非常需要同学间真挚的友情，在接受帮助的同时也愿意传递帮助。

第二，分解内容，确定主题。在教学资源进行重整后，我们充分调研学生现实问题与需求，并根据内容特点命名一个主题研究方向，然后根据学生年龄特征，合理编排，统筹设计，通过删减、融合、增补、重组，形成以自主性、体验性、开放性、生成性为主要特征的研究专题。

⑤以校为本统筹进行课程设置。

结合《北京市教育委员会关于印发北京市基础教育部分学科教学改进意见的通知》，我们将10％的综合实践活动课时与主题课程课时进行融合设计。

在课程设置上，我们将基础课程和主题课程结构比定为4∶1，"4"指一周里有四天上基础课程和拓展课程；"1"指一周里集中一天上主题课程，课表安排采用调课平移的基本方法。在实际操作过程中，为了使集中一天的主题课程实施顺利，时间得以保证，我们初步尝试部分学科连排，每周的一个整天或两个半天安排主题课程。这样既提高了学科的实效性，又为主题课程的实施提供了时间上的保证。

3. 系统支持，为开展儿童学术启蒙提供保障

只有学校整体管理，联动各部门统筹部署，才能实现教育的最终呈现，才能真正保障儿童学术启蒙教育的有效实施。

（1）完善机制、加强管理，确保课程实施

课程建设顺利实施制度是保障，我们秉承"边实践、边探索、边完善"的思路，建立组织保障机制，确保主题课程顺利实施。

①建立课程保障机制。

先建立由市、区、校各层领导及专家组组成的支持与指导团队，形

成研究与指导机制，制定目标，确定实施流程；然后通过典型引路梳理经验，将核心实验团队的研究流程形成主题课程指南，下发实践模板，在实施过程的案例分享中促进全体教师的学习与理解。

立足本校，重点突破，全员参与，稳步推进，全面展开。结合学校资源，以学生发展为本，全体教师共同开发主题课程，以学生需求为依据，重点突破。在工作上坚持以转变教育观念为前提，以加强教育科研为后盾，以提升学生的能力为突破口，切实加强主题课程开发、实施和领导，精心组织，保证质量，全面提高学生的综合素质，确保主题课程的顺利开发与实施。

②完善组织保障机制。

由校长领衔，各口主管和校区主管负责、干部引领、教研组组长组织实施、骨干教师协同，典型引路。

学校成立课程开发领导小组，负责学校课程规划与审定，发布课程开发指南。课程开发领导小组具体成员由校长、主管校领导、各层干部和各教研组组长组成。

主管负责人依据课程进程组织课程，开展实施活动，每位干部分别进入一个年级进行指导，依据阶段教研，分步准备，一起上课，集体反思，学校给出集体教研时间。各教研组组长组织实施课程的开展；干部分组进入各教研组进行参与指导，如撰写课程总目标、分目标和流程；由各教研组教师推举骨干教师成为主题课程小组的引路人，组织分工，如文案撰写、阶段教研、分部准备、一起上课、集体反思等，他们在各阶段教研过程中还会发挥优秀组的示范作用。

两年的典型引路已经实现主题课程100％实施：全校所有学科的教师都参与了主题课程的开发和实践，涉及每个班级，惠及每一个学生。也就是说，每个班都有研究的主题。每个主题在课程小组教师的引导下，学生都会提出相应的问题，并带着问题结成小组进入下一步的研究，从而实现每一个学生每一学期小组内都进行一次课题的研究。

③加强"目标—过程"管理。

第一，完善课程建设的日常管理机制。在课程开发与实施过程中，以目标—过程管理为手段，按照调研需求—分析资源—文化定位—设计目标—分层培训—成果交流的流程进行课程管理，确保规范性和科学性。

第二，完备档案利于课程流程规范化。每个课题开始前，我们都会给每个组准备一个档案盒，在盒子的内侧贴好档案的目录。主题课程开展到哪个阶段，教师就会依据目录上的条目收集好相关活动资料。

主题课程需要保存的档案材料包括：主题课程方案，实践活动中的学生资料（小组研究主题和计划、学生小组活动资料、活动后汇报PPT），实践活动照片（不少于5张）及简要说明（时间、地点、人物、干什么），主题课程教案，主题课程影音资料（教研照片、上课照片、录像），教师撰写的主题课程反思（成果特色与创新），学生写的收获等全套课程实施过程的材料。

这么做的好处是能让教师清晰地知道主题课程都会经历哪些环节，知道每个环节该注意收集什么材料。对照目录收集材料的过程，实际上就是教师在开展主题课程时的自我评价，评价自己的操作流程是否规范。当教师按照流程去做了，其实他的课程开展就规范了。

第三，随机访谈保证工作无死角。对于班中学生随机进行访谈，是教师检查自己开展主题课程效果的有效方法。比如，在实践活动前，我们要求每个教师都要走进自己的班级，问问学生"你们实践活动的目的是什么？你们组的研究主题是什么？你们组是怎么分工的？你的职责是什么？"这样细致的访谈，保证了"组组有主题、人人有分工"。又如，实践活动结束后，我们也要求教师随机找学生访谈，问问"你们的研究目的达到了吗？实践活动开展顺利吗？有哪些收获？"之所以这么做，是因为如果发现有不到位的，教师就会及时弥补。所以说随机访谈是一种很好的自我评价方式，有利于我们消灭工作中的死角。

（2）全程跟踪过程，观察案例分析，促进教师专业发展

在实施中，我们通过全程跟踪、过程观察，以案例分析方式做积

累，让实施教师从亲历过程中反观教学行为，有效促进其专业发展。我们由学校课程专家组、教科研干部组成一支课程实施跟踪观察小组，从课程主题的确定开始进入各个研究组，和教师共同梳理教材，调研学生，确定主题，在实施过程中参与每一个环节，在参与过程中对教师与学生进行观察与指导。每完成一个主题，我们会抽样调研学生，倾听学生对于课程的反馈，调研教师，与教师共同研讨实施过程中的优势与不足，针对问题提出建设性意见。

（3）借助网络平台对主题课程进行随时评价

引进网络技术，将它应用在主题课程评价中。通过网络平台留存学生在主题课程实施过程中的全部资源，通过学习管理系统收集学生的学习行为信息，如在线学习时间、资源下载次数等。从主题课程论坛中提取学生学习过程中的交流互动数据，如发帖数、讨论内容、互动频次等，针对活跃学生及边缘学生，进行个性化引导和支持，结合学生的过程变化随时予以评价。

平台的统计分为两个维度：主题课程的数据统计和每个学生的个人数据统计。

第一，主题课程的数据统计。这项数据统计可以统计每一门主题课程中的学生参与情况，包括学生提交的该主题课程内的作业、作品、资源总数；该主题课程内教师发布的学习活动内容被点评的次数；针对主题课程内容，教师发布的学习任务、活动的点赞数量。

第二，每个学生的个人数据统计。这是学生学习痕迹的数据统计，包括统计每一个学生参与的主题课程活动总数，学生提交的关于所有主题课程及活动的作业、作品总数，针对学生参与主题课程活动的点评总数，学生对于作品、作业的点赞总数。

通过以上两项统计，我们可以清晰地看到每一门主题课程学生的参与情况、作品提交情况，以及该主题课程教师发布活动任务的人气，还可以系统地了解每一个学生对主题课程及活动的参与情况。这样的统计对学生的参与度有数字化的呈现。

第三章

基于儿童学术启蒙的
课程规划

学校课程是每一个学生生长与发展的必要的"养分"，是实现儿童学术启蒙的有效载体。课程好比学生的一日三餐，建构"丰富多彩、好吃有营养"的课程是实现生命绽放的基础，是促进学生全面而富有个性的发展、抵达学生心中梦想的那条路，而其中的一种营养就是学术素养。课程规划代表学校的办学品质，是实现学校办学理念和育人目标的基本途径之一。

　　课程规划的起点应着眼于学生全面而有个性的发展，着眼于学生儿童学术启蒙的培养，充分考虑了学生的社会价值与个体价值的实现。课程规划围绕尊重理念在学生成长过程中起到的独特的作用，其根本目标是真正满足学生的个性发展的需要。

第一节　不同课程规划主体下的学术启蒙课程

基础教育阶段的学术启蒙绝不是把学生培养成学者、学问家、发明家，而是让其像学者、学问家、发明家一样学习与思考。因此，市区课程改革项目都提倡真实的研究，要走完选题—定题—议题—准备—实施—总结—反思的全过程，激发和保持学生研究的兴趣，让学生有发现的惊喜，培育其持续研究的品格。

一、市区课程改革项目中的学术启蒙规划

在市区课程改革项目的引领下，特别是在市级"遨游计划"项目的支持下，我校在推进课程目标自主、课程结构自主、课程内容自主、课程实施自主、课程评价自主、学生选择自主的同时，重视在课程建设与实施过程中进行儿童学术素养的启蒙，让学生经历科学探究的全过程。

(一)市级"遨游计划"学术启蒙规划

学校课程实施往往采用分章节学习、分篇目学习的办法，按部就班，条块分割，以致过分强调知识的系统性和完整性，忽视了知识原本的鲜活性与实践性，也出现了不少交叉、重复学习的问题。采用主题学习的方式，围绕主题让不同的知识聚集、冲突，使学生能形成对事物、现象的完整认识。跨学科的主题学习则能引导学生在主题探索中培养综合意识，掌握综合技能，学会综合方法，形成综合能力，最终发展综合素养。这样的学习，自然有助于发展学生的学术素养。

"遨游计划"项目作为北京市义务教育课程创新专项，积极推动了实验学校、区域、北京市课程改革，形成了良好的品牌效应。我校作为"遨游计划"项目学校，在市级专家的指导下，积极参与课程改革实践，开展了长时间的探索，形成了基于尊重理念的课程建设体系与实践特色发展模式。我们紧紧围绕建构"六位一体"(课程目标自主、课程结构自主、课程内容自主、课程实施自主、课程评价自主、学生选择自主，一

体化课程)的首都课程自主创新模式,在年度《"遨游计划"项目实施计划与实施方案》的引领下,致力于课程创新,并使其成为学校发展的原动力,以跨学科主题课程启蒙儿童学术素养,实现国家和学校的育人目标。我们基于人的发展和小学生的成长,基于儿童学术启蒙的培养,反复分析调查,清楚地认识到:学生除了要具有健康的身心素质之外,还需要有较强的质疑探究、合作实践的可持续学习能力,有形成批判性思维和创新性的能力,有敢于克服困难、不断改进和创新的超越能力。

为了让课程创新符合学生发展的需求、符合时代发展变革的需要,有效促进学生和学校的可持续发展,围绕学校尊重理念的四个领域,学校制定了以学生学术素养发展为基点的学校课程目标体系,并依据办学理念和培养目标,建构了两大类课程结构体系,即面向全体学生的基础课程和面向全体与面向差异并存的主题课程。基础课程和主题课程的结构比为4:1。

(二)区域课程改革要求的学术落点

《北京市教育委员会关于印发北京市基础教育部分学科教学改进意见的通知》提出:"加强学科教学内容与社会、自然的联系,让学生学习鲜活的知识和技能……学校要组织学生走出校门,中小学校各学科平均应有不低于10%的课时用于开展校内外综合实践。"由此诞生了学科实践活动课程,这类课程除了强调综合性、实践性、开放性、生成性外,还特别强调学术性。因此,每次活动教师和学生都要设计完整的实践过程,活动前要研究出学习单、研究单,活动中要聚焦问题、有所发现,活动后要完成研究,有感悟与反思,而不是"到此一游""打卡报到"。

《北京市教育委员会关于加强义务教育课程管理推进课程整体建设的意见》提出:"学校校本课程开发应努力满足学生个性化发展的需要,兼顾学校资源条件,努力体现学校特色,避免增加学生的课业负担。"因此,校本课程中凸显研究性、学术味的科技创新类课程越来越有吸引力,如基于问题的编程、不同植物种类对比研究、用3D打印解决生活实际问题等。

朝阳区致力于区域课程改革,在市级项目的引领下将区域课程改革细化为区域专项。我校是区课程整体化育人项目的实验学校,在教研中心课程室的领导下,结合我校特色与已有成果,以"儿童学术启蒙"为发展点,推动"课程教学的协同化发展",促进学校课程建设在区域发挥优势。在市区教研的引领下,学校深度理解各级文件精神,基于儿童学术启蒙的发展点,不断完善学校课程方案,提炼学校课程建设成果。

二、学校整体课程中的儿童学术启蒙规划

课程是学校实现育人目标的重要载体,学校的办学理念和培养目标需要通过课程来实现。因此,学校课程的建构要结合学校文化,发扬学校特色,进而发掘和整合学校及区域的教育资源,打造出多元化、多样化、立体化的课程。

(一)尊重理念高位引领课程目标体系,凸显学校课程的学术启蒙价值

基于对可持续发展价值观的不断思考与追问,不断丰富尊重理念的内涵和外延,学校提出"尊重是一种平等观"。它是以未来发展为导向的价值观教育,要把教育的目光锁定在人和世界的未来发展上。也就是说,尊重,不仅要建立在生命与生命之间,还要建立在生命与其他事物之间,不仅要尊重人人,还要尊重环境、尊重文化的多样性与差异性、尊重规律。"四个尊重"的育人目标是国家教育方针、社会主义核心价值观、学生发展核心素养在小学阶段的具体化。

学校从育人目标出发,立足"四个尊重",重构学校四大维度、十个分目标、二十三个要点的课程目标体系(见图 3-1)。四个尊重框架下的尊重特色课程目标体系是综合表达,通过将国家教育方针、学校理念与育人目标、学生发展需求融为一体,既能很好地贯彻党和国家的教育政策,保证立德树人的落实,又能体现学校的办学特色,满足区位发展和学生未来发展需求,培养我校学生的独特品质和气质,促进每一个学生全面而有个性的发展。

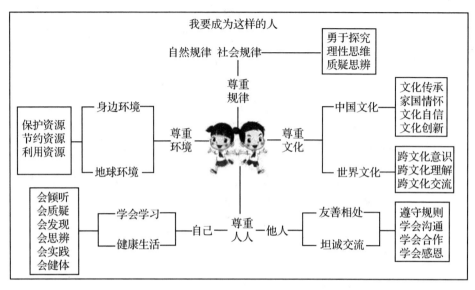

图 3-1　学校尊重理念为核心的育人目标体系

　　我们在制定课程目标体系过程中,在充分分析学校育人目标和课程指导纲要、地方课程指南等的内在关系基础上,通过对各课程的课程目标的分析,将这些课程的课程目标进行分类整合,既遵循了原有课程的课程目标,又使原来分散的、杂乱的课程目标变成有机的统一体,形成了科学、系统的主题课程目标体系。

　　主题课程目标体系分为尊重人人、尊重环境、尊重文化、尊重规律四个领域,这四个领域的内容是层层递进的,由尊重人到尊重物(环境),再到尊重文化,最后到尊重规律,由具体到抽象,形成尊重教育的内容系统(见图 3-2)。四个尊重领域分别下设一级、二级目标体系内容。这已经成为学校每个学科共同的课程目标,并通过学校课程的构建,落实到每一节课和每一个活动中。

　　主题课程目标体系的四个领域下设多个模块。

　　尊重人人领域:通过课程学习,学生可以了解认识自我和他人的重要性及主要途径;养成换位思考的习惯,学会与人平等交往;增强倾听、表达、交流、合作的能力,辩证评价自我和他人。

尊重环境领域：通过课程学习，学生可以知道人类生存必须依赖环境资源；增强保护环境的责任意识和习惯；提高环境主题探究学习的能力。

尊重文化领域：通过课程学习，学生可以了解不同民族、不同国家文化的多样性；传承优秀文化，发展世界视野；提高文化主题探究能力和包容能力。

尊重规律领域：通过课程学习，学生可以了解自然现象的本质联系和基本的社会规则，知道认知是有规律的；增强对规律探究的好奇心和求知欲；提高探究和运用规律解决问题的能力。

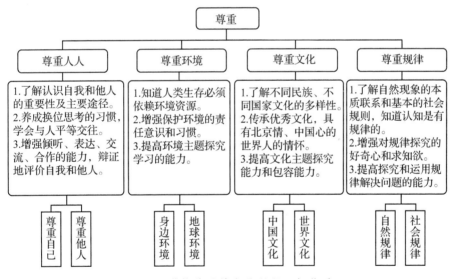

图 3-2　学校尊重特色的课程目标体系

基于以上的梳理与思考，从尊重学生认知规律和身心发展规律出发，我校将课程目标制定为：通过扎实实施基础课程，基于儿童学术素养，综合推进主题课程，全面落实国家教育方针，将我校学生培养成尊重自然规律和社会发展规律，具有"探究、合作、包容、超越"品质的人。

(二)完善"基础＋主题"课程结构，开展儿童学术启蒙教育

学校围绕尊重四大维度，基于课程目标体系，建构"基础＋主题"尊重特色课程体系，既保证了国家教育方针、素质教育战略主题与学校育人目标之间具有内在的一致性，又将相关内容转化为具体的品格和能力要求，进而融合到各类课程当中。

1."基础＋主题"课程结构

"基础＋主题"课程结构包括面向全体学生的基础课程和面向全体与面向差异并存的主题课程，具有基础性、开放性、选择性、挑战性，为学生提供丰富多元的课程供给。

基础课程分为三级。第一级是基础核心性课程。它是面向全体学生的国家课程，体现基础性。基于学科进行整合，建立学科课程群，推动学科发展。例如，英语学科形成面向全体的基础类、面向兴趣的拓展类、面向特需的定制类的系统化课程，并根据低、中、高年级的教材内容和学生年龄特点分低、中、高三级，形成分层实施、满足学生发展需求的系统学科课程群，凸显学科本质。第二级是基础拓展性课程。基于开放性、选择性，针对学生差异与兴趣需求，并考虑与初中衔接，学校目前已经形成可供学生选择的 128 个拓展性课程。例如，尊重人人领域的小小摄影师、少儿踢踏舞、电脑绘画；尊重环境领域的社区小使者、变废为宝、民族服装 DIY；尊重文化领域的沥粉画、有趣的汉字、儿童诗社；尊重规律领域的玩转魔方、机器人、我爱星空。第三级是基础定制性课程。定制课程是面向特殊需要的，包括培优课程和帮扶课程两部分，体现挑战性。培优课程是对某一领域有特长的学生给予更高层次的培养，如 STEM[①] 课程、英语戏剧等；帮扶课程是面向需要特别关注的学生随班就读定制的个别指导课程。

---

① STEM 是科学(Science)、技术(Technology)、工程(Engineering)和数学(Mathematics)英文首字母的缩写。

　　主题课程是借鉴国内外先进教育经验，通过学科内容的整合、跨学科整合以及教与学方式的变革，让学习更加贴近学生的现实生活，激发学生主动探究，着重培养其综合运用知识、解决实际问题的能力，发展其认知水平和创新其思维，培养其健全人格，提升其综合素养。学校在前期课程体系的建构、典型引路的基础上，实施全员性全过程实践推进，尝试实施长短课、大小课的课程设置，尝试实施走班制，深入落实课程推进，形成"尊重人人""尊重文化""尊重环境""尊重规律"四个尊重维度的主题课程。主题课程已进入全校每一个学生的课表里，做到系列化、系统化和常态化实施。学校"基础＋主题"的立体课程结构图如图 3-3 所示。

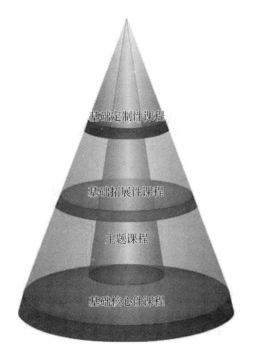

图 3-3　学校"基础＋主题"的立体课程结构图

2. 进行跨学科整合，形成系列主题课程

主题课程需要将多个学科课程进行整合，课程整合后，必然要打破原有的课程体系，建立新的、能满足主题课程学习要求的课程体系。我们对学校的全部课程进行通盘筹划，对课程整合涉及的所有课程进行统筹，确保课程目标不降低、无缺失。主题课程的目标体系设计要与学校整体目标相配合，涵盖基础课程各学科目标，兼顾认知、技能、情意三个学习领域，能涵盖各学科课程目标，以学生综合性发展为最高发展原则。

（1）打破学科边界，进行学科内与学科间整合

从寻找学科内和学科间的"共同因子"出发，进行"合并同类项"，在知识交叉点"做减法"。合并语文、品德与社会、美术、音乐等学科内和学科间交叉、重复的内容，精简未与时俱进、不符合本地区学生的实际需求和发展需求的内容，并根据相同内容找到"四个尊重"维度的契合点，促进课程内容的有机融合。

（2）整合书本知识与学生生活，内化、优化学生素养

增加与学生现实生活紧密联系的内容，增加与促进学生未来发展紧密联系的内容。通过小组合作等多种方式，让基于真实问题的探究学习过程不仅是获得知识技能、动手实践能力，习得明辨性思维的过程，而且是培养学生核心素养，获得合作、分享、表达能力的过程，更是增进交往，建构学生的思维方式、体验方式和心理结构的过程。学生素养在交往中内化、优化，学生在相互间的感应与理解、对话与交流的过程中建构心理。

（3）整合同领域的主题课程，形成系统性、开放性的系列课程

整合中国传统节日文化的主题课程，形成节日文化系列。基于学生对中国传统节日的问题，梳理各学科教材内容，进行合并和补充，按照尊重文化领域目标和"节日文化"分目标，先后开发清明文化、端午文化、中秋文化、重阳文化、春节文化系列主题课程。学生分别在不同的年级展开探究，教师根据设定的年级学习目标进行过程性评价。学生完成春节文化探究后，对比分析中国春节和西方圣诞节的相似与不同，做中西方节日文化对比研究。这样，学生既学习了国家课程的各学科知

识，又在中西方节日文化对比研究中拓宽了国际视野、提升了跨文化理解能力，更在节日文化系列主题探究中，形成深度认知、系统理解、深刻感悟，并用开放、多元的表达方式展示出来。

(三)设计课程探究实施流程，规划学术启蒙课程实施

主题课程凸显综合性和探究性，从主题的确定到课程的实施，均以学生为中心。主题课程特别强调创设真实情境，强调学习要基于学生的真实问题，引导学生发现问题，鼓励学生主动探究问题、自我选择学习方式，重视师生、生生之间的共同合作，重视走进社会进行多元实践，实现学生的社会价值与个体价值。

1. 科学规范四环节实施流程

主题课程的实施流程分为四个环节：问题驱动、实践探究、反思提升和总结创新，并形成回路，保证主题课程的有效实施。规范开题课，学生"人人提问、组组开题"，在解决真实问题的情境中，将知识与应用联系在一起，提升探究、合作、质疑、表达等能力，激发学习内驱力，品味深度学习乐趣，体验思维成长。将学生学习成果作为新的课程资源，促进学生自我认知—自我实现—自我完善—自我超越。我校学生经过小课题研究，学术素养得到了培养，得到家庭肯定。

主题课程实施过程自始至终贯穿着儿童学术启蒙的培养，尤其是选题课和开题课，学术味儿更浓，学生先根据自己的元认知提出真问题，然后在教师的带领下通过小组合作对问题进行梳理分类，迁移运用以前习得的研究方法(遇到与主题无关或可直接回答的问题→删掉，遇到相似或相同的问题→整合，遇到表达不清、层次较浅的问题→修改)，一一筛选整理问题。在提出问题、分类问题、筛选问题的思维中确定具有研究价值的问题，提炼选定研究主题。随后，学生结合小组自主选择的研究主题，填写开题报告单，开始探究问题、解决问题的经历。

学生会经历提出想研究的问题—将问题分类筛选—转化为研究主题—制定开题报告的整个研究过程，会经历通过多种方法聚焦问题，最

终找到具有研究价值的问题的过程，在真问题、真思维、真经历中，系统培养思维品质，从而有真获得。

2. 转变主题课程评价方式，构建新型学生发展观

按照学生的认知规律、年龄特点和能力特征，结合学生在主题课程实践中的表现，分低、中、高年级三个学段，从"提出问题、学习方式、研究方法和解决问题"四个维度，制定主题课程探究学习的各学段目标。梯度目标引领学生螺旋式上升，促进学生探究、合作、研究、质疑等方面能力的提升，最终使学生能回归生活，解决实际问题(见表 3-1)。

表 3-1　主题课程中探究式学习的学段目标

学段	提出问题	学习方式	研究方法	解决问题
低年级	围绕主题，尝试提出自己感兴趣的问题	初步运用小组合作学习方式	学会用一两种研究方法进行实践研究	
中年级	围绕主题，提出自己感兴趣的问题	合理运用小组合作学习方式	会用一两种研究方法进行实践研究	初步尝试解决问题
高年级	围绕主题，提出核心问题	有效运用小组合作学习方式	合理选择多种研究方法进行实践研究	能回归生活，解决实际问题

配合课程设置和实施方式的变革，学校积极尝试改进课程评价机制，设计主题学习评价单，围绕主题学习的提问、实践、合作等环节设置评价指标，用"达到、基本达到、加油"三个量级评价学生的表现，着力改变单纯以分数评价学生学习的方式。学生在参与实践的过程中，不仅关注知识技能的获得和结果，而且关注是否能围绕主题提出自己想要探究的问题，能否围绕问题参与讨论，确定探究的目标、方法、分工等，促使学生学会听取、包容不同意见，表达自己的观点、友善互助、共同提升(见表 3-2)。

表 3-2　主题课程学习评价表

一级指标	二级指标	评价结果		
		达到	基本达到	加油
提问	能围绕主题，提出自己想要探究的问题			
辨析	能发现同类问题并将其合并， 能将立即解决的问题进行删减			
计划制订	能围绕问题参与讨论， 确定探究的目标、方法、分工等， 能选择适合自己完成的任务			
实践	能用查询、访问、实地考察等形式开展调研， 能及时收集证据， 能用拍照、绘画、文字等形式记录自己的收获			
成果分享	能梳理自己的收获， 能选择一两种适合自己的方法进行小组交流， 能和同伴合作展示分享小组研究成果			
合作	能听取、包容不同意见， 能表达自己的观点，友善互助，共同提升			

3. 丰富课程内容，促进师生共成长

作为学校课程建设的最直接参与者，学校教师不仅要做课程开发的引领者，还要做课程的实施者、设计者、建设者。课程建构的过程是提高教师课程领导力的过程，也是促进教师联系与建构、理解与批判、迁移与应用的深度学习的过程。参与课程建设使教师从"单纯地教"向"为什么教"转变，从"照搬地教"向"创造性地教"转变，对课程从"表面化认识"向"纵深理解"转变，树立大的课程观。课程建构的过程实现了先进理念的落地，激发和培养了教师的创新思维，提高了教师参与跨学科教研、促进实践体验的真实性和有效性，并激活成果，形成良性循环，促进学校骨干教师数量大幅度提升，极大地促进教师的专业成长和骨干梯队的可持续发展。

新颖独特、生动丰富的课程体系提升学生学习能力，促进学生综合发展、自主发展。学生利用多种学习方式，参与探究学习的全过程，提升各方面的学习能力。通过对比学校 2014—2016 年三年级学生"形成解释能力""问题解决能力"的数据，我们发现，在解释关键词语、解释重点句子与解释思想感情等方面，学生的发现与提出问题、分析与解决问题、反思与矫正等方面的能力有大幅提升（见图 3-4）。

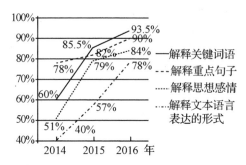

图 3-4　2014—2016 年三年级学生在"形成解释能力"
"问题解决能力"各维度的对比分析

　　为了更加尊重学生的个性特点，满足学生的兴趣爱好以及个人发展需求，学校积极搭建平台，提供空间、时间、资金，鼓励学生自主开创课程。在学校鼓励、引导下，有编程特长的学生为同学开设编程设计课程，有编曲特长的学生为同学开设音乐创作课程并组建小乐团演奏自编曲目等。主题课程的学习能显著提升学生的有意义学习和系统结构化学习，学生体验到学习的收获与思维的成长，有设计课程的渴望和内心需求。例如，在学习中秋节日文化主题课程后，学生主动提出设计端午节日文化课程，纷纷为课程环节、活动环节建言献策，创造性地制作动物造型的粽子、设计端午节吉祥物"QQ 粽"、用说唱形式演绎粽子广告等。

三、教师参与课程规划

　　如何能够让教师真正成为学校课程的建设者？基于学校的尊重理念，学校鼓励每一个教师直接参与学校的课程规划，从每一个教师依据自己的特长开发不同类别的校本课程，到经过梳理、提炼、完善发展成系列主题课程，从而最终形成学校的特色课程。

(一)教师积极开发学术课程

我校教师把新课程改革的理念与学校培养目标结合起来，最早开发出了"品味北京文化"研究性学习课程，并使课本中的"北京的历史""北京的城楼、牌楼""北京的园林""北京的老字号"等十个主题体现在旧楼改造中，创立了京味文化楼，整栋楼都展现着学生学术探究的完整历程和研究论文等成果。京味文化楼重点结合"品味文化"课程设置了"北京的历史""北京的城楼、牌楼"等十个主题，体现"扬中华异彩，传古韵精神"的理念，让学生从了解老北京的历史名人、城楼、牌楼、小吃、胡同、四合院、戏曲、玩具等入手，通过古色古香的朱漆大门、绿色琉璃瓦、金色门环，以及京剧脸谱等物品，在潜移默化中受到熏陶和感染。目前这些课程已经从一门校本课程，发展成为多学科教师参与研究的系列主题课程，成为学校的特色课程。

结合雾霾、资源过度开发等环境问题，我校教师先后开发了"我是社区规划师""我是蓝天护卫者""我是地球小主人""只有一个地球"等跨学科主题课程。学生运用学习的生态文明知识，在探究规律、认知规律的基础上端正生态文明态度，学会运用规律科学解决身边环境、国内环境和国际环境的生态问题，身体力行地提高生态文明参与度和生态文明技能。

仅以二年级"垃圾分类"主题课程为例，在疫情期间，考虑到居家学习的特点，结合不同家庭的具体情况，二年级学生在多学科教师的指导下，以跨学科联动的主题课程为依托，采用"居家实践探究"的形式，进行了"垃圾分类"的主题研究。学生们结合家庭中的实际情况，提出自己感兴趣的问题，聚焦为研究小课题，用自己的实际行动在家庭中践行垃圾分类，涌现出了一批批可爱的"节能环保星"，形成了丰富的研究成果。

第一部分：初步探究——垃圾分类我先知。探究之初，学生们在教师的带领下，采用查阅书籍、网上查找资料、访谈家人等多种方法，对

"垃圾分类"的知识进行全方面的了解和学习。在这个过程中，学生们不仅知道了北京市垃圾分类的标准，明白了垃圾分类的目的和意义，而且深刻意识到垃圾分类既是保护环境，也是在帮助我们自己。学生们在自主探究的同时，也用自己喜欢的方式和小伙伴进行云交流，分享自己的学习成果。

第二部分：实地调研——家中垃圾我了解。基于前期的学习，学生们对垃圾分类有了更多的感悟。国家统计局和经济合作与发展组织数据显示，近几年我国生活垃圾产量保持5％左右的增长，2018年全国生活垃圾清运量达到2.28亿吨，已成为全球产生垃圾最多的国家。那么，我们的家庭每天会产生多少垃圾？我家的垃圾是怎么分类的？带着这样的思考，学生们进行实地调查研究，把"家庭"这一小单位作为调查目标，进行了连续一周的调查记录。一份份调查数据，一张张数据统计表，让学生们更加直观地感受到生活垃圾的庞大和垃圾分类的重要性。与此同时，在调研的过程中，通过小手拉大手，也让更多的家庭参与到垃圾分类中来，实现了我们调查探究的初衷。

第三部分：实践导行——创作宣传我能行。"垃圾是放错了位置的资源"，垃圾分类处理就可以变废为宝、循环利用。针对不同种类的垃圾，国家有明确的处理方法，那我们家中的垃圾呢？怎么减少生活垃圾的投放？怎样做才能将这些垃圾变成资源？二年级的学生们不仅用丰富的创意告诉了我们答案，而且用自己创造的作品向大家宣传"垃圾分类"，传递节约资源、绿色生活的理念。西瓜皮、报纸、塑料瓶、废纸杯、快递盒……一件件丢弃的垃圾，通过学生们的奇思妙想和无限创意，"摇身一变"，就成为我们生活中有趣的必需品、装饰品。

主题课程的整个过程都贯穿着学校的尊重理念，学生通过发现问题，到辩证看待问题，从而去主动寻求解决问题的策略，最后到根据自己的意愿去实施策略并解决问题。

(二)教师善于利用学术资源

教师带领学生进行学术课程研究的过程中会遇到一些困难，学术资源的匮乏成为教师面临的最大困难,如何解决这个问题引发了大家的思考。我校教师依据不同的研究主题和学生感兴趣的问题,充分挖掘博物馆、科研所、教育基地等各种学术资源,发挥每一种资源的价值,采用分层教学的方式,增强学生学术启蒙培养的针对性,使不同层次的学生都能够学有所获、研有所得。

1. 结合探究主题,选择社会教育资源

教师引导学生将博物馆科研所、教育基地等的各种资源转化为学术研究资源,如学生到南海子麋鹿苑调研,到天文馆探究,分层次进行"地球与环境的关系"的小课题的研究、进行雾霾数据的分析、了解空气质量形成原因等,学生带着课题走进实践基地,他们不再是参观者,而是研究者。例如,学习科学学科,教师可以带领学生走进中国科技博物馆、中国地质博物馆、北京天文馆、北京植物园、北京自然博物馆等;学习品德与社会学科,教师可以带领学生走进中国电影博物馆、南海子麋鹿苑、中国国家博物馆、首都博物馆、中国电信博物馆等。我校与北京天文馆、中国电影博物馆签订了实践学习基地协议。教师将这些教育基地的内容与课程内容进行匹配对接,让场馆的实地体验学习发挥最大的学术效益。学生根据问题确定研究的主题内容及方向,整理提炼有效问题。在进馆之前,学生可以结合问题先从网上收集资料、设计实地学习任务单,明确走进场馆的目的。

教师还挖掘市区内的学术研究基地和专家资源进行学术启蒙培养。例如,尊重环境的理念已经深入每个人的内心,学校倡导"非须勿用、物尽其用、一物多用",教师引导学生充分利用身边的废旧资源进行再创造。电子产品不断充斥我们的生活,学生提出了"电子产品废弃后对环境产生的影响以及如何进行有效处理"的研究课题,科学教师带领他们在前期就"什么是电子垃圾?""电子垃圾怎么分类?""电子垃圾不当处理对环境有什么危害?""家中电子产品和家用电器的更换频率以及处理方式"等问题进行了解后,便带领着"绿色环保小记者"社团和"白小梦工场"社团,走进了位于通州区马驹桥镇的某公司,探寻电子垃圾的去向。

该公司是一家对电子垃圾进行回收的环保公司，是全国第一批向公众开放的环保设施单位。学生们先后参观了环境教育展示厅、电子废弃物科普陈列室和工作车间。在展厅中，学生们了解了电子垃圾中含有的有毒物质的种类。由于人为处理不当，电子垃圾对环境造成不良影响。不良商贩通过焚烧提取电子产品中的铜和金，这个过程会产生大量的废烟、废渣，造成河流的污染，产生不可逆的危害。

学生们专心致志地倾听、记录，他们热切地想要将自己了解的内容毫无遗漏地保存下来，以便分享给更多的同学。展厅中一个被拆解后的冰箱引起了学生们的注意，经过工作人员的介绍，学生们了解到电子产品的处理要经过拆解、分类、磁选等过程，经过有效处理，能够将90％的资源进行回收再利用。

接下来，学生们走进了拆解车间，从走廊中观看电子产品的分解流水线，一袋袋摆放整齐的纽扣电池、塑料组件、金属组件、电路板等将被送往不同回收地。在废旧冰箱处理生产线上，冰箱压缩机里的危险废弃物——氟利昂被率先取出并密封储存，之后箱体被送入密闭负压破碎分选系统，不到10秒钟就会变成碎块，再经过磁选等工序，分离出铁、铜、铝、塑料和泡棉5种产物。

教师引导学生就此次研究性学习进行梳理、总结，形成报告，利用脱口秀的时间向全校学生进行宣传，让绿色环保理念根植在每一个学生的心中。

2. 结合探究设计，教师完善课程方案

课堂上如何让那些先天因素比较好的学生不在平淡的学习中埋没自己的能力，让那些先天因素比较差的学生不丧失学习的信心，让他们为自己的成绩喝彩，这是摆在每一位教师面前的难题。我们要求教师在进行教学设计时，必须依据学生实际学业情况考虑分层，以保证最大限度地为不同学业层次的学生提供学习条件和学习机会。在教学管理中，为了充分体现对不同学生的尊重，让不同学业层次的学生都学有所获，学有兴趣，我们要求教师做到四个分层。

第一，学生分层。要想让每个学生都学有所获，教师就要对每个学生了然于胸。接班前，我们要求每个教师都要认真进行交接班，充分分析每个学生的特点，掌握每个学生的个体差异，了解他们的学习基础、学习情趣和进步需求，了解他们的学习方法和学习习惯。授课前，教师在预设时要分层预见不同学业层次的学生在学习过程中将会遇到的障碍以及要采取的应对措施和态度等，并进行细致的准备，从而做到对每个学生心中有数。

第二，教学分层。在教学环节的设计中，在教同一内容时，我们要求教师根据不同学业层次的学生制定出不同的目标，对低学业层次的学生落实单一知识点，使其掌握和巩固基础知识；对高学业层次的学生，要重视培养他们的综合运用能力，使其能主动思维、大胆实践，形成自主学习的能力。

第三，提问分层。在设计问题时，对于简单的问题或直接可以找到答案的问题，我们要求教师优先考虑低学业层次的学生，并在学生作答后要及时进行肯定和表扬，以激发其学习的信心和兴趣。遇到难度较大或者运用能力较强的问题时，可以让中、高学业层次的学生充分发挥，给他们提供更大的发挥空间。这一点教师在预设时要做到心中有数。

第四，训练分层。在设计训练时，我们要求教师依据教学内容体现出分层，设计出几套题，检查不同学业层次学生的学习效果。在课中或课后安排训练时，我们要求教师把基础题让低学业层次的学生做，让他们只需完成与教学相关的基础知识，重在知识的验证和记忆，以减少他们的心理压力；提高题让中学业层次的学生做，侧重他们基础知识的熟练和知识技能的提高；而综合题就可以让高学业层次的学生大展身手了，不断提高他们的创造性思维和应变能力，满足他们的求知欲。

分层教学从学生实际出发，增强了学生学术启蒙培养的针对性，使不同学业层次的学生各得其所，顺畅而快乐地学习，增强了学生学习的自觉性和主动性，也能让不同学业层次的学生时常体会到成功的喜悦。

第二节　基于学术启蒙的课程整合

我们所研究的基于学术启蒙的课程整合，是建立在引导学生主动求学、质疑、释疑、究理之上的整合。学生在课程整合学习研究过程中初步实现学会提问、学会选题、学会撰写研究计划、学会答辩、学会根据计划开展研究活动、学会用证据说明自己的观点、学会应用创意成果。

一、基于学术启蒙的三级课程整合

三级课程整合，即三级课程的统整，指的是在具体的课程实施过程中，将国家课程、地方课程、校本课程这三级课程的各种课程形态进行有意义的组合。在教学设计阶段，三级课程整合对相互关联的学科和社会知识、学生情感体验以及活动内容等进行整合性展示和分析，使学生能在此教学过程中对所学知识、个人情感意识以及行为进行全方位的理解，并培养学生全面把握和思考问题的学习方法和思维方式。最终达到满足学生基础能力培养、个人自身发展以及个性得到张扬的全方位的教育教学效果。

(一)三级课程整合的途径

北京市"遨游计划"项目为开展基于学术启蒙的三级课程整合提供了指导。学校进行三级课程建构的主要途径包括：重构比例、重组整合、重理顺序。

1. 基于学校办学理念，建构三级课程比例

三级课程在学校层面的重构，将划分标准的、立体式的、层次分明的三级课程落实到学校中，必须进行扁平化处理，因为课程落实到学生身上并无三级之分，重构是由基于管理向基于受体(学生)的再组织。所谓扁平化，即科学地将三级课程加以统整，使其成为一个有序且高效的学校课程结构。所谓基于受体，即将课程结构视为学生认知、技能、方法、情感态度价值观等在学校环境内的全面映射。

2.跨越边界的重组整合

跨越边界的重组整合，主要解决的是三级课程相互重复、交叉与割裂，未能形成完整协调的整体等问题，它主要涉及课程结构空间关系的创新。对此，北京市的要求可以归纳为"五性一化"：规范性、协调性、整合性、选择性、均衡性和特色化。规范性，指国家课程、地方课程和校本课程必须齐全完备；协调性，指课程之间的互补；整合性，指课程之间的融合互通；选择性，指适应学生的个性发展和全面发展；均衡性，指学校课程体系中的各种课程类型、具体科目和课程内容应保持恰当合理的比例，学习领域或学科与活动的规划设计应体现全面、均衡的原则，课时安排应体现均衡性，而不是简单的平均分配；特色化，指突出学校的发展目标和办学思想，适应本校学生的特点和学校实际，不仅体现国家基础教育课程改革的基本要求，而且体现鲜明的学校特色。

3.基于学生实际，重理课程顺序

学校基于学生实际、课程内容进行研究和重新组织，打破既有的实施顺序，如我校以主题课程打破学科壁垒，形成新的教学秩序，取得了良好的效果，建构尊重人人、尊重环境、尊重文化、尊重规律四个领域的课程目标，结合国家、地方、校本课程中的相关内容，进行删减、整合，使散点知识系统化，即围绕同一主题，选择相同或相近的内容，确立不同的侧重点，对不同学科的课程进行顺序组合创新，形成"线性必修"和"线性必修与并开选修相结合"两种课程形态，在同一时间段内给同一个班级的学生进行联动授课，将三级课程作为一个有机整体，全面有序地实施，形成课程合力，确保解决三级课程之间内容重复、交叉、割裂等问题，促进学生对某一领域知识的深而广的理解，进而达到省时、高效、提质的目的。

(二)三级课程整合的策略

当前，北京市的课程整合策略可以分为两大类：学科本位的课程整合策略与儿童本位的课程整合策略。

学科本位的课程整合策略是超越不同的知识体系、以关注共同要素的方式来安排学习的课程开发活动，这里的共同要素指的是相似目标、相似内容和相似实施方式。例如，翻阅教材我们不难发现，国家课程《品德与社会》教材中有"丰富多彩的民族节日"一课，《语文》教材中有"北京的春节"一课，地方教材《中华优秀传统文化》中也有"民族节日"的内容。经过梳理与思考，我校在四年级、五年级和六年级，分别开展了"中秋文化""端午文化""中西节日文化对比——春节与圣诞节""清明文化""重阳文化"等一系列主题课程，围绕语文、英语、品德与社会、美术、综合实践等学科的能力点进行开发设计，将同一内容、同一主题的教材内容进行整合。

儿童本位的课程整合策略，是以儿童现实的直接经验、需求和动机为出发点进行的课程融合。这种融合实际上是对现有课程的拓展和创新，是将游离在原课程体系之外的儿童的经验和需求融进了新的课程之中，故可以称之为"儿童本位的课程融合"。以主题课程"我是蓝天护卫者"为例，在确定主题过程中，教师团队翻阅了四年级各学科的国家课程教材，发现人教版《品德与社会》四年级上册第四单元第 4 课"灾难后的思考"和第 7 册《数学》中"统计"这两节课中都涉及了关于绿色生活的内容，于是对学生进行了学情分析，"灾难后的思考"中小煤窑、退耕还林等题材对于北京市望京地区四年级的学生来说相对陌生，远离了生活实际，学生很难理解。于是，我校对学生进行了调研，发现在"你和家人最关注哪些环境问题"这一题中，93％的学生选择了雾霾。基于学生的问题和需求，教师团队讨论确定和表述目标，并反复推敲：是让学生意识到灾难的可怕，还是让他们寻找到美好生活的希望；是让学生抱怨或指责，还是让学生有责任感。由此，我校主题课程的名称从原来的"雾霾的形成原因与危害"最终确定为"我是蓝天护卫者"，希望能体现出学生的责任与希望。

二、基于学术启蒙的学科课程整合

学术素养是一种思考问题的方式，学生的学术素养体现为将所学知识与其生活紧密联系在一起，即具有用科学的眼光审视真实世界，用科学的思维方式探寻现象背后的原因，用科学的方法寻求解决方案的能力。在我们生活中出现的现象多数都是由复杂原因造成的，单一的学科知识不足以帮助学生从多维视角分析问题，因此，将课程进行合理整合，是启蒙学生学术素养的最佳途径之一。

（一）学科课程整合实施的目的

美国心理学家布兰思福特提出："必须用少量主题的深度覆盖去替换学科领域中对所有主题的表面覆盖，这些少量主题使得学科中的关键概念得以理解。"[①]找准核心问题，设计核心活动，将现有课程进行优化组合，避免重复学习，提升课堂效果，是我们实施学科课程整合的主要目的。

1. 基于提质减负，解决课程内容交叉、重复与割裂的问题

2009 年，北京市关于基础教育课程教材改革实验工作的文件中提出了整体推进三级课程建设，认真研究教学中教学内容交叉、重复与割裂等问题，提质减负，建设高效课堂。在这个大背景下，我们通过梳理各学科课程标准发现：科学等学科课程中都有关于人与自然的目标。语文、英语、品德与社会、美术等学科都存在人与文化、人与环境的目标，有些课程目标是高度相似甚至重合的。此外，环境与可持续发展教育、安全教育等地方课程，其课程目标也与上述课程的目标存在广泛的相似性。通过梳理各学科课程，我们发现大量的教学内容存在交叉与重复，尤其是三年级至六年级的国家课程科学、语文、英语、美术等学科以及地方课程环境教育、安全教育、三育都存在大量的交叉、重复的内容。

各级各类课程之间存在着交叉、重复的内容，同一主题知识分散于

---

① ［美］约翰·D. 布兰思福特、安·L. 布朗、罗德尼·R. 科金等：《人是如何学习的：大脑、心理、经验及学校（扩展版）》，程可拉、孙亚玲、王旭卿译，18 页，上海，华东师范大学出版社，2013。

各门课程之中，这种情况造成了两个较为突出的教学问题：一是教师在不同课程中重复教学相同或相似的内容，造成总体教学时间的浪费；二是学生分散学习同一主题知识，难以在知识之间建立联系，造成整体教学效果受到影响。

2. 基于学生自身价值与社会价值的全面发展需求

人在成长与发展过程中应该是全面的，任何一方面都不能有所偏失。从当今时代来看，我们的教育不但要关注学生的社会价值，而且应着重于学生的内在，如情感、创造力、想象力、同情心、好奇心等，尤其要注重学生自我价值的实现。针对学生全面发展的需求以及身心发展规律，学校应该为学生提供一个完整、真实的情境，让学生在回归生活的过程中综合应用所学知识解决生活中的实际问题，在这一完整的过程中促进学生的全面发展，让个体生命的潜能得到自由、充分、全面、和谐、持续的发展。

然而由于学生在学校所学的科目有限，各门学科的知识容量有限，学生的学习内容也因为学科学习被人为地割裂，既增加了学生负担，又造成了学习实践拓展因为时间问题而浅尝辄止。为了克服各学科彼此独立对个体所造成的知识割裂影响，让学生眼中的世界更完整、客观、真实，提高教学效率，促进学生整体知识学习的深化和拓展，在确保国家和地方基础课程实施的基础上，我校建立了一套基于尊重理念的主题式、综合性、探究型的课程——主题课程。主题课程超出了学科之间的界限，使得各学科通过主题的形式成为有机的整体。这样既避免了各学科之间的"拼盘式"现象，又可以保证学科之间在主题范围内的联系和一致性。

3. 基于国家的课程改革要求

《国家中长期教育改革和发展规划纲要（2010—2020年）》提出："树立人人成才观念，面向全体学生，促进学生成长成才。树立多样化人才观念，尊重个人选择，鼓励个性发展，不拘一格培养人才。树立终身学习观念，为持续发展奠定基础。"

《北京市教育委员会关于印发北京市基础教育部分学科教学改进意见的通知》提出："加强学科教学内容与社会、自然的联系，让学生学习鲜活的知识和技能……学校要组织学生走出校门，中小学校各学科平均应有不低于10％的课时用于开展校内外综合实践活动课程。"

中共中央办公厅、国务院办公厅印发的《关于进一步减轻义务教育阶段学生作业负担和校外培训负担的意见》在提升课堂教学质量这方面指出："教育部门要指导学校健全教学管理规程，优化教学方式，强化教学管理，提升学生在校学习效率。学校要开齐开足开好国家规定课程，积极推进幼小科学衔接，帮助学生做好入学准备，严格按课程标准零起点教学，做到应教尽教，确保学生达到国家规定的学业质量标准。学校不得随意增减课时、提高难度、加快进度；降低考试压力，改进考试方法，不得有提前结课备考、违规统考、考题超标、考试排名等行为；考试成绩呈现实行等级制，坚决克服唯分数的倾向。"

(二)学科课程整合的优化策略

课程改革，不是简单意义的改课，而要在依据学生需求，落实课程标准，把握学科本质的前提下，进行学科内、学科间的整合、重组，激发学生的学习兴趣，促进学生综合素养和可持续发展能力的提升。

1. 学科内有效整合，依学情重组教材

随着课程改革的深入推进，很多一线教师的"资源意识"也在不断增强，越来越多的教师在教学设计过程中，已经明显地意识到：必须努力打破教材的界限，引进与之相关的资源并加以开发和利用，从而让学生获得持续的发展。教师应该努力整合教材资源，从"活"用学习材料、拓展课程资源、补充开放内容、探究生成问题等方面进行思考，从而提高课堂教学实效性。

我们的教材汇集了许多专家的智慧和实践经验，具有许多明显的优势，但也存在一些不足之处。新的数学教材板块多，注重培养和发展学生多方面的能力，但板块多而带来的知识点零碎，也确实减少了学生的计算等基本技能的训练。教材的编写分散了学生学习的难点，把各个知

识点分布在各个年级进行教学、渗透，但容易让教师觉得新教材的知识点比较零散。每册教材安排的单元数量多，涉及面广，有的单元容量大，但也有的单元容量比较小，学生刚刚学了一些知识，还没有真正读懂，又要重新打鼓另开张。到下一次再学到这个内容时，有的学生已经淡忘，每次学习都需要教师设计"唤醒"的环节。

2. 学科间横向联动，依主题将知识系统化

我校以尊重理念为引领，突出课程本质，突出学科特点，突出学校特色，整体构建了以尊重理念的四个目标体系和内容为主线的特色课程体系，打破不同学科、不同课程之间的壁垒，解决三级课程之间的交叉、重复与割裂问题，使三级课程相互融通，形成合力，创设了穿越学科边界的主题课程。

三、基于学术启蒙的单元教学整合

学校可以依据教科书编排思路，采用单元主题学习的方式，设计单元主题任务或核心问题，基于此发散开去，聚合起来，让不同方面、层次、向度、时空的知识聚集、冲突，从而使学生实现对事物、现象的完整认知。

(一)开展单元主题教学的优势

在单元主题任务或核心问题的引领下，学生在主题探索中可以形成综合意识，掌握综合技能，学会综合方法，形成综合能力，最终发展综合素养。这样的学习，自然有助于发展学生的学术素养。其优势有以下方面。

1. 单元主题教学能较好地培养学生多种思维能力

单元教学中比较法是其基本原则，在比较中能有效地培养学生的求同思维能力和求异思维能力。

2. 单元主题教学能真正体现教师主导和学生主体的作用

传统的教学偏重于教师的讲授而忽视了学法的指导，忽视了学生自主能力的提高。单元主题教学采用"举一反三"的教学法，采取比较法、启发法、讨论法、探讨法、综合实践法等，有效地克服了传统教学的偏

颇。正如叶圣陶先生所说，语文教材无非是个例子，凭这个例子要使学生能够举一反三，练成阅读和作文的熟练技能。

3.整体设计单元主题教学，合理调配

整体设计单元主题教学体现教学方式、教学方法和教学内容等的最大优化的组合，避免讲解无效重复的知识，苏联教育家巴班斯基早就指出：当代学校教学过程的最优化，就是指所选的教学教育过程的方法，可以使师生耗费最少的必要时间和精力，而收到最佳的效果，单元主题教学就是其中的方法之一。

(二)单元主题式教学设计的原则

我们在单元主题教学设计过程中注重把握学生的原有认知，尊重差异，科学、合理地实施分层教学，进行多元指导。

1.差异教学原则

差异教学是单位时间内科学、有效提质的重要方式。在推进差异教学中我们主要把握以下两点。

(1)把握学情，科学分层

教师非常重视研究、分析学情，主要通过日常观察，与家长交流沟通，进行访谈交流、问卷调查等，了解学生的思维水平、学习方式、学习风格，为开展有效的分层学习提供依据。

(2)针对差异，多元指导

面对学生的差异，我们对学习目标、课程资源、学习方式、评价方式进行多元化的设计与指导，为每一个学生的发展助力，最终促进不同学业层次的学生获得最大化的发展。

第一，依据学情，为学生设置不同层次、不同时间段的预期学习目标。

第二，在课堂教学中，合理开发课程资源，分区域、分层级提供个性化的学习内容。

第三，采用游戏式、合作式的学习方法，激发学生学习兴趣，如在课堂上开展"谜题交易"游戏，学生学习新知识后自主出题，引发对新问题的思考。这样做一方面测查学生自身对知识的本质、结构的理解，另一方面测查学生的独立思考、解决问题的能力。

第四，采取多元化的、即时与延时相结合的评价，激发学生学习的内驱力，使不同学业层次的学生都保持积极的学习兴趣。

第五，课后设置有差异的分层作业，供学生自主选择。

第六，为极特殊的学生定制个性化课程，教师采取一对一或一对几的教学方式，使他们体验学习的快乐，能在原有基础上有进一步的提升。

2. 问题驱动式原则

教师在单元主题教学设计中通过创设生活中的实际问题情境，引导学生自主发现问题、提出问题、分析问题、解决问题和修正反思等，以问题驱动组织学习。在此过程中，学生的思维深刻性、独创性得到发展。

3. 基于信息技术的个性化学习原则

首先，视听一体化学习资料的大量呈现。例如，借助平板电脑的推送功能进行学情反馈，便于教师依据学情组织研讨，即时调整教学行为。又如，借助掌上课堂软件即时录音，形成微课，供有需求的学生重复观看。视听一体化学习为学生搭建了便捷的交互学习平台，便于其进行个性化学习。

其次，课后学习方式多样化，如掌上课堂、微信等交互软件，引导不同学业层次的学生进行深入学习。

4. 多学科联动原则

我校结合学校尊重领域的四个目标体系、各学科教材内容及学生需求，确立主题，进行多学科联动式教学，打破学科壁垒，实现教学内容、教学方式和教学形态的多方面重组与创生。

(三)单元主题式语文教学

语文教学中，比较传统的授课方式避免不了冗长的分析，表面看来热热闹闹，其实，不但耗时，而且学生也缺乏兴趣。如何更加省时、高效？我们依据学生的需求，以单元主题教学为切入口，把整个单元看成一个整体，回归学科本质和当下的教育理念，落实课程改革精神，以

"先学后教，能学不教，少教多学，以学定教"的十六字精神，进行单元整体阅读教学改革。虽说改革后课时总量没有变化，但同样的时间内学生不但完成了本单元的阅读任务，而且阅读了课外短文，拓宽了阅读视野，很好地落实了学科改进意见。

单元主题不完全等同于每本教材的若干个单元主题的组合，这需要教师对教材进行重组、删减、扩充或者整合。以单元的中心、体裁、写作风格为标准确立主题。通过实践，我们确立了单元主题式语文教学的基本流程。

1. 话题切入

一是采取"课前粗知，课中细知，课后深知"的分步认定、逐步深化的教学方法，使其贯穿于教学的全过程；二是把教学目标的认定与课堂教学的导入结合起来实现话题切入的多样化、新颖化。

2. 探究文本

这是课堂教学的主要环节，是以一篇带多篇的关键所在。教师精讲一篇课文，以读为本，在进行"正确的价值观"和"积极的人生态度"的熏陶的同时，丰富学生语言的积累，发展其思维能力。

第一，让学生自由读课文，扫清阅读障碍，遇到不明白的地方画上问号，借助多种资源尝试解决问题。

第二，整体感知。让学生自由读课文，说说每篇课文读懂了什么，初步把握每篇课文的主要内容，依据单元主题提出本单元要探讨的主要问题。

第三，精读感悟。让学生带着问题先自读自悟，然后小组互动，相互研讨交流，给学生提供充分的质疑问难、讨论感受、表达想法的机会，然后进行班级交流，达成共识，提升认识，最后将自己的理解通过朗读表达出来。

第四，总结学法。带领学生回顾学法，理线索、说情节、品细节、谈感悟，为后续学习奠定基础。

3. 比较阅读

在单元主题教学中，教师要充分发挥学生学习的主观能动性，学习完本单元的几篇课文后要组织学生进行对比分析，依据单元主题总结梳理几篇课文的相同点，找到差异点，提升学生对文本的深度理解，深化单元主题。

4. 链接生活

为进一步深化单元主题，在每次单元主题学习后，教师组织学生进行相关的语文实践活动，让学生走出课堂、走向社会，与生活对接，将课堂上学到的知识运用到实践中去，拓宽学生的视野，丰富学生的写作素材。

5. 升华自我

语言、形象、情感本为一体，每当学完一个单元主题，教师组织学生进行朗读、背诵、说感受、谈收获等活动，让学生把具有生命力的语言积累下来，使其不仅成为提升学生语文能力的基础，而且成为学生文化品质、健全人格形成的"养料"，提升学生的语文素养。

在单元主题教学中，我们以"主题"为突破口，创造性地使用教材，将学生的学习资源拓展到更为宽广的领域，使学习内容呈现立体、多元的特点；引领学生多角度、多渠道、全方位从文本中积累文化知识，获得情感体验、生活经验，这个过程不仅提高了学生的语文素养，而且提高了他们梳理概括的能力、收集和整理信息的能力、发现和思考问题的能力、分析和解决问题的能力以及创新和发展的能力。

(四)单元主题式英语教学

在课程改革的话题中，学生核心素养是一个高频词语。核心素养主要是指学生应具备的适应终身发展和社会发展需要的必备品格和关键能力，在学生将来学习和未来发展中起着关键性作用。培养学生的核心素养是深化课程改革、落实立德树人的根本要求，也是实现"四个引路人"的根本途径。我校在英语课堂中提出的在小学阶段对学生进行学术启蒙的目标是对培养学生核心素养的积极回应。

学生的学术素养体现为将所学知识与其生活联系在一起，对周围世界好奇，具有用知识解释周围世界的强烈动机；会猜想、寻找论证和实验的方法，具备思考和学习的能力。而在英语课堂中进行学术素养的启蒙，学生面临的最大的困难就是语言的障碍。由于受到语言积累的限制，即使学生具备对周围世界的好奇心、具有用知识解释现象的强烈动机、具备一定的思考能力，也无法准确表达出来。因为语言是思维的显性表达，没有语言的支撑，学生的学术素养无从体现。所以我校尝试依托单元整合教学，在一个单元主题的框架下，引导学生利用自主学习、合作学习、探究学习等学习方式，循序渐进地积累与之相关的背景知识及词汇。即在主题意义引领下，学生通过学习理解、应用实践、迁移创新等一系列融语言、思维、文化为一体的活动，获取、阐释、评判语篇意义，表达个人观点、意图和情感态度。发展多元思维和批判思维，从而达到在英语课堂上进行学术启蒙的目的。

1. 开展单元主题式英语教学的优势

钟启泉在《读懂课堂》一书中对"单元"概念的阐述给了我们很好的指导。他指出："单元"是基于一定的目标与主题所构成的教材与经验的模块或单位，可以大体分为基于学术与艺术等文化遗产的、以系统化的学科为基础所构成的"教材单元"（学科单元），和以学习者的生活经验为基础所构成的"经验单元"（生活单元）两种。"单元"不是把教学内容碎片化地当作知识点来处置，而是有机地、模块式地组织与构成的。[①] 因此在小学，我们将教材以单元主题方式重新编排，这样能凸显话题意义、主题功能。

（1）改变依赖经验，在理解基础上创造性地使用教材

单元主题教学绝不是抛开了教材另起炉灶，只是在教材的基础上使单元的内容更合理、更充实、更切合学生的英文能力发展水平。研究教材包括理解教材的结构体系、把握教材编写的思路、知晓教材编排内容的联系等，只有读懂了教材本身，才有可能进行改造和重新把握。

创造性地使用教材是指根据单元教学的需要和学生的学习需求适当地对教材内容进行整合或重组，从优化组合教材各板块到文本再构，都

---

① 钟启泉：《读懂课堂》，20 页，上海，华东师范大学出版社，2015。

给教师充分展现创造力和智慧的可能。这需要教师对单元、教材，甚至几套教材都具有深刻的钻研和整体的把握。例如，我校刘桂芳老师在讲授北京版英语一年级下册第六单元的内容时，就将本单元的内容进行了创造性的单元主题整合。本单元以迟到为主线，设计了三课学习内容，内容结构图如图 3-5 所示。

图 3-5　教材原单元内容结构图

刘老师通过对本单元的语言知识和文化意识方面的详细分析，并且基于对一年级学生的学情分析，将本单元的单元主题设定为"Be on Time"。以主题为框架的单元内容结构设计图如图 3-6 所示。

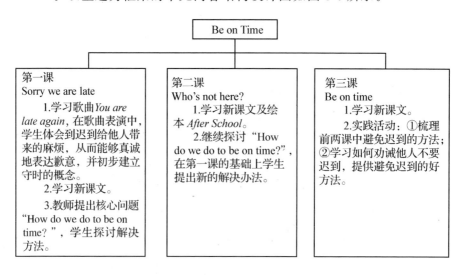

图 3-6　以主题为框架的单元内容结构设计图

创新点一：学习材料的丰富化和多样化。学生在"Be on Time"这个主题语境的引导下，学习与之相关的会话、绘本故事、歌曲。

创新点二：学习方式的多样化。学生在学习以上材料时，以小组合作、同伴互助等多种方式对教材原有的内容和教师补充的内容进行学习。

创新点三：学习活动的层次有梯度。学生运用语言技能感知、获取、梳理与守时相关的语言和文化知识；通过描述、分析、整合运用等活动表达自己的感受，从而体验内化新语言；尝试运用所学语言创造性地表述如何劝别人不要迟到，并有意识按时做事情，做个守时的人。

创新点四：重视文化意识的培养。教材的原内容只是列举了在几种不同的迟到情景中，学生应该如何表达歉意。但在刘老师的设计中，学生除了知道如何表达歉意，还要知道如何避免迟到、如何善意地劝阻别人不要迟到，由此帮助学生树立正确的时间观念，培养一年级学生的守时意识。

(2)形成完善的知识体系，促进学生对文化的理解和思维品质的形成

单元主题教学强调"整体"，改变脱离语境的知识学习，将知识学习与技能发展融入主题、语境、语篇和语用之中，这样既能促进学生对文化的理解，又能促进学生思维品质的形成，并在此过程中引导学生学会学习，指向核心素养的形成。学生的学术意识，也是核心素养的重要组成部分。

在设计单元主题教学时，教师如果关注内容的连贯性和整体性，自然有助于学生构建有序的知识体系。由于设计内容是围绕某一话题展开的，单元和单元之间的各部分是有机联系的，学生的听、说、读、写都是围绕着一个中心进行的，新的语言通过巩固练习会很自然地被学生接受，并将之纳入自己已有的知识系统中去。如果教师再对话题进行英语知识和文化上的扩展补充，那么学生在学习时就会开阔视野、增加兴趣，在讨论、阐述、分享自己的观念、感受时就会利用更加丰富的语

言。这样的学术启蒙是贴近学生心声、生活和需求的，因此也更具有实际意义和现实效果。例如，北京版英语五年级下册第二单元的内容与植物相关，学生需要用英文进行自然科学知识的学习，在学习科普英语时，他们最大的障碍不是语法结构，而是词汇量的匮乏。因此，教师在确定了单元目标的前提下，精心设计每一课的教学目标，在每课中都适当地补充了课外的歌曲、视频、拓展阅读等趣味性强的、能引发学生深入思考的学习资源。在本单元学习的最后两课中，课堂流程图如图 3-7 所示。

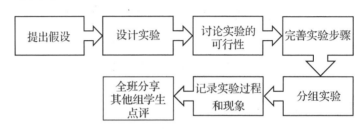

图 3-7　植物单元实践课探究流程图

在整个学习实践中，不管是生生间的互动，还是师生间的交流，他们全程都用英文进行交流。学生之所以能有这么大的词汇量去支撑他们完成整个探究过程，是因为在植物单元主题大框架下进行了学习。在本单元前期的课程中，教师依据教材内容，适当调整、整合并补充了形式丰富的语言素材，使学生在学习过程中有了大量相关词汇的语言积累，帮助学生克服了语言上的障碍。此探究过程其实也给学生提供了一个综合运用前期所学语言的平台，有了前期积累，学生才能在这个探究过程中运用丰富的语言表达自己的观点和感受。

（3）改变被动接受方式，综合提升学生在语言实践中的语言能力

单元主题教学注重对学生学情的了解，对听、说、读、写能力的培养，对跨文化意识水平的关注，设计多样的教学活动来建构一连串的任务，形成了富有弹性的多维度教学设计，从而达到以听促读、以读带说、以说促写、以写促知、再以知促思，最后达到知行合一的教学效

果，有效避免了教学的孤立性和学生思维的单一性。这种思维发散训练活跃和提高学生求同存异的思维能力，促进了学生的批判性和创造性思维的形成。通过这样的设计，学生不仅完成了一个单元的学习，而且对这一类的话题都能有全方位的掌握，真正从"学好一篇"过渡到"会这一类"进而"能写此类"，提高语言综合运用能力。

　　下面以三年级的一个单元主题设计为例，说明在单元主题框架下，学生的综合运用能力是如何提升的。北京版英语三年级下册第六单元的单元标题是"Mother's Day"，话题为母亲节和父亲节。本单元以感恩父母为主线，设计了三课学习内容，内容结构图如图 3-8 所示。

图 3-8　教材原单元内容结构图

　　通过分析，教师将单元的主题定为"Love in My Family"。本单元的主题语境属于人与自我这个范畴，通过在这个主题语境下的学习体验，学生将学会如何管理好自己的生活与学习，学会做人与做事。学生在这个主题语境的引导下，在对会话、绘本故事、视听材料等不同类型的语篇的学习中，以小组合作、同伴互助等多种方式，运用语言技能感知、获取、梳理与母亲节、父亲节相关的语言和文化知识；通过描述、分析、整合运用等活动表达自己感受到的父母的关爱，从而内化新语言；尝试运用所学语言创造性地表述个人想通过什么方式适当地表达自己对父母的爱意。在这一系列的活动中，学生经历了听、读、表达、再读、思考、讨论、评价、分享、完善自己的想法这一系列的学习过程，在这条完整的任务链中，学生的思维随着课程的展开逐渐深入，最后的写作练习就是水到渠成、我笔写我心的真实表达。而且，通过这个主题的学习，学生也知道要如何关注自己身边的亲人，如何将爱在平时传递出来。以主题为框架的单元内容结构设计图如图 3-9 所示。

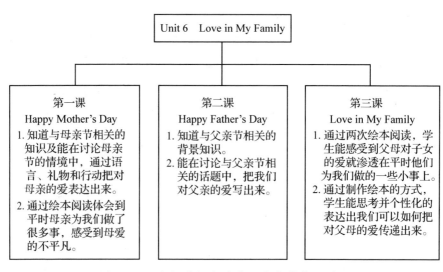

图 3-9　以主题为框架的单元内容结构设计图

2. 单元主题式英语教学设计的原则

单元主题式英语教学将知识学习与技能发展融入语境、语篇和语用中，引导学生学会学习，能够提升学生对文化的理解程度并培养其必要的思维品质。但单元主题的设计并不是随教师或学生意愿自由、任意发挥的，教师在实施设计过程中，还需要遵循以下原则。

(1)单元主题设计要基于英语学科核心素养

单元主题设计不是单纯知识点灌输与技能训练的安排，而是教师基于学科素养，思考怎样描绘基于一定的目标与主题而展开的探究活动。在活动中，要想使学生掌握一定的英语基础知识和听、说、读、写技能，形成一定的综合语言运用能力，激发和培养学生学习英语的兴趣，使学生树立信心，养成良好的学习习惯和形成有效的学习策略，发展自主学习的能力和合作精神，就要求教师在进行单元主题设计的时候，始终要把核心素养放在首位，所有教学手段和策略的设计都应该以提升学生的英语学科核心素养为前提。例如，在进行北京版英语四年级上册"Funny Shopping!"这一单元的主题设计时，除了词汇方面的知识性要求以外，还应充分考虑到对话情境的创设和实践，将教室设计为"shopping mall"，为词汇和购物句型的练习提供场景。此外，也要兼顾学生思维品质的提升，第二课可根据"Fun time"的游戏引导学生正确表达自我喜好，借助于歌曲部分的创编，提升学生的学习能力，灵活运用本单元的词汇和句型。这样的整体维度的设计和把控，可以让我们的单元主题课时设计更完整、更有趣、更高效。

（2）单元主题设计要遵循 ADDIE 模型展开

钟启泉提出单元设计一般是遵循 ADDIE 模式展开的。[①] ADDIE 模式是指分析（Analysis）、设计（Design）、开发（Development）、实施（Implement）、评价（Evaluation）。单元主题设计的主题性较为明确，但是如何在整体单元设计时，合理分配每一课时的教学内容，顾全每一板块的教学目标，ADDIE 模式显然给了我们更全面的指导和依据。在进行单元主题设计时，教师必须先整体分析本单元的所有板块和内容，针对各知识项目的内容和要求进行合理分解与整合，再根据整合后的各课时内容进行单个课时的教学设计。在这一过程中，教师应具有一定的开发意识，能够二次开发教材，不唯教材所教，当然更不能不唯教材，要根据切实的学情，展开教材内容的开发和延伸。在具体实施阶段，合理运用教学策略，努力完成各课时的教学目标。在课堂教学完成过后，评价环节是有助于教师发现问题和解决问题的关键，及时地展开教学反思不仅能够优化本单元主题的教学设计，而且能逐步提升教师的教学能力。

（3）单元主题活动设计要关注学生学习力的提升

学校和教师的责任之一在于实现每一个学生的学习权，为学生提供挑战高水准学习的机会。知识经济时代，终身学习的观念已经深入人

---

① 　钟启泉：《读懂课堂》，21 页，上海，华东师范大学出版社，2015。

心，学习力提升是当前教师应该关注的主题，也是教师在进行教学设计时应该考虑的重要因素。在进行单元主题设计时，学生的学习力培养和提升，应该成为教师思考的因素之一。学生的学习动力、学习毅力、学习能力、学习转化力和学习创造力都应该在教师的教学设计中有所渗透和体现，并最终能够帮助学生实现学习力的提升。小学英语尤其在培养学生学习动力方面要特别注重引导和激励，教师要充分运用教材中的或合理补充的游戏、儿歌、音视频等内容激发学生的学习兴趣和动力。除此之外，教师还可利用主题式的拓展作业，帮助学生实现超越教材的局限，将自己在此单元习得的语言和知识显性化。这样的教学长期坚持下来，必定能让学生的学习力有所提升。例如，在设计北京版英语二年级下册"Fun in Seasons"这个单元时，有一个贯穿单元学习始终的活动："制作 Lapbook"。Lapbook 可以翻译为折叠书或翻翻书。通俗来讲，Lapbook 其实就是一个大的文件夹，文件夹里可以有很多小书，然后贴上很多图片和文字，每本书可以针对一个主题，汇总后以立体书的方式展现出来（见图 3-10）。

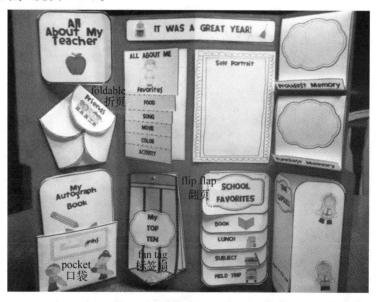

图 3-10　教师制作的 Lapbook 示意图

这个活动可以培养学生自行收集数据，动手、动脑的能力，也能培养学生组织逻辑、多层次、多角度、多结构体系化思考的能力。国外一些中小学的主题研究也经常利用此种方式培养学生的学术能力。

二年级学生制作的与季节相关的 Lapbook 如图 3-11 所示。

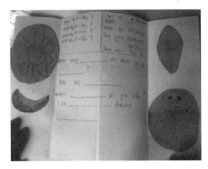

图 3-11　学生制作的季节主题的 Lapbook 作品

教师在引导学生进行季节这个主题的学习过程中，从单元的第一课就引入了制作 Lapbook 活动，在最初的几节课中，学生通过学习仅仅是完成了一些词汇和简单句型的积累，即使这样，在每次下课后，郑老师都会和学生将当天所学的知识体现在 Lapbook 上，随着对课程的深入学习，学生逐渐将 Lapbook 完善起来，从最初的主要词汇和句型，直到一段完整的介绍季节的小段落，其间还加入了自己对季节的喜好和感受，这就为这个单元主题学习的最后实践活动课打下了良好的基础。在最后一课中，学生可以利用五十字左右的小段落说出自己的观点。在这个单元主题的学习过程中，学生的学习毅力得到了锻炼，学习能力得到了提升，并且有足够的空间释放学习转化力，最终形成了学习的创造力。可见，一个适当的贯穿始终的单元主题活动，就像一条线一样，不但能够将整个单元的知识点、语言点串联起来，而且能使学生的综合语言能力在这个串联的过程中得到提升。不仅如此，学生在这个过程中，通过收集数据，动手、动脑，学习从多层次、多角度、多结构体系化思考与季节相关的内容，这个学习的过程本身也是教师对学生学术启蒙和培养的过程。

（4）单元主题设计所用资源要恰当、合理

当今的社会是一个网络社会，网络社会给人们生活带来的变革之一就是爆炸式的信息变得唾手可得。各种免费的英语资源多得要把我们淹没了，但这些资源一般都缺乏系统性，很零散，指向性不强。简而言之，是资源没有被整合，所以只有把这些资源都融入一个体系化的课程中，才能发挥其应有的作用。

那么，如何对这些资源进行恰当、合理的整合呢？教师对这些资源爬梳剔抉的标准是什么呢？这就要做好我们的单元主题设计了。以单元主题的目标为标准，与目标符合的、适应学生认知心理的、趣味性强的、意义深刻的、能引导学生进行深入思考的资源是我们的首选，其余的就可以忽略不计了。例如，前文中提到的北京版三年级下册"Love in My Family"这个单元，教师找到的绘本资源有二十余本；歌曲、视频资源有十余个；课外阅读资源也有五六篇。这个单元的总课时一共是七个，这么多资源，教师就把单元主题目标当一把衡量的尺子，与目标不吻合的，资源再好也不能选择。在与目标吻合的情况下，再以此考虑其他因素。最终教师确定了一首英文歌曲、一个视频资源、两个绘本故事作为本单元的额外学习资料。

可见，面对丰富的学习资源，只要教师心中有单元主题目标，就能合理地整合这些资源，实现课堂教学服务最大化。

第四章

儿童学术启蒙的历程

我校儿童学术启蒙缘起于 2001 年，经历了萌芽期、发展期、成熟期三个阶段。第一阶段来自一个一线教师的实践摸索，该教师大胆尝试了基于问题的学习过程，让世界先进教育实践与我校经验不谋而合，并提炼个别经验，进行推广试验；第二阶段基于尊重理念的主题式、综合性、探究型的课程——主题课程应运而生，帮助学生进一步播种了学术启蒙的种子，令问题驱动成了常态；第三阶段我校结合"尊重"理念和办学目标，完善了课程体系和课堂文化，形成了班班有问题区、课课有基于问题的自主发展的儿童学术培养氛围，并在低、中、高学段系统建构了儿童学术启蒙的目标体系、实施流程、评价制度。

第一节　儿童学术启蒙的缘起与萌芽

我们所倡导的"儿童学术启蒙"就是要学生通过双手、眼睛、耳朵、心灵去感知多彩的世界，发现问题、研究问题、解决问题，在此过程中使学生能问、善思、乐研、会表达，进而对周围的一切产生探究的兴趣，敢于尝试创新。秉承这样的目标，我们开始在学生的课程学习中进行实践。

一、儿童学术启蒙的缘起

儿童学术启蒙的研究基于学校领导者教育上的高站位，关注学生未来发展所需要的能力，基于学生好动的天性、好奇的心性，帮助教师带领学生开启研究性学习之路，让每个学生怀揣梦想、开发潜能，研有所获，从小培养创新精神。

（一）一则参考消息

我校是怎么想到要开发儿童学术启蒙课程的呢？其源头要回到祖雪媛校长在《参考消息》上看到的一则消息：美国四年级的学生就能做课题研究、撰写研究的报告，这些四年级学生的研究水平不亚于我们中国大学一年级学生的研究水平。当时这则参考消息引发了祖雪媛校长的思考，美国四年级的学生就能够写研究报告、做研究，而我们四年级的学生每天只是跟着老师学习知识、训练技能，对于课题研究就是一片空白。到了大学，我们中国的学生才正式开始接触到课题研究，开始尝试着做课题研究，他们的研究水平相对于从小就开始进行课题研究的美国学生而言存在一定差距也不足为奇。对于同龄的中美学生而言，到底是什么原因造成他们在课题研究层面出现如此大的差距呢？答案显而易见：我们在小学教育中缺少了儿童学术启蒙的培养。为此，祖雪媛校长有了让我校学生做课题研究的想法，看看中国的孩子跟美国的孩子比到底有什么不同。

(二)矿矿的故事

《素质教育在美国》是黄全愈写的，他对中国和美国的教育都有着深刻的体会和思考。

这本书介绍了一名叫矿矿的中国孩子在美国学习的经历。按照美国的课程设置，矿矿在二年级开始进行课题研究。矿矿的第一个研究课题是关于蓝鲸的。当时，教师要求，研究论文至少要有三个问题，要写满两页纸。对于怎样提出研究问题、怎样研究，教师并没有过多地讲解，也没有给学生范例，而是把主动权完全交给了学生自己。为了完成教师的作业，矿矿主动走进图书馆查阅资料，当时矿矿借阅的十几本书都是儿童图画书，全部都在介绍关于蓝鲸和鲸鱼的知识。有的文字说明部分多一些，有的少一些。他的研究成果含四个小题目：一是介绍；二是蓝鲸吃什么；三是蓝鲸怎么吃东西；四是蓝鲸的非凡之处。显然，二年级的矿矿研究的关于蓝鲸的问题都是一些简单的问题，但是，这些都是矿矿自己研究的，并在研究的过程中习得了一些简单的研究方法。

我们再来看看，矿矿五年级研究的课题与前面研究的课题对比有什么不同。第一，最大的不同之处是矿矿可以依据自己的愿望自主选择研究的课题。第二，由于这是他自主确定的研究课题，他首先要回答为什么要选这个课题，并且就如何选题这个问题从多个维度进行思考。第三，在研究报告里注明出处。教师要求参考资料至少应来自三个不同的出处。第四，独立完成研究报告。第五，有创新作品的产出。矿矿五年级的研究与二年级的研究相比有了质的飞跃。这并不是个案，我校一个四年级学生随家长到美国，教师让他做的第一个课题就是"中美文化之比较"。

(三)杜文丽老师的那节热闹课

2002年，祖雪媛校长在学校巡视，发现有一个教室比较热闹，原来教品德与社会的杜文丽老师在和孩子们讨论"张家界文化遗产保护"。简直太棒了！我们深感，只要给舞台，孩子就能绽放精彩，只要给机会，孩子就会创造奇迹，儿童的研究潜力和创造潜力都是无限的。从这以后，祖雪媛校长便带领教师开启了观察、指导、梳理、提炼学术启蒙个案的旅程。

二、儿童学术启蒙的萌芽

"儿童学术启蒙"犹如一颗种子等待种植，恰好我校这所学习的乐园给予了其孕育的温床。在打破砂锅问到底的追问中，在对比研究的摸索中，在及时反思总结的教研中，儿童学术启蒙的种子逐渐发芽，生根于我校这片教育的沃土上。

(一)来自一线教师的实践摸索——基于问题的学习

以杜文丽为代表的老师们，开展了以小问题为驱动的学习研究，他们围绕着学科内的小问题组织学生进行尝试探究。以问题驱动的研究改变了以往教学模式，教师带着学生，围绕着学生感兴趣的问题展开研究，这样做不仅保护学生爱问的天性，而且学生可以带着问题思考、带着问题探究、尝试自主去解决问题，学生好奇、好问、好探究的天性被不断地激发和延续。

2004年，我校在一至六年级全面开展跨学科主题课程学习，主要围绕"北京的历史""北京的城楼、牌楼""北京的园林""北京的胡同""过大年、逛庙会""北京的小吃""小玩具、大智慧""国粹京剧""北京的老字号""北京的名人"等老北京文化专题进行学习。那时的探究性学习已经有了学术启蒙的影子，不仅如此，我们还初步形成了基于问题学习的学习方式，学生初步养成了探究的学习习惯。

(二)世界先进教育实践与我校经验的不谋而合——研究性学习

比较研究就是对事物或者问题进行区分，以认识其差别、特点和本质的一种辩证逻辑思维方法。通常，它是把两种或者两种以上同类事物放在一起进行比较和分析的。这种方法无论在日常生活中，还是在平时的工作中，都被经常地运用着。我们通过比较研究发现，学校前期做的基于问题的学习与世界先进教育实践不谋而合，前期基于问题的学习就给学生埋下了学术启蒙的种子。以美国为例，美国的教师和学生都在做研究性学习。美国的学生能够从低年级就进行相关的研究，我们的学生只要能够有意识地加以培养，也一定能够进行相关的研究，在充分对比下坚定以问题为驱动的学习，将个别教师的摸索变成整个学科、整个学校的研究方向。

(三)提炼个别经验，进行推广实验

为了把前期先行优秀教师的经验推广给更多的教师，改变教师的观念和做法，校长带领干部帮助这些教师梳理出个别经验，并把经验进行推广实验。以"品味北京文化"课程建设为例，我们先选拔该学科的骨干教师组建研究团队，接着带着这些骨干教师结合教材，创编该学科的学习材料，通过设计开发研究性学习教材，形成儿童学术启蒙研究性学习的模型。

第二节　儿童学术启蒙的发展

走过了儿童学术启蒙的萌芽期，我们在实践过程中收获着喜悦，进一步坚信儿童学术启蒙培养的重要性和可行性，怎样才能使儿童学术启蒙的培养落地生根引发了我们进一步的思考。在以学生自主发展为基点的学校尊重课程目标体系的支撑下，我校建构了两大类课程，即面向全体学生的"基础课程"和面向全体与面向差异并存的"主题课程"。基于尊重理念主题式、综合性、探究型的课程——主题课程超越了学科间的界限，使得各学科通过主题的形式成为有机的整体，保证了学科之间在主题范围内的联系和一致性。有了我校课程体系这片沃土，就能够帮助学生进一步播种学术启蒙的种子。为了保护儿童学术天性，我校一至六年级在课程设置中就有跨学科的主题课程设置，这样一来，学生从一年级开始，就可以依据自己感兴趣的话题，从四个尊重领域中选择研究课题进行研究，接受学术启蒙。

一、从北京文化到中国文化，探究内容不断深化

课程是学校实现育人目标的重要载体，学校的办学理念和培养目标需要通过课程来实现。在尊重文化课程领域中，我们力求通过课程学习使学生了解不同民族、不同国家文化的多样性，传承优秀文化，成为具有北京情、中国心的世界人。从对饮食、建筑这些身边文化的关注，慢慢拓展地域文化、民俗文化，探究内容不断深化，学生的文化主题探究能力和包容能力也逐渐形成。

(一)从北京小吃探究食文化

就尊重文化领域而言，按照研究的内容分为北京文化、中国文化和世界文化三个板块，每个板块又有自己特有的研究内容。我们尊重学生研究的愿望，从身边熟悉的北京小吃文化做起。民以食为天，这样一个贴近学生生活的研究课题，让学生有想要研究的欲望，他们开始关注北京的小吃有哪些，这些小吃的味道怎么样，甚至关注这些小吃流传至今的原因以及小吃背后的文化。为了深入研究北京小吃文化，学生在教师及家长的带领下走进了"隆福寺小吃城"，品尝各种小吃，设计调研问卷了解北京小吃背后的文化和有些小吃流传至今的秘诀。由北京小吃，学生开始关注到中西方饮食文化的区别等问题。

总之，只有被尊重的学生才能自由地创造、发展属于自己的文化。教育要真正在学生身上达到预期的效果，就不能无视和抵制儿童文化。儿童学术启蒙教育要为学生一生的幸福奠基，其价值更加突出了采用符合学生年龄特点的教学方式，从学生的思维与认知方式出发，努力创设适宜学生身心发展的环境与条件，引导和帮助学生自我建构自己的思想，开启他们探究与认知自我与世界的使命，以富有儿童文化的语言和行为来施加教育影响，促进每个学生富有个性的成长和发展。

(二)北京胡同与名人故居

现在的学生大多远离老城区，对胡同、四合院不了解。虽然胡同、

四合院是难得的地域文化载体，但随着北京旧城改造与城市现代化建设的发展，从生活设施等实用标准来衡量，它们都与今天人们对生活的要求有了差距。北京人对胡同的情感是复杂的，其中有幸福、有烦恼、有享受、有企盼，而这也是设计主题实践课程的重点，更是难点。"四合之院"这课的思考实践题是：现在的北京仍有许多四合院，大到故宫、小到民居，选择你喜欢的一处进行实地参观考察，了解它的历史与文化，用镜头、用画笔、用故事、用调研数据分析等多种方式，向同学们介绍你的调研结果。我们所设计的主题课程也是按照这一思考实践题展开。"走进北京胡同、四合院"主题实践活动课程分为四个阶段：实践准备、实践探究、整理归纳、总结拓展。第一阶段"实践准备"，参与学科是综合实践，主要指导学生进行实践前的准备：从学生问题入手，指导学生查阅资料、了解知识—分组选题、梳理归纳—制订计划、明确任务，教学实施主要在校内，需要三课时；第二阶段"实践探究"，参与学科是美术、语文、综合实践、科学、体育，教学实施主要在校外史家胡同博物馆和附近胡同，需要四课时；第三阶段"整理归纳"，参与学科是美术、语文、品德与社会，教学实施主要在校内，需要三课时；第四阶段"总结拓展"，教学实施主要在校外，学生利用暑假外出旅游，收集相关资料，经过加工整理发送到互联网平台，进行网上交互分享。

二、从身边环境到地球环境，探究范围不断扩大

针对学生未来的发展，在尊重环境领域中，通过课程学习，学生知道人类生存必须依赖环境资源，增强保护环境的责任意识和习惯，提高环境主题探究学习的能力。从居住的社区，到市区环境，再到全球气候变化，随着探究范围的不断变化，学生改善环境的社会责任感也油然而生。尊重环境领域中一共分为三个板块，分别是身边环境、国内环境和地球环境。

(一)研究社区小问题：我是社区规划师

"我是社区规划师"主题课程隶属于尊重环境领域中"身边环境"板块

下的绿色生活主题。

　　本次课题的研究分三部分进行，第一部分引导学生发现身边社区配套设施建设中的亮点和问题，弥补教材中只关注社区管理，而缺失对社区配套设施建设的关注的不足。针对社区配套设施不足这一问题，学生通过走进学校所在的望京西园社区进行调研与体验，发现社区停车位不足这一普遍存在的问题，通过进行数据对比（如北京市 2005 年与 2009 年城镇家庭汽车拥有量对比图显示，2005 年每百户 14.4 辆，2009 年每百户 29.6 辆），体会到社会的高速发展和生活水平的大幅度提升，学生看到问题的同时也感受到祖国的发展，学会多角度、辩证地看待问题，为创建未来绿色社区埋下伏笔。

　　第二部分紧扣上一部分发现的两个主要问题：绿化面积小（目前绿化面积占社区总面积的 18.75%，规范社区应为 30%），停车位不足（望京西园社区共有 5500 户居民，目前仅有 2500 个车位，均为地上车位，常住和租房社区居民的汽车拥有量约为 6000 辆），学生自主选择其中的一个问题，利用各种途径寻求解决问题的方法，实地走访慧谷阳光、东湖湾等设施完善的社区，问卷采访社区居民，发现了身边社区各有优势（地下停车场、社区花园等），还惊喜地发现了原来学校的楼顶花园就是社区内增加绿化面积的最佳方案；再通过上网收集资料了解国内外的好举措（天津华明镇绿色社区、美国立体停车场、英国贝丁顿社区屋顶等），产生了强烈的愿望，于是开始分组设计自己心目中未来的绿色社区，最终在"综合实践"课程中汇报解决问题的策略，分享小组设计方案，并梳理出解决问题的方法。

　　第三部分，有了前面知识、能力和情感的积淀，充分尊重所有学生的需求和意愿，由学生根据自己的选题和设计方案自主选择参与不同的校本活动，如选择解决绿化面积小这一问题的几个小组参与美术校本活动"马克笔绘画"，用马克笔描绘出美丽的社区花园，体现出社区环境的绿化与美化；选择停车位不足这一问题的几个小组参与数学校本活动"设计规划图"，设计并完善自己心目中的最佳停车场，体现出未来停车场的高科技与实用性；还有一部分喜欢影片制作与拍摄的学生参与信息技术校本活动"我们走过的足迹"，将同学们社区实践、课上学习的精彩花絮整理采编成一段纪录片，呈现出学生们设计未来绿色社区的整个过程。

课题的整个过程都贯穿着学校的尊重理念。学生先发现问题，再辩证看待问题，主动寻求解决问题的策略，最后是根据自己的意愿去实施策略并解决问题。

(二)探究气候大变化：雾霾原因我来探

"我是蓝天护卫者"主题课程隶属于尊重环境领域中"身边环境"板块下的绿色生活主题。如果说"我是社区规划师"是学生依据教材中的内容把观察的视角落在自己居住的社区上，那么"我是蓝天护卫者"的研究则使学生的视角发生了质的变化，这次研究学生从社会热点问题"雾霾"出发，尝试去探究雾霾形成的原因、雾霾给人带来的危害以及如何预防雾霾，最后倡议每一个人都要做蓝天的护卫者。相对于内容而说，"我是蓝天护卫者"要比"我是社区规划师"有难度，特别是需要很多科学知识。教师在带领学生确定研究主题时，正值北京雾霾天气严重的季节，学生有了前期进行"我是社区规划师"主题课程研究的基础，已经习得了基本的研究方法，这次研究教师开始放手让学生自主去进行探究，学生开始走进学校附近的工地进行实地走访，来到人员密集的地铁站进行问卷调研，统计雾霾天气使用口罩的人数。

"我是蓝天护卫者"主要引导学生进一步探究雾霾形成的原因，了解这一在较长时间中才能逐渐显现的渐变性灾害，探讨雾霾与人类生活之间的关系，掌握一些基本应对方法，能够为改善环境做力所能及的事。

三、从社会规律到自然规律，探究领域不断拓宽

在尊重规律领域，通过课程学习，学生了解自然现象的本质联系和基本的社会规则，知道认知是有规律的。从尊重学生认知规律和身心发

展规律出发，通过扎实实施基础课程，综合推进主题课程，学生从对共享单车等社会热点的关注，到花卉植物的种植与耐热研究，跨领域的探究增强了学生对规律探究的好奇心和求知欲，提高了其探究和运用规律解决问题的能力。

（一）聚焦社会热点：让共享单车走得更远

如果说"我是蓝天护卫者"是尊重环境领域学生聚焦社会热点引发思考后形成的课题研究，那么"让共享单车走得更远"则是尊重规律领域学生再一次聚焦社会热点后自主进行课题研究的范例。

该课题采用问题解决学习方式，从创设基于社会性话题讨论的课题开始，学生围绕课题展开自主的针对资料、场所、实物等的研究与调查活动，通过组内或班级的小型研讨交流，产生对研究问题的共同关注并提出更高层次的问题。为解决这些问题，展开学习活动，即为问题解决学习。这一方式促使学生在问题解决学习中形成关心社会的态度，提升对社会的认识，形成积极参与社会的意识。

"让共享单车走得更远"为项目系列活动，本项目通过问题解决学习方式的研究与实验提升学生社会认知能力，分为三个阶段，即准备阶段、实施阶段和总结阶段（见图4-1）。本主题总的教学目标：一是让学生能够理性、辩证地看待共享单车的社会话题，形成一定的法律意识；二是让学生掌握多角度、多方法的科学思维方式，能够选择合理的解决问题的方法；三是让学生能够尊重事实，有实证意识和严谨的求知态度，愿意成为讲诚信、守规则的人。

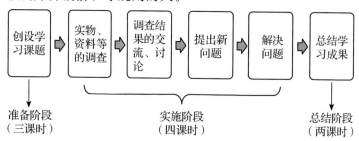

图 4-1 "让共享单车走得更远"项目的三个研究阶段

本项目三个阶段层层深入，落实"社会责任""实践创新"和"文化基础"目标。学生通过提出问题—调查/学习—讨论—提出新问题这样一个循环往复的过程，在学习中使逻辑思考逐步形成。这种思考不是对事实或问题的表面现象的思考，而是通过具体问题的解决，把握事物间相互关联和内在规律的系统思考。

基于共享单车这一社会性话题，在准备阶段，学生对共享单车的历史追根溯源，建构事实和价值的认知、理解，知道共享单车的发展历程和产生原因，并提出问题，确定主题。在实施阶段，学生通过调查学习，通过多角度、多方法开展调查，了解共享单车发展的现状，梳理共享单车在发展中出现的问题，在分享调查结果并交流讨论后，提出新的问题，并通过小组活动，尝试解决问题。在总结阶段，学生针对发现的问题交流观点，并达成共识，即主动积极参与和服务社会，增强社会实践能力和社会责任感，提升规则意识，树立法治观念，进而拓展到社会生活的不同方面，运用共享理念指导行为。在不断建构的过程中，学生将事实认识能力和价值认识能力结合在一起，从而使之与自己的需要、能力、活动等联系起来；认识和判断共享单车对人有何价值以及有多大价值，明确自己需要什么、能做什么和应该怎么做，从而确立实践的目标，愿意成为讲诚信、守规则的人，形成一定的法律意识；逐步落实培养责任担当、实践创新和文化基础的核心素养。

为了准确了解学情，我们引导学生采用思维导图的方式梳理对共享单车的元认知，整合来自管理者、维修人员、竞争者、使用者、旁观者、生产方、设计者的不同视点。因此，如何引导学生从角色立场，转换到从多角度来看待共享单车，学会运用多角度、多方法的科学思维方式成为本方案的活动重点。

学生依据自己关心的问题分为三个组，分别是共享单车问题研究小组、共享单车品牌研究小组以及共享单车法律法规研究小组。三个小组的学生依据自己研究的主题分别制定了研究的小课题（见表4-1）。

表 4-1　聚焦小组成员的问题形成研究小课题

小组名称	研究小课题
共享单车问题 研究小组	共享单车存在哪些问题？ 共享单车的停放问题怎么解决？ 共享单车的损坏问题如何解决？
共享单车品牌 研究小组	共享单车有什么品牌？ 品牌竞争为共享单车企业带来什么？ 共享单车的品牌竞争的利与弊？ 共享单车的使用者对品牌竞争有什么见解？ 人们最喜爱哪类共享单车？
共享单车法律法规 研究小组	有哪些关于共享单车的法律法规？ 这些法规制度落实情况如何？ 关于共享单车的法规有什么不足？

通过该课题的探究，学生懂得个人行使自由的权利，要建立在社会责任担当的基础上，只有这样，才能使共享单车走得更远，使社会更加和谐。

(二)聚焦自然规律：一串红耐高温抗性中外品种大比拼

通过查找资料，学生了解到我国的一串红种植存在生产水平较低，混栽、混种和品种退化问题严重，结实率、发芽率低，种子主要靠进口等问题。但有时从国外引进的一串红种子在北京的适应性并不强，表现为品种的耐热性差。

于是学生们在教师的带领下，走进北京市园林科学研究院花卉研究所的实验室，在多名博士的指导下，将自育一串红品种"奥运圣火"和自育新品种"世纪红""奇迹"，国外品种"太阳神""展望"等作为对照，将以上试验材料分别种植于北京市园林科学研究院玻璃温室和苗圃示范地中，以不同编号代表不同品种，盲评盲测。图 4-2 为学生进行实验材料挑选和室内测定试验的照片。

图 4-2　实验材料挑选和室内测定试验

实验表明，通过杂交育种等传统手段，国内已经培养出许多一串红优良品种，如北京市园林科学研究院培育的"奥运圣火"系列品种等，具有适应性强、花色艳丽、耐高温等特点，比国外进口的品种更适合北京的环境气候。

第三节　儿童学术启蒙的有效实施

从保护学生爱问的天性，到进行敢问、会问、善问的系统培养，学生提出想研究的问题，在提出问题、分类问题、筛选问题的真思维中确定具有研究价值的问题，提炼选定研究主题，自主探究之后形成研究报告，每个学生都可以成为研究者。

一、低年级学生的学术启蒙

"爱学、好问、好奇心强"是一年级学生的主要心理特征，他们走进学校，每天都带着无数的问号。为了满足低年级学生的心理需求，保护他们爱问的天性，学校在跨学科主题课程中，给学生营造了易于被他们接受、认可的教育氛围，激发他们的学习兴趣。

一年级上学期，学生研究了跨学科主题课程"二十四节气——立冬"，在开题课中，教师带领学生基于对"立冬"节气的初步了解，进行了无拘无束的提问，每个学生都提出了自己关于"立冬"的问题，但是由于一年级学生不会写字，拼音还未学完，因此学生提出的问题难以保存下来，难以形成研究的主题。于是教师就把学生提出的问题用手机录制下来，然后在开题课中带领学生一起讨论。讨论的过程中教师把表述不同但意思相同的问题进行合并，如"立冬时熊会做什么？""立冬时青蛙会做什么？""冬天大雁为什么往南飞？"这三个问题归类为"立冬时不同的动物会做什么"这个主问题；还需要把与主题相关性不大的问题进行删减，如"雪是怎样产生的？"，虽然这是一个非常好的问题，但是与立冬这个节气的相关性不大，因此教师就在课上为学生进行了解答，没有划分到主问题中。经过开题课的整理与归类，最终以思维导图的形式梳理出了六个主问题（见图4-3）。

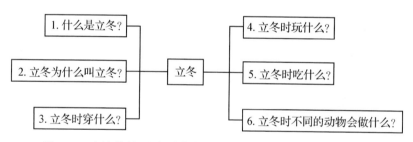

图 4-3　以思维导图的形式梳理出关于"立冬"的六个主问题

　　教师带领学生进行了主题课程中的问题分类概括，在这个过程中，学生根据最终的研究主题分成了不同的实践研究小组。课堂上研究的时间是有限的，而且空间也有局限性，因此教师就把跨学科主题课程与"家校合作"进行了有机的结合，让学生带着研究的主题走进家庭、走向社会，和家长一起进行研究学习。星星之火，可以燎原。通过学生这条纽带，我校把弘扬中国优秀传统文化的决心传递给家长，让家长和学生一起走进中国优秀传统文化，弘扬中国优秀传统文化。在研究的过程中，每个家庭采取了不同的研究方法，有的家长和学生一起上网查询资料，有的家长和学生一起去图书馆阅读书籍，还有的家长和学生一起包一次饺子，让学生在实践操作中体会立冬。这样课上与课下的连续性学习，进一步保持了学生的学习热情，满足了他们自发观察、动手尝试的欲望。在研究、汇报中，"学术研究"的种子埋进了孩子的心田，待实践、时间的力量催生其发芽。

二年级下学期学生们研究了"我们的端午节"这一节日文化主题课程，学生在开题课上，就提出了各种各样的问题：

1. 为什么会有端午节？

2. 为什么叫端午节？

3. 端午节为什么吃粽子？

4. 端午节除了吃粽子，还能做什么？

5. 端午节可以不吃粽子吗？

6. 端午节可以玩什么？

7. 端午节还有其他的名字吗？

8. 端午节是谁发明的？

9. 端午节是从什么时候开始的？

10. 为什么要过端午节？

11. 端午节为什么要到奶奶（姥姥）家过？

12. 端午节可以去哪里玩儿？

13. 粽子都有什么馅儿的？

......

每一个问题都是学生基于自己的生活经历、知识储备、思维习惯提出的，都充满了生命的热度。

教师营造以学生质疑问难为核心的课堂学习，使学生主动参与课堂学习的积极性更高、思维碰撞思辨深度更强、学习效果更好，自觉地把对学生质疑习惯的培养作为自己的追求。学校为了进一步促进"教师让学生问"发展到"学生主动问"，制定了学生"我会质疑"等的文化标准，低年级的标准是"围绕主题，尝试提出自己感兴趣的问题"。

学生在评价的导引下，在教师持之以恒的指导下，体验了质疑的快乐、知道了质疑问难是自己学习的权利也是一种责任。

二、中年级学生的学术启蒙

学校为了达到"人人都敢问、个个都敢辩、学生质疑百分百"这一教育目标，各个班级在每个教室的固定区域，设置了一个问题区，学生可以把自己想问的问题写下来，粘贴在问题区，学生质疑的幼苗被精心保护起来。学校还持续将学生质疑习惯的培养列入学校各年度教学工作计划中，纳入每一课程、每一节课的课堂评价中。中年级主题课程开题课的学生评价表见表4-2。

表 4-2　中年级主题课程开题课的学生评价表

姓名：＿＿＿＿＿＿＿

评价方式	提出问题		聚焦问题		小组讨论			
	能自己提出问题	问题结合主题	尝试完善问题	知道问题的变化	有表达	有交流	音量适中	找到同伴
自评	☆☆☆	☆☆☆	☆☆☆	☆☆☆	☆☆☆	☆☆☆	☆☆☆	☆☆☆
组内互评	相邻组号同学按照顺序进行评价：1号评2号、2号评3号……4号评1号				☆☆☆	☆☆☆	☆☆☆	☆☆☆
	形成新的小组时，按照顺序评价：1号评2号、2号评3号……4号评1号 原有小组不变时，按照逆序评价：4号评3号、3号评2号……1号评4号				☆☆☆	☆☆☆	☆☆☆	☆☆☆
师评	☆☆☆	☆☆☆	☆☆☆	☆☆☆	☆☆☆	☆☆☆	☆☆☆	☆☆☆

教学实践要与教学评价紧密结合，每次干部听课都要了解教师课前、课上是否给足学生质疑的时间和空间，课后干部会对教师培养质疑的情况进行点评。学生的质疑就是一棵稚嫩的"幼苗"，一点点风吹草动都会把这棵稚嫩的"幼苗"扼杀在摇篮当中。教学评价肯定教师鼓励学生敢于鼓足勇气提出任何一个问题的行为；教学评价鼓励教师在完成学习任务之后，组织学生分析课前提问带来的益处，分析如何确定主问题与

次问题的行为；教学评价鼓励教师利用一切机会指导学生质疑的方法和确定质疑角度的行为。

在"我是蓝天护卫者"主题课程实践过程中，学生自主提出问题，聚焦问题确定学习内容，发展需求得到了尊重，质疑能力得到了明显提升。通过自主探究，学生认识了雾霾的形成原因以及它对人类的危害，感受到了身边的发展变化，在到地铁站、供热厂、工地走访过程中收集到了大量的信息，学会了制作问卷，提升了主动沟通的能力，产生了改善空气污染现状的愿望。

学生经历了数据的收集、整理、描述和分析的过程，认识和使用纵向复式条形统计图，根据统计图提出问题并尝试解决问题，对发现的信息进行简单的数据分析，进一步体会到汽车尾气成为造成雾霾天气的原因之一，从而萌发了绿色出行、保护环境的意愿。

在总结提升阶段，学生能够按照自己的意愿自主选择选修课，参与主题学习。擅长绘画的学生用科学创意画表达自己的环保创意；擅长英文的学生将如何防范雾霾编成短剧进行现场表演；擅长电脑的学生自己创编了电脑小报上传网络，向更多的人传递改善空气质量的倡议和愿望……学生学会了自主发现问题、辩证地看待问题、依据意愿主动去寻找解决问题的策略，学会从身边的小事做起，践行节能减排。

在设计问题时，对于简单的问题或直接可以找到答案的问题，教师要优先考虑低学业层次的学生，并在学生作答后及时进行肯定和表扬，以激发其学习的信心和兴趣。遇到难度较大的问题时，教师可以让中、高学业层次的学生充分发挥，给他们提供更大的发挥空间。这一点教师在教学预设时要做到心中有数，准备充分。

三、高年级学生的学术启蒙

我校开展了基于尊重理念的学校课程体系建构，建构了 70 多个跨越学科边界的走向社会的学习主题。在学习中，我们对学生主题课程学习效果的第一个评价要点就是能够结合主题提出一至两个自己最想了解的问题。主题学习的前奏就是问题的提出和聚焦，接下来就是围绕真实问题的实践探究。这一基于问题的探究学习，有效促进学生质疑习惯的养成，使所有学生的学习都变得更加有意义、更加系统与深刻。

例如，五年级学生在上尊重环境领域中的"只有一个地球"的主题课程时，在综合实践、语文、科学、美术、计算机多学科教师联动下，按照"实践准备、实地探索、交流分享和总结提升"进行长课时学习。

在课堂上，教师首先引导学生围绕主题提出自己最感兴趣的问题，其次引导学生将问题分类，最后聚焦到三个主问题上：为什么只有地球适合人类生存？适宜人类生存的最基本条件有哪些？现阶段我们能为保护地球做些什么？学生分组选择自己最想解决的问题，分组制订解决问题的计划方案，在组长组织下，依据个人优势进行分工：有的负责撰写家长邀请函，有的负责设计考察点和路线，有的负责研制调查问卷，有的负责查阅信息，有的负责整理、统计数据，有的负责制作 PPT 演讲稿等。之后，所有学生在教师的带领下走进天文馆开始基于问题的小组实践探究。开展校外实践后，回到课堂中按小组进行进一步梳理、讨论或带着一些没弄明白的问题再次走进天文馆。课堂最后，教师组织各个小组将基于问题的学习感悟及调研分析后形成的结论进行分享，不同学科的教师指导学生用自己喜爱的、擅长的方式把前期的学习研究与思考，用绘画、诗歌、微视频、方案设计四种形式表达出来。值得欣慰的是，在"现阶段我们能为保护地球做些什么？"的问题导向学习中，学生提出了包括防治雾霾、新型材料在建筑中的创新使用、发展太阳能与风能等多个可持续发展问题解决方案，得到了中国地质大学(北京)、北京市科技创新学院、区环保局的专家的高度评价。

2020 年春季，六年级的学生开启了"低碳生活我能行"的跨学科主题课程的学习，学生在教师的带领下，整理了四个方面的研究问题：其一，什么是低碳生活；其二，为什么要低碳生活；其三，怎样低碳生活；其四，低碳行为的利与弊。四个问题指引着学生开始了线上、线下的海量阅读，学生从概念开始，走进生活中的实例，结合科学的数据，进行辩证的思考，并通过清晰、有条理的中英文的表达参与到"低碳生活国际研讨会""知低碳、展视野"的讨论中；运用实证分析参与到"低碳行为利与弊"的"辩低碳、导言行"的辩论赛中；发挥创新精神参与到"我的低碳创意"的"倡低碳、善表达"的招贴画创作中。线上、线下的探究活动使学生进行思维的碰撞、智慧的分享。课程结束后，学生有着这样的感言：

生1：这学期我们主题课程研究的课题是"低碳生活我能行"，通过线上和线下研究、汇报，我有许多的收获。比如，在低碳生活和保护环境方面，一是知道了低碳生活和保护环境的重要性和意义；二是学习了更多的在生活中可以运用的低碳生活方式。我们学习小组还对地球生态系统和人类生活的关系比较感兴趣，在课余时间我们会继续研究下去。

生2：这次学习使我从海量阅读中知道了什么是低碳生活，知道了低碳生活方式的好处与坏处，最终从辩论中知道了低碳生活方式现在做起来有困难，但是为了我们今后更好地生活在地球上，我们还是要努力做起来，让低碳生活成为一种习惯。现在我还要继续去学习，因为我还想知道低碳生活的发起者是谁、发源地在哪里。

高年级学生重在"善问"，力求做到：问题让学生提，疑难让学生解，方法让学生悟，思路让学生讲，错误让学生析。高年级主题课程开题课的学生评价表见表4-3。

表4-3　高年级主题课程开题课之学生评价表

姓名：_____

评价方式	提出问题		聚焦问题		小组讨论			
	问题契合主题	问题值得探讨	清楚问题的变化	明确研究问题	有表达	有交流	音量适中	组成研究团队
自评	☆☆☆	☆☆☆	☆☆☆	☆☆☆	☆☆☆	☆☆☆	☆☆☆	☆☆☆

续表

评价方式	提出问题		聚焦问题		小组讨论			
	问题契合主题	问题值得探讨	清楚问题的变化	明确研究问题	有表达	有交流	音量适中	组成研究团队
组内互评	相邻组号同学按照顺序进行评价：1 号评 2 号、2 号评 3 号……4 号评 1 号				☆☆☆	☆☆☆	☆☆☆	☆☆☆
	形成新的小组时，按照顺序评价：1 号评 2 号、2 号评 3 号……4 号评 1 号 原有小组不变时，按照逆序评价：4 号评 3 号、3 号评 2 号……1 号评 4 号				☆☆☆	☆☆☆	☆☆☆	☆☆☆
师评	☆☆☆	☆☆☆	☆☆☆	☆☆☆	☆☆☆	☆☆☆	☆☆☆	☆☆☆

在学科教学中，我们经过不断地总结、反思、升华，构建了"四步两探"课堂教学模式，如图 4-4 所示。

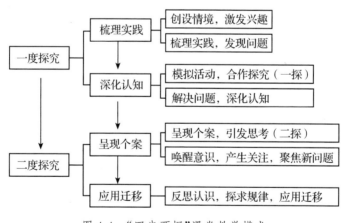

图 4-4　"四步两探"课堂教学模式

这样的实践在各个年级的课程中落地生根，有的学生说："我喜欢这种自己提出问题、自由选择的学习，这让我学会了思考，学会了更多的解决问题的方法。"

第五章

儿童学术启蒙的双层落位

就智力品质的层级而言，学术品质是智力品质中重要的一级。在我国，基础教育阶段普遍缺少学术训练，这是有目共睹的。而中小学教师不搞科研，只是教书育人，这一缺失不能不说由来已久。我们的学生长期以知识训练为主要学习行为，是知识的搬运工，很少进行知识的重组、关联，更不要说进行知识的再生产、再创造了。在这个过程中，儿童原本有的学术天性也被泯灭了，比如好奇心、探究欲、研究的心性等。为了保护儿童的自然天性，并使之延续到成人品质中，基础教育阶段很有必要开展学术启蒙教育。对儿童而言，学术启蒙教育培养学术意识是重要任务。

　　培育学生的核心素养是深化课程改革、落实立德树人的根本要求，也是统领教育教学的顶层设计内容之一。学生的学术素养体现为将所学知识与其生活联系在一起，对周围世界充满好奇，具有用知识解释周围世界的强烈动机，会猜想、寻找论证和实验的方法，具备思考和学习的能力。

　　基于以上，儿童学术启蒙教育，可以在"国家课程"和"教育活动"中进行渗透和培养，让学术启蒙达到双层落位。

第一节　在国家课程中启蒙学术精神

小学国家课程有语文、数学、英语、音乐、美术、体育、道德与法治、科学、信息技术九门，如何在国家课程中进行启蒙学术精神的教育，需要学科教师抓住学科知识和学术启蒙的点进行完美结合，落实在课堂教学中。

一、语文学科教学中的学术启蒙教育

汉语是每个人从入学开始就该注重培养的，而语文作为母语的基础，理所当然地成为各个学科中的基础教育，语文不但影响着每一个学生的文化素养，在学生的成长过程中起着重要的作用，而且这门学科培养了学生的综合素质，使其形成独立的优秀品格以及适当处理各类事件的沟通能力。语文教学在教育事业中有着不可替代的作用，在日常生活学习中占有着绝对的主导地位。所以，如何提高语文教学的质量，如何做好语文教学中的学术启蒙显得更加重要。

(一)低年级语文学科教学的学术范儿

如何在学生入学时，适度引发学生兴趣，学好这门基础学科，是每一个教师都应该重视的启蒙教学。教师应该运用合理的教学经验，做好学生人生当中第一位创新式、改革式的语言启蒙老师，使他们在除生活之余能够很好地、流利地运用文字交流外，还能不断创新思维能力，让他们对于语文学习产生主动意识，形成一个良性循环。

1. 识字教学中的学术落位

识字是阅读的基础。《义务教育语文课程标准(2011 年版)》明确指出：小学一二年级识字教学要让学生喜欢学习汉字，有主动识字的愿望；认识常用汉字 1600 个左右。因此，识字教学是低年级语文教学的重要内容，也是教学的难点。为了达到这一目标，我们不仅要培养学生的识字兴趣，还要教给他们识字方法，培养其识字能力，使其全身心投入识字过程中，并将这些汉字认得清，记得牢，会运用。

我们将学校"我会质疑"的学习品质落实在识字教学中，根据汉字构成要素和特点，采用"四问"培养学生的识字能力。

(1)问字音，培养学生查字典能力

"学科教学要十分重视培养学生的自学能力。"工具书是进行自学不可缺少的工具。语文学科教学目标明确规定学生要"学会查字典"，还明确提出"会利用查字典"和"逐步养成查字典的习惯，培养自学能力"。这些都说明培养学生使用工具书的能力，是培养学生自学能力，提高教学质量的重要条件。我们充分利用学生对汉字的强烈兴趣，引导学生通过自己查字典，学习了解字音，激发学生对工具书的感情。我们把握住小学查字典的黄金阶段，让学生对工具书有亲近感。

(2)问来源，运用字理，溯源识字

汉字难学，举世公认，对小学生来说，抽象的汉字更是难学、难认，只靠死记硬背，便降低了学生识字的兴趣。关于识字教学，课程标准也明确要求，教师应遵循汉字本身的规律，遵循学生认识和学习语文的规律，以提高识字效率。我们在识字教学中，开展倡导字理识字教学。字理识字教学是出于溯源的目的，去考查字的原始字形与造字意图的关系，从而考证字的音形义的一种研究方法。

字理识字教学大大提升了学生识字的效果，特别是在突破难点字上。例如，教学"染"字时，学生很容易把"九"写成"丸"。我们在教学中采取了溯源对照、还原生活实践的方法揭示它的文化背景——"染"是由"水""九"和"木"组成的会意字。说的是，古人常用植物做染料，"木"是指可染色的草木；"水"是染色必不可少的；"九"在古代常用作多数，这里指古人染色的次数很多，指染色的过程。这样，学生既掌握了"染"的本义，又掌握了它的结构，还杜绝了将这个字中的"九"写成"丸"的常见错误。

这样的教学通过字体解析，使汉字在学生眼里变成了一幅幅生动的图画，一个个有趣的故事，大大激发了他们的好奇心，使学习汉字成为一种自觉的需要。

(3)问结构，说字训练，提升思维

学生学东西，记得快，忘得也快，在识字教学后，我们会采用说字练习，让学生反复识字。

第一，独体字按笔画练习说字。例如，木，一笔横，二笔竖，三笔撇，四笔捺。

第二，合体字按部件练习说字。例如，体，左边单人旁，右边本，合起来念"体"。

第三，按自己的方式练习说字。即学生按照自己积累的方法进行说字。

第四，说字冲关练习。每节课，我们都会安排两分钟的说字练习，每个单元学完后进行说字闯关练习，一分钟计时说字，看谁说得又多又准确，这样学生眼、口并用，不仅巩固了识记生字，而且锻炼了思维和表达能力。

(4)问联系，运用思维导图，一字开花

汉字数量多，结构难，仅常用汉字就3000多个，且汉字中同音字、形近字较多，对学生的识记有非常大的干扰。根据汉字的结构特点，汉字虽然量多形繁，音义繁杂，但其也有拼音文字难以企及的优点：汉字是最富有表现力的文字，像积木一样，可以灵活地拼形。根据汉字的这一特点，我们可以把思维导图运用到识字教学中。在识字过程中，引导学生通过自己的想象、分析以及整理归纳，画出思维导图，有效地使学生感知汉字的组合结构，记忆汉字的书写方法，理解字与字之间的意义关系，短时高效地掌握一类汉字，使学生养成自主识字的习惯并形成识字能力。

例如，汉字中有很多形声字。形声字是基本字和偏旁部首拼合而成的。学生熟悉了基本字以后，可以很快地熟悉一大串字。带有同一种声旁的字往往读音相似，字形相近，容易混淆。因此，教过"晴"字之后，教师可以让学生回忆以前学过的带有青的字："清""请""睛""蜻"……再引导学生根据这些字的特点，通过自己的分析与整理画出思维导图（见图5-1）。

129

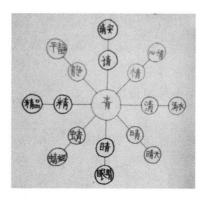

图 5-1　学生整理的"青"字字族思维导图

小小汉字，奥妙无穷。识字引用思维导图，能极大地调动学生识字的积极性，展现学生强大的创造力和学习力。教师要创造多种方法和途径，增加汉字与学生"见面"的机会。在具体的教学中，教师要结合学生的思维特点，调动学生的多种感官，使学生积极地参与识字教学，处处从学生主体的实际出发，鼓励学生发挥想象，参与实践，从而使学生获得成功的喜悦，并更加热爱语言文字，真正享受到语言文字带来的快乐。

2. 写字教学中的学术范儿

写字训练可以陶冶学生的情操，锻炼其意志，培养其良好的审美观念及一丝不苟、爱好整洁等良好习惯，提高其道德和文化素养。培养学生写好中国字，做好中国人，我们小学语文教师责无旁贷。

（1）练好笔画，夯实基础——点画见精神

点，是形态上最小的笔画，有右点、左点、竖点和长点之分。所谓"积点画以成体"，点画好比砖石椽柱，结构则似树梁立架。不同点画形态的变化，不同的搭配，可以产生不同的结构。同样一个字，点画不同，可以表现出不同的形态。南宋姜夔的《续书谱》有言："点者，字之眉目，全藉顾盼精神，有向有背，随字异形。"甚至有人做这样的比喻："倘一点失所，犹美人之眇一目"，可见写好一个点画的重要性。

在点画的教学中，教师首先要引导学生认识笔画的名称，观察笔画的外形，掌握每一个基本笔画的书写要领和书写技巧。例如，点画的外形像一滴水，上面是尖的，下面是圆的。书写时，从左上起笔，轻下笔，由轻到重向右下行笔，稍按后即收笔，不能重描，一次成画。写"点"关键要有行笔过程，万不可笔尖一着纸就收笔。点画在田字格中的占格如图 5-2 所示。

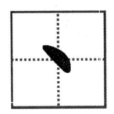

图 5-2　点画在田字格中的占格

其实此处，不仅仅是一"点"的问题，由点画延伸开去，对待任何一个基本笔画，都应像对待点画那样重视，切切实实教好，为"树梁立架"预备上乘的"砖瓦"。对于一些相似的基本笔画，教师要引导学生进行对比，区别外形和书写要领的差异。例如，"竖折"和"竖弯"，从外形上看，"竖折"左下部拐角是尖锐的，而"竖弯"的左下部是圆滑的；从书写运笔上看，"竖折"行笔至左下要顿笔，而"竖弯"则不需要。另外，像"卧钩"和"斜钩"，"横"和"提"，"竖钩"和"竖提"，"横钩"和"横撇"等笔画，都可以采用对比的方法进行教学。

基本笔画笔笔过硬，才能组配成好字。因此，低年级写字教学的起始阶段，应尤其注重笔画的教学，为学生写好汉字奠定坚实的基础。

（2）九点写字法——培养学生找准笔画位置的习惯

低年级开始识记的汉字总体是比较简单的。例如，"一""二""三""五""七""上""下""大""小""人""口""手""水""木"等字的笔画少且典型。但每一笔都有其固定的位置，例如，"五"的第一笔"横"，写在上半格的 1/2 处，呈左低右高形，被竖中线平分；第二笔"竖"，起笔在竖中线上，行笔左倾，至下半格的 1/2 处止；第三笔"横折"，起笔在左半格的横中线上，行笔右上倾，至右半格略少于 1/2 处，折笔下行，左倾内收，略高于第二笔的"竖"，收笔；最后一笔"横"，是全字中最长的一个笔画，被竖中线中分（见图 5-3）。对于一个刚刚开始学习写字的小学生来说，找准位置太难了。

图 5-3 "五"字在田字格占格

我们受到书法练习中宫格的启发，在学生写字的田字格里制出了九点点位图（见图 5-4）。

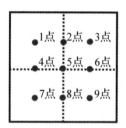

图 5-4 九点在田字格中的占位

首先，带着学生认识九点点位图，让学生熟知每一个点位的位置。传承中国书法精髓。

熟知了点位，再学习写字时，学生就会观察得很到位。例如，"大"字，学生就会说：一笔横从 4 点起笔穿过 5 点到 6 点收笔，二笔撇从 2 点起笔写竖穿过 5 点撇到 7 点附近出尖收笔，三笔捺从 5 点起笔，到 9 点出脚收笔（见图 5-5）。

图 5-5 大字各笔画在田字格中占位

这样，让学生观察、叙述出每个笔画的位置，学生自己能找到、自己能说出的教师绝不代劳，尽可能给学生说话的机会，给其表现的机会，力求让其学得主动些、自信些。教师边描述边范写，之后再让学生整体观察，找出这些笔画的共同特点：所有的横画都呈左低右高形，所有的竖画都左倾，整个字呈"斜中求稳"的态势。

（3）发现结构规律——在掌握规律中进步

随着学生写字量不断增加，我们要在日常的教学中逐渐引导学生在学习中总结规律，掌握每一类字的书写要领和技巧。

例如，在学写了"三""春""情"三字后，教师可以引导学生发现它们有什么共同点。通过观察，学生发现不管是哪个字里出现三个横，中间的横都是最短的，于是，得出"三横中必短"的写字规律，对于今后写类似的字大有好处（见图5-6）。

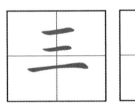

图 5-6 三横中必短

又如，"局""房"这样的字是半包围中的左上包结构，学生就会知道，这类字的写字规律是"左上包，上不长，里面画，露出框"。掌握了汉字的书写规律，学生就能举一反三，触类旁通，写好汉字。

诸如此类，不再赘述，其中的妙趣尝试自然品味不尽。总之，在教学中，我们不仅要学生认真观察，而且要启发学生用心思考，给学生一双慧眼的同时给他们一颗慧心。学生会在练习中寻找规律，获得不同类型的汉字的书写要领和技巧，从而形成一个良性的循环，并由此及彼，陶冶情操，修养品德，锻炼意志，促进自身全面发展。

3. 阅读教学中的学术范儿

对人的进步与发展而言，阅读是既具基础性又有常规性的日积月累的过程，是既具战略指向又有战术指导的不断积淀的工程。小学教育是人生之旅的奠基铺路之作，语文阅读启蒙更是不容忽视的"第一块基石"。这就要求我们要高度重视小学语文阅读教学。

（1）心情符号促理解

阅读教学要尊重学生的独特体验，尊重学生多元化解读、创意性解读。我们培养学生不动笔墨不读书的习惯，学生经常是一边阅读，一边进行批注，但是低年级学生年龄小，受到写字量小的限制，无法用文字表达自己的阅读感受。我们就让学生在阅读时运用心情符号的方法，及时把自己的阅读感受表露出来。图 5-7 为学生在阅读中运用的心情符号。

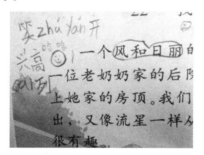

图 5-7　学生在阅读中运用的心情符号

这样的方法充满童趣，不但让学生在阅读中能够不受约束地表达自己内心的感受，或高兴、或悲伤、或难过、或愤怒，而且提高了学生的阅读兴趣，能为学生今后的阅读打好基础。

（2）思维导图理脉络

小学低年级的学生处于的天真烂漫的孩童时期，是一个人接受正规学习的开始，在此期间若学会了自主学习，就能为人生发展打下基础。而学生几乎天生都热爱画画，把绘画当成了一种游戏，觉得轻松、好玩，绘画是他们与这个世界沟通、表达自我的一种方式，也是他们的语言。思维导图正是秉承了这一特点，是一个直观、简单、有效的思维工具。合理运用思维导图，能够提高学生的学习能力和学习效率，学生学会了思维导图，在学习中能更好地进行知识的记忆，摆脱枯燥乏味的教学体系，在学习中找到乐趣。思维导图能帮助学生更好地培养发散性思维，让他们学会学习。在语文课上，我们教学生根据不同的文章梳理出不同形式的思维导图。

思维导图以其图文并茂、简洁美观的特性，利用形象思维把学生带到有意义的语境中，激发学生对阅读和创造的热爱。

（3）借助思辨提高阅读能力

撬动学生的思维是互联网时代和新编教材的要求，其中思辨能力更是21世纪人才所必须具备的能力之一。低年级语文课如何培养学生思辨能力呢？要做到以下几个方面。

①思辨有序。

低年级学生活泼好动，有时候，学生因为观点不一致，会出现急躁甚至出口伤人的情况。对于低年级学生语言表达经验不足的情况，我们教给学生一些句式，让他们学会礼貌沟通。比如，在小组合作或同学发言的时候，如果有同学想补充一些内容，就可以说："我同意×××的观点，我还想给他补充……"如果有和同学不一样的观点，可以这样说："同学们，我对这个问题有不同的看法，请大家听我说……"讲完之后，还可以问问同学："同学们，我讲清楚了吗？谁还有什么问题？"这样的发言和交流方式既能准确表达自己的观点和想法，又能和同学互动，让同学听清楚、听明白，有助于营造和谐、高效的课堂学习氛围。

②思辨有法。

第一，精心预设话题，挖掘深层问题。

遇到教学难点处，教师要精心设计深层问题，让学生在对比辨析中，突破对难点的理解。例如，部编版语文二年级上册《葡萄沟》一文，葡萄沟的水果丰富，葡萄品种多、品质好，学生特别好理解，较难理解的是维吾尔族老乡的热情。于是，教师设计了对比辨析的问题，把文中"准会摘下最甜的葡萄，让你吃个够"改成"准会摘下最甜的葡萄，让你吃"可以吗？在这个对比问题的引导下，学生很快就发现了课文在表达上的独到之处。

可见，要想有效提高学生的思辨能力，教师就要精心预设话题，选择那些最能调动学生思考和辨析的话题让学生进行有序的研究、思考、讨论。

第二，质疑引发思辨，鼓励学生设计思辨题。

教师除了设计有思辨价值的话题外，还鼓励学生大胆质疑。在学习部编版语文二年级上册《黄山奇石》一文时，有的学生提出了一个问题："闻"是用鼻子闻气味，那么"中外闻名"又是什么意思？教师先让学生读了课文中相关的句子，再出示"闻"字的义项，让学生选择。(A)听见；(B)听见的事情、消息；(C)出名，有名望的；(D)用鼻子嗅气味。通过选项，学生知道了，闻不仅有嗅的意思，还有"听""出名"等意思，让学生选择正确义项后，再来解释"中外闻名"就容易多了。

语文课中，由学生的质疑引出了一系列的思辨，学生不但弄明白了自己提出的问题，而且拓展了思维，进行了更深层次的思辨。

第三，分层思辨，差异教学。

课堂上的时间是有限的，要想变得高效，可以设计分层思辨。教师可以让学生分组合作，进行组内思辨，在组内解决每一个人提出的问题。如果组内同学观点纷杂，没法解决时，再全班集体解决。

③思辨有趣。

我们经常在语文课上，针对学生的不同观点，开展辩论赛，促学生思辨。在学习部编版语文二年级上册《一封信》一文时，学生对到底喜欢写给爸爸的哪封信产生了分歧，一个个跃跃欲试，都想表达自己的想法。于是，我们组织学生进行了一个小小的辩论赛。把观点相同的学生分成一组，各组分别去准备阐述自己一方的观点，准备好后，双方展开辩论。

根据低年级学生年龄特点——喜欢表现，我们还经常采用课本剧的形式，让学生把思辨的内容表演出来。

总之，课堂中把思辨的主动权交给学生，让学生谈谈自己的看法及理由，使全体学生在兴趣盎然的气氛中获取新知识，这样既提升了学习效果，又提高了教学质量。

(二)语文学科知识的深度等级

"学起于思，思起于疑"，学生的思维往往从问题开始。恰当地提出问题和巧妙地引导学生作答，是课堂教学成功的关键。教学实践告诉我们：在课堂教学中，问题设得好，设得巧，不仅能有效地提高课堂教学质量，而且能点燃学生思维的火花，激发学生的求知欲，促进学生的发展。陶行知先生说："智者问得巧，愚者问得笨。"这也启示我们要多研究课堂教学中的提问。

高质量的核心问题会起到不可估量的作用。所谓核心问题，也可以称为核心任务，它是一节课或某一个环节中"牵一发而动全身"的中心问题，是指阅读教学中能够引领学生揣摩文章中心思想的，能从整体上引领学生理解、品析课文内容的，在阅读教学中能起主导作用的，能引发学生积极思考、讨论、理解的问题。核心问题不是一个低层次的能简单作答的问题，它来自学生的学习需求，能够激发和维持学生的学习兴趣。

1. 向教学目标发问

小学语文课讨论问题设计要具体而实在，要围绕教学目标展开，要为学生听、说、读、写能力发展服务。教学目标的设定以大纲为标准，依据教材，以学生为中心来设定，根据教学具体内容，明确提问目的。这就要求教师在设置问题时，要紧扣教学目标并围绕目标而展开。教学目标是设计讨论问题的立足点和出发点，通过问题的设置将学生的思维引向既定的方向，使内在的学习需求转化为活跃的学习动机，围绕问题，层层推进，释疑解惑，完成教学目标。

例如，在教学部编版语文一年级下册《一分钟》时，教学目标是"通过了解元元迟到的原因，学习根据课文进行推断"。如何培养一年级学生学习推断呢？教师抓住课文的开头部分"元元打了个哈欠，翻了个身，心想：再睡一分钟吧，就睡一分钟，不会迟到的"和课文的结尾部分"元元，今天你迟到了二十分钟"这个矛盾冲突提问："明明元元是多睡了一分钟，怎么会迟到二十分钟呢？"学生对每篇课文的学习，不是一开始就感兴趣的，教师深入钻研教材，抓住突破口，有意地给学生设置问题的"障碍"，形成他们心理上的一种"冲突"（问题）。当学生急于解开这些"冲突"时，也就意味着进行了思维训练，对课文重点、难点的理解自然也就水到渠成。

2. 向教材重难点发问

课堂问题的设计要围绕文章的重难点展开。如果提出的问题游离于重难点之外，则难以激发起学生的求知欲望，调动不起学生的兴趣。问题过大过于笼统，则不切合学生的实际需求，会使学生的学习活动很茫然，答非所问，教师变得被动，讨论流于形式，一节课的教学重难点难以落实和突破。

例如，在教学部编版语文二年级下册《祖先的摇篮》时，教学难点是"仿照第 2 小节或第 3 小节说一说，在祖先的摇篮里人们还会做些什么？"这一教学难点不仅要让学生充分想象，因为课文中介绍的是远古时代，学生对祖先那时的生活缺乏了解。而且，对于低年级学生来说，拓展说话也是比较难的。教师在教学中做了如下设计。

(1)填空拓展。

（　）夕阳（　）明月（　）星星

（　）野菜（　）小鱼（　）秋千……

(2)他们还会做什么呢？

钻木取火、搭建房屋、打造石器、创造文字……

(3)段式练习。

我想——

我们的祖先，

可曾在这些大树上，

（　　　　　　　　）。

孩子们在这里，

（　　　　　　），（　　　　　　），

大人们也在这里，

（　　　　　　　　　）。

　　像这样，针对教学中的难点设计问题，而不是在重复课文情节上提问，就使问题呈现出开放的状态，而且学生解决问题的路径也是开放的。学生有足够的空间去凭借自己的知识经验，设计自己的解决问题的路径，在一个宽松的环境里自由地展开思维，积极地寻求突破，培养自己的想象能力。爱因斯坦说过，想象力比知识更重要。因为知识是有限的，而想象力概括世界上的一切，推动着进步，并且是知识进化的源泉。

　　3. 向课后题发问

　　课后思考题也不容忽视，它是编者针对教学内容精心设计的问题，有助于学生把握课文重点，加强对课文的学习，因此教师设计问题时，要把课后思考题也一同设计进去，在课堂上让学生思考解答。如果对课后思考题教师只给出答案，那么这种教学则仍停留在传统授课上，学生被动接受，而让学生误以为答案是唯一的，禁锢了学生发散思维的形成，不利于培养学生思考问题、解决问题的能力。因此，教师要从课后思考题中挖掘出有价值的问题作为教学突破口，贯穿到教学过程中是非常有必要的。

　　例如，部编版语文二年级下册《祖先的摇篮》，课后有一道题是"读一读，注意加点的词语"。

摘野果　采蘑菇　挖野果　逗松鼠　捉蜻蜓　逮蝈蝈　看夕阳
赏明月　数星星

　　显然加点词语都是动词，这道题学习的是动词的准确运用。教师先从课文中最难理解"掏鹊蛋"的"掏"字下手，运用动作、图片等方式，给学生质疑的空间，引导学生加深对"掏"字的理解。这样学生再理解课后题中加点的词语也就比较容易了。

　　4. 设计问题要环环相扣，步步为营

　　有时，一个核心问题过于深奥，学生理解起来有很大的难度。要想解决这样的问题，就需要几个层层递进的问题做铺垫，问题设计有层次性，由易到难，环环相扣，步步为营，就像一个个台阶，引导学生逐级而上，从而使问题得到圆满解决。

例如，在学习部编版语文二年级下册《大象的耳朵》这篇课文时，核心问题是"'人家是人家，我是我。'结合生活实际，说说你是怎么理解这句话的"。显然这道题对于一个低年级学生来说，有很大的难度。教师设计了如下几个阶梯问题。

第一，听了大家的话，大象改变了自己的耳朵，改变前后有怎样的感受呢？用自己喜欢的方式学习第九至第十三自然段，完成表5-1。

表5-1　对课文内容的对比分析

课文内容	结果	大象的感受(可用文字，可用心情符号)
耳朵撑起来(竖着)		
耳朵放下来(耷拉着)		

这一步是先让学生通过自主探究，了解大象耳朵变化前后的不同感受。

第二，通过刚才的学习，我们知道了大象的耳朵还是耷拉着有好处，那是不是其他小动物的耳朵竖着也都有毛病呢？

为了了解更多动物的耳朵的作用，教师通过资料介绍：其他小动物的耳朵竖着是为了听敌情，逃生用的。再设问：通过资料，你读懂了什么？从而引导学生理解虽然小动物们的耳朵形态不一样，但它们的耳朵都有自己的用途，都是适合自己的。

第三，大象的这句话是什么意思呢？我们看看下面三个说法，哪个是大象此时的真实想法？

A. 我一定要和人家一样。（　　　）

B. 我虽然和人家不一样，但是我要学习人家。（　　　）

C. 人家有人家的特点，我有我的特点，我要坚持做我自己，这样才有利于我的生活。（　　）

第四，让学生通过生活中的实例再次验证，不能人云亦云，知道适合自己的才是最好的。

A. 小明天生就用左手写字，但写得非常漂亮，上学以后发现同学们都是用右手写字，小明不安起来，我想对小明说……

B. 妈妈看到邻居小姐姐又高又瘦，跳起舞来漂亮极了，也想让我学习舞蹈，可我天生嗓音很好听，特别喜欢唱歌，我想对妈妈说……

以上的问题都是从核心问题派生出来的。派生问题也是经过精心挑选并按一定序列整合起来的，是围绕着核心问题的解决而展开的。通过这样环环相扣的问题设计，教师把学生的思维不断引向深入，教学难点迎刃而解。

二、数学学科教学中的学术启蒙教育

数学是人类文化的重要组成部分，推动着人类物质文明和精神文明的进步。数学作为一种既普通又富有创造性的学科，有助于人们收集、整理、描述信息，建立科学思维，进而解决问题，直接为社会生产服务。由于学科本身的性质，数学学科成为对学生进行科学启蒙教育的一门重要的基础学科，对学生的科学素养和创新能力的发展都有着十分重要的作用。在教学中，教师要把教学内容和科学启蒙教育有效结合，鼓励学生敢于质疑、勇于探索，启发他们去发现问题、研究问题和解决问题。

(一)低年级数学学科教学的学术范儿

数学学科教学在儿童学术启蒙方面有着得天独厚的优势，《义务教育数学课程标准(2011年版)》在第一学段目标中提出："能在教师的指导下，从日常生活中发现和提出简单的数学问题，并尝试解决。""了解分析问题和解决问题的一些基本方法，知道同一个问题可以有不同的解决方法。""体验与他人合作交流解决问题的过程。""尝试回顾解决问题的过程。"这些要求提示教师要在教学过程中培养学生发现问题、提出问题的能力,分析、解决问题的能力,合作交流的能力以及反思改进的能力。

1. 培养质疑能力

课堂是学生生长的地方。到底学生应该生长什么?生长得怎么样?带着这些思考,我校在不断地实践与探索中,启动了"自我发展的课堂教学"研究项目,创建了具有学校特色的课堂文化。在这项研究的起步阶段,我校就提出落实三个百分百的课堂文化,即倾听百分百、质疑百分百、实践百分百。数学学科依托落实质疑百分百,着力培养学生的问题意识和质疑能力。学校学术干部经过研究,制定了培养学生质疑能力的评价标准,如表5-2所示。

表5-2 培养学生质疑能力的评价标准

项目	要素	水平描述	
		达标	待达标
质疑问难	提出问题	1. 理解信息之间的关系,能根据相关信息提出问题 2. 主动提出自己不懂的问题	没有提出问题的意识,在他人的提醒下也不会提出相关问题
	发表见解	1. 当问题提出后,能主动参与研讨,在理解他人想法的基础上能表达自己不同的想法 2. 在倾听他人想法的基础上,给予补充或提出自己不同的想法	当问题提出后,不参与讨论,一次都不举手

教师依据此标准,在数学课堂上着力培养学生质疑问难的意识和能力。在我校一年级的数学课堂中,教师是从指导学生模仿提问开始的,首先使学生知道什么是数学问题。例如,结合部编版数学一年级上册13页第6题(见图5-8),教师先提问:"小蜜蜂怎么走才能吃到南瓜?"然后马上追问:"老师提了一个什么问题?"

学生复述后,教师将这个问题展示在大屏幕上并告诉他们:"这句话中的'怎么'叫疑问词，提问题时常常要使用疑问词。疑问词能提示我们要重点回答什么。"

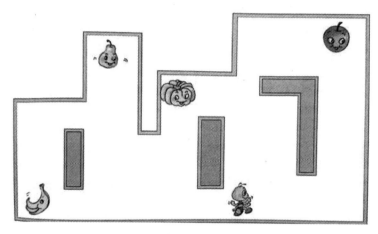

图 5-8　教材中的练习题

　　在学生回答了这个问题后，教师评价："你们围绕'怎么走'这个关键词准确地回答了老师提出的数学问题。"评价中强调"怎么走"和"数学问题"，是想让学生悟到提问的模式以及对数学问题有初步的感知。接着，教师搭设一个台阶，指导学生提问："谁能用上'怎么'这个疑问词，提出一个小蜜蜂吃苹果的问题?"学生就会模仿教师，提出"小蜜蜂怎么走才能吃到苹果"这样的问题。然后以"你还能提出其他的数学问题吗"为引领，组织学生两人一组，互相提问，互相解答，使每一个学生都经历提出数学问题的过程。

　　2. 依托学校课堂文化

　　随着项目研究的深入，我校课堂文化的内容也不断丰富，由开始的"三个百分百"发展为"六个我会"，六个我会即我会倾听、我会发现、我会质疑、我会思辨、我会合作、我会实践。依托六个我会的课堂文化，教师在自己的课堂上，播撒着儿童学术启蒙的种子，培养学生的质疑能力。

　　模仿提问只是培养问题意识的初级阶段，随着学习进程的深入，教

143

师要结合教学内容，逐步提高学习要求。例如，结合部编版数学一年级上册第 24 页的插图，教师先要引导学生提取数学信息，再依据"有 3 个红气球，1 个绿气球"这两条信息提出数学问题。

培养学生的问题意识与提出问题的能力，要贯穿在数学课堂的各环节。在学生经历了模仿提问，能够自主提问后，教师要在教学突破重难点环节给学生创设自主提问的空间。例如，"对于刚才学习的内容，谁还有不太明白的地方，请你提出来。"这里追寻的是学生对自我学习的认知，通过提问，让学生反思课堂学习的内容自己是否真的明白了。只要学生提出自己不懂的问题，教师就要给予鼓励和赞赏，让学生从敢问开始，逐步过渡到会问、能问。

在学生拥有了问题意识和提问的能力之后，课堂上的交流分享环节就充满了学习的乐趣和思辨的味道。当自我探究、小组合作交流之后，教师组织全班进行交流、讨论。在这一环节，学生会全神贯注地倾听其他同学的发言，比较与自己思考的不同之处，然后提出自己的问题。质疑、答疑、补充、辨析，学生思维的积极参与，帮助他们不断厘清思路。

如果说培养问题意识和提问的能力是儿童学术启蒙的第一步，那么能够设计解题方案和进行自主探究是儿童学术启蒙的第二步和第三步。最关键的第四步则是在其他同学的交流分享中抓住关键进行质疑或补充，在思辨中提升认识。第五步则是在大家充分地研讨之后，学生还应具有反思能力，将自己的探究方案进行调整与改进。在以上五步的基础上，最后能对整个探究过程进行总结梳理，形成探究事物现象背后本质的能力，发展理性思维。

(二)以学生为主体的"六步探究"学习模式

儿童学术启蒙课程建设的意义在于充分尊重学生的天性和心理发展的需求；尊重学生未来发展的需要，使我们的学生不仅具有问题意识，而且能够从多角度思考问题，具有社会与时代需要的创新思维能力。

结合我校课堂教学改革中存在的探究性学习落实不到位，学生思维深度不够的问题，我们曾提出"六步探究"课堂教学模式，从"教学模式"

一词，应该能够想到这是以教师为主导的课堂模式，学生的主体地位还不够凸显，探究式学习、思维参与的深度还远远不够。

为此，现在我们将以教师为主导的"六步探究"课堂教学模式调整为以学生为主体的"六步探究"学习模式。下面以一个具体案例加以说明。

第一步：创设开放的问题情境。

在这一步，教师可以创设学生熟悉的生活情境或纯数学的问题情境。提供一定的学习材料，激发学生探究的欲望。在学习部编版数学二年级下册"有余数的除法"时，教师就创设了分桃子的情境。因为在前一单元的学习中，学生认识了"平均分配"、认识了"除法"，已经积累了一些将物品进行平均分配的活动经验。

1. 教师出示图片：10个桃子。

2. 创设问题情境：今天放学后，有几个同学要和老师一起布置教室。老师带来了一些鲜美的桃子，准备布置完教室后和同学们一起分享。

第二步：提出开放性的、有价值的研讨问题。

1. 提出开放性问题，引发学生的思考：老师带来的这些桃子，打算平均分给布置教室的同学们。如果是你，你会思考一些什么问题？

学生思考的问题：这10个桃子每人分几个？能分给几个人？

2. 教师写出这两个问题，把学生思考的问题作为将要探究的问题。

第三步：提出明确的探究要求。

1. 教师提出探究要求：请你设计一下解决这个问题的方案，用你喜欢的方式把你的方案表达出来。探究时间为5分钟。5分钟之后由小组长组织组内进行交流。

这时，教师为学生提供了学习材料：磁力白板、磁力圆片、彩笔。学生可以选择摆一摆或者画一画的方式设计方案。

2. 学生借助教师提供的学习材料，思考解决问题的方案。

学生在设计方案时，一般要思考：从哪入手，用什么方法或者策略解决问题。"有余数的除法"是二年级下册的内容，学生在前期已经掌握了用摆实物、画示意图等方式表达自己思维的方法，而且在认识除法时，也是通过摆一摆、画一画的方式理解除法的概念的。因此，学生对这种学习策略并不陌生，并且能够通过正迁移把已掌握的学法和活动经验迁移过来，用以解决新问题。

第四步：自主研讨、收集资源。

在解决问题的方案确定之后，学生就要落实方案，进入实施阶段。这时，教师要关注所有学生的探究情况，特别是对能力较弱的学生要适时帮扶。在巡视的同时，收集可利用的资源，用于下一环节的互动分享和研讨。

学生在磁力白板上摆实物或者画示意图，有的学生直接列算式计算。

教师在巡视中收集可利用的资源。

独立探究之后，小组组长组织组内进行学习交流。

小组组长归纳共用了几种方法解决问题。

第五步：互动分享、组织研讨。

1. 教师组织全班学生进行交流分享。

(1)典型资源的汇报。

第一组：每人 2 个或 5 个，正好分完无剩余。

10÷2=5（人）

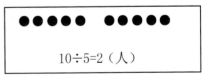
10÷5=2（人）

第二组：每人 4 个，剩余 2 个不够分了，在算式后直接写"剩下 2 个"。

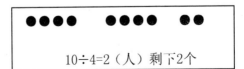
10÷4=2（人）剩下2个

第三组：每人 3 个，剩余 1 个不够分了，用省略号表示剩下之意。

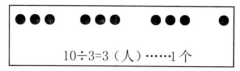

$$10 \div 3 = 3 （人）\cdots\cdots 1 个$$

第四组：每人 3 个，剩余 1 个不够分了，但没表示出来。

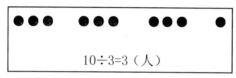

$$10 \div 3 = 3 （人）$$

(2)组织小组相互之间质疑辨析。

小组讨论：黑板上的这些图和算式，你有什么想法可以提出来？可以质疑，也可以补充。

(3)小组代表发言：聚焦问题、质疑辨析。

质疑：分到最后，不够分成一份的桃子，怎么处理？拿走行吗？

解疑：拿走不可以，不够一份了也要摆在那里。因为要分的桃子的总数是 10 个，如果把剩下的不够一份的桃子拿走了，总数就变了，就不符合题意了。

质疑：剩下的，不够分成一份的桃子数量怎么在算式中表示？

解疑：数学上规定用省略号(6 个小圆点)表示剩下之意，把剩下的桃子数写在小圆点后面。

补充：剩下的桃子数写在小圆点后面，还要加上单位名称，单位名称是"个"，表示剩下的桃子的个数。

质疑：第四组的算式中为什么没把剩下的 1 个桃子表示出来？这样的算式和图意不符。

(4)教师追问，帮助学生厘清概念。

指黑板上的有剩余的图和算式，提问：这些都是有剩余的，这些剩下的怎么不再分了？你怎么知道不能再分了？

重点扣在"不够一份"了，所以不能再分，只能作为剩余的数放在那里。

（5）教师小结：在平均分的过程中，有时能全部分完，没有剩余；有时会分到最后不够一份了，出现了剩余。但无论是否有剩余，都是平均分，因此都可以用除法计算。我们把有剩余的这种情况叫作"有余数的除法"。

（6）学习有余数除法的读法、写法、算式意义。

第五步"互动分享、组织研讨"是"六步探究"学习模式最重要的环节，儿童的学术启蒙——做学问的门道和能力集中体现在这一环节的学习中。学生在倾听中提炼对方观点的能力、与自己的观点对比反思的能力、向对方提出问题的能力、表达自己观点并列举理由的能力、辨析中判断正误的能力等均在这一环节得到培养和锻炼。

（7）反思改进。

凡是在解决问题的过程中出现错误或者瑕疵的，都要进行调整改进，如出现下列问题的学生要修改自己的算式并交给小组组长检查。

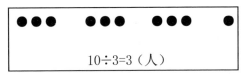

$$10÷3=3（人）$$

我们不能保证每一次问题的解决都顺畅无比，这其中可能会出现误区甚至错误，但是学生恰恰是在这曲折的过程中锻炼能力、增长智慧的。因此，在全班交流之后，学生要学会将优质资源纳为己用。他们要对自己原本的设计方案进行反思、调整，使其趋于完善。这种反思能力、生长能力是儿童学术启蒙的一项重要任务。

第六步：总结归纳、提升认识。

到了这一步，意味着整节课的学习进入尾声，但这一环节却应该是每个学生梳理总结、提升认识的重要环节。儿童学术启蒙，即要指导学生学习做学问的一些基本的入门方法。做学问的最后要对自己整个的研究过程进行总结梳理，提出自己的观点或创新想法。

在低年级的数学课堂中，教师要培养学生两种能力：一种是抓住学科本质，发现规律的能力；另一种是运用规律，解决实际问题的能力。

"有余数的除法"这节课的总结提升环节，教师要注意倾听学生总结的要点是否全面，一般包括：对"有余数的除法"的理解；怎样知道不够分成一份了。具有一定思维深度的学生还应形成对规律的认识，如当剩下的数比一份的数小，就说明不够分了，这时剩下的数就是余数。这种规律性的认识为下一节课学习余数与除数的关系打下了坚实的基础。

为了使学生领悟这种规律，教师还应帮助学生在实践应用中进一步理解。例如，猴妈妈有一些香蕉，要平均分给 6 只小猴，如果有剩余，猜猜可能剩几根香蕉？

猴妈妈有一些香蕉，要分给家里的小猴，分到最后还剩下 4 根，不够分了，猜猜猴妈妈家里有几只小猴？

这种比较开放的问题，对训练学生的思维很有益处，学生能在运用知识解决问题的过程中进一步了解有余数的除法。

三、道德与法治学科教学中的学术启蒙教育

道德与法治国家课程是从 2016 年 9 月开始设置的，首先推出的是小学一年级、初中一年级和高中一年级的三册教材，然后逐年推进，到 2020 年 2 月小学六个年级的道德与法治教材全部上线。从"思想品德"到"品德与生活"和"品德与社会"，它们统一更名为"道德与法治"，学校的思想政治课程历经了几十年的发展，全国多个版本的教材都被部编版《道德与法治》教材所取代。要想在道德与法治课程中进行学术启蒙的教育，需要学科教师抓住学科教学和学术启蒙的特点进行融合，并将融合点落实在课堂教育教学中。

(一)道德与法治学科学术启蒙的必要性

党的十八届四中全会审议通过的《中共中央关于全面推进依法治国若干重大问题的决定》指出："推动全社会树立法治意识。坚持把全民普法和守法作为依法治国的长期基础性工作，深入开展法治宣传教育，引导全民自觉守法、遇事找法、解决问题靠法。"基于我国"全面推进依法

治国"的国家战略方针，把法治教育纳入国民教育体系，从青少年抓起，在中小学设立法治知识课程，就是"道德与法治"课程。

2016 年 6 月，教育部、司法部、全国普法办共同发布《青少年法治教育大纲》，提出要将必要的法律常识纳入不同阶段学生学业评价范畴中。为推动法治教育纳入国民教育体系，提高法治教育的系统化、科学化水平，《青少年法治教育大纲》对义务教育、高中教育和高等教育等不同阶段的法治教育提出的总目标是："以社会主义核心价值观为引领，普及法治知识，养成守法意识，使青少年了解、掌握个人成长和参与社会生活必需的法律常识和制度、明晰行为规则，自觉尊法、守法；规范行为习惯，培育法治观念，增强青少年依法规范自身行为、分辨是非、运用法律方法维护自身权益、通过法律途径参与国家和社会生活的意识和能力；践行法治理念，树立法治信仰，引导青少年参与法治实践，形成对社会主义法治道路的价值认同、制度认同，成为社会主义法治的忠实崇尚者、自觉遵守者、坚定捍卫者。"义务阶段的目标是："使学生初步了解公民的基本权利义务、重要法治理念与原则，初步了解个人成长和参与社会生活必须的基本法律常识。"其中，小学阶段法治教育目标是："着重普及宪法常识，养成守法意识和行为习惯，让学生感知生活中的法、身边的法，培育学生的国家观念、规则意识、诚信观念和遵纪守法的行为习惯。"在这样的背景下，统编教材《道德与法治》应运而生。

《道德与法治》传承、发展了《品德与生活（社会）》教材理念并沿用了《义务教育品德与社会课程标准（2011 年版）》，因此它们的课程性质是一致的。道德与法治是一门以儿童的生活为基础，以培养具有良好品德与行为习惯、乐于探究、热爱生活的儿童为目标的活动型综合课程。课程具有生活性、开放性、活动性。课程遵循由三条主线（儿童与自我、儿童与社会、儿童与自然）和四个方面（健康、安全地生活，愉快、积极地生活，负责任、有爱心地生活，动手动脑、有创意地生活）构成的课程框架，织构就儿童生活的基本层面，旨在培养具有良好品德和行为习惯、乐于探究、热爱生活的儿童。

2017年《普通高中思想政治课程标准(2017年版)》正式颁布实施,这标志着课程改革进入新的阶段。课程标准要求思想政治课要以实践活动为基础、以学科核心素养为主线、以活动型课程为框架、以议题为引导。它强调以学生为中心的活动设计,把理论观点的阐述寓于社会生活和学生活动之中,通过议题研讨、案例分析、实地调研、撰写小论文等,引导学生在体验及自身的思维活动中逐步理解;强调在价值冲突中深化理解,在比较、鉴别中提高认识,以期待学生在探究活动中开阔视野;倡导综合性教学形式,注重复杂情境创设,引导学生多维度观察、多途径探究,广泛开展系列化社会实践活动,从学生的成长需要出发,将学科内容与社会实践活动结合起来,促进教学内容和形式的有机结合。这些要求就是学术教育的内涵,聚焦小学就是学术启蒙教育的要求。

(二)道德与法治教材中学术启蒙的落位

道德与法治课程遵循学生的现实生活规律,以生活性、开放性、活动性、综合性为最基本的特征,是一门高度综合的课程。综合课程是将具有内在逻辑关系或者是有价值关联的分学科课程统整在一起,消除各类知识之间的界限,培养学生的整体意识和运用知识综合解决现实问题能力的一种课程类型。这种课程通过对课程内容以及课程实施方式的整合,可以使学生完整地认识世界,形成对世界的全面了解,并能够利用多种方法综合地解决现实问题。综合课程有很多的课程组织与实施方式,而活动性是综合课程中的一种组织与实施方式,引导学生在活动中获得经验与体验,因此被称为活动型的综合课程。此类课程是落实学术启蒙教育的有力支架。

课程内容是课程理念的重要载体,也是课程标准的核心部分和实施教学目标的具体要求,它是学生学习的行为结果,也是为达到结果而组织活动的线索。道德与法治课程内容由四大板块组成,即"健康、安全地生活""愉快、积极地生活""负责任、有爱心地生活""动手动脑、有创意地生活"。四大板块共同构成了道德与法治课程的全部内容。

"健康、安全地生活"是对学生个体成长发育的基本要求,针对学生基本生活能力和安全保障的获得。例如，一年级的"家中的安全与健康"、二年级的"我们好好玩"、三年级的"安全护我成长"、六年级的"让世界更美好"等内容主要引导学生从小懂得珍爱生命，养成良好的生活习惯，获得基本的健康意识和生活能力，初步了解环境与人生存的关系，为其一生身心健康发展打下基础。这些内容侧重反映了生活教育和科学教育的目标与内容，课程遵循学生生活的逻辑，以学生生活中的实际问题为出发点，以学生现实生活内容为主要源泉，以联系学生生活的各种活动为教学的基本形式，以正确的价值观为引导，提高学生的生活质量，并帮助学生解决生活中的实际问题。

"愉快、积极地生活""负责任、有爱心地生活"是学生参与集体生活所应具备的基本态度，主要指向积极的生活态度和愉快的生活体验，侧重反映了社会教育和品德教育的目标与内容。"愉快、积极地生活"主要引导学生获得对社会、对生活的积极体验。例如，一年级的"校园生活真快乐"和"我们在一起"、二年级的"让我试试看"和"我会努力的"、三年级的"快乐学习"和"我们的学校"、四年级的"与班级共成长"和"同伴与交往"、五年级的"我们是班级的主人"等内容使学生懂得和谐集体生活的重要性，使学生形成开朗进取的个性品质，为学生形成乐观向上的生活态度奠定基础。教师在教学中同时引导学生形成对集体和社会生活的正确态度，学会关心，学会爱，学会负责任，使其养成良好的品德和行为习惯，为其成为爱祖国、爱人民、爱劳动、爱科学、爱社会主义的公民奠定基础。教学活动的设计和实施体现了品德教育、科学教育、生活能力以及行为习惯培养的有机结合，体现学生的品德发展与科学精神等的彼此渗透和相互促进，体现学生的生活体验与道德体验、知识学习、社会参与、科学探究等相互作用，完成了"负责任、有爱心地生活"的课程目标。

"动手动脑、有创意地生活"是学生在进行个体生活和亲近自然活动的主要方式，这一教育内容的目的是发展学生的学习品质、创新精神和实践能力。例如，一年级的"我和大自然"、二年级的"我们生活的地方"

和"绿色小卫士"、三年级的"我在这里长大"、四年级的"感受家乡文化　关心家乡发展"、五年级的"我们的国土　我们的家园"、六年级的"爱护地球　共同责任"等内容主要表达的是要以学生直接地、主动地参与各种主题活动、游戏或其他实践活动为教学的基本形式，让学生能利用自己的聪明才智去探究或者解决问题，引导学生主动建构知识，并在此过程中充分展现并提升自己的智慧，享受创造带来的快乐，侧重反映了科学教育的目标与内容。

道德与法治课程体现了学生与自然、学生与社会、学生与自我的内在整合，体现了课程的全方位开放。课程目标随着学生生活和活动过程的变化和需要不断调整、扩展；课程内容从教科书扩展到学生的整个生活世界；课堂从教室扩展到家庭、社区以及学生的其他生活空间；教学时间在与学校其他活动或学科的配合和联结中灵活而弹性地延展；课程评价从封闭、单一走向开放、多元，从只关注学业成绩到全面关注学生丰富多彩的体验和个性化的创意与表现。

(三)道德与法治学科中的学术

基于道德与法治课程的这些特点，教学中突出学术启蒙教育可以更好地完成课程目标，为学生的成长助力。道德与法治课程中的学术引领体现在价值引领和教学方向上，这些都能体现学术启蒙教育。

1.道德与法治教学中的学术价值引领

道德与法治课程是品德教育与法治教育的主阵地，是育德的主渠道，教育的根本任务是立德树人，也就是说，教育不仅要传授知识、培养能力，而且要把社会主义核心价值体系融入日常的学校教育之中。道德与法治课程承载着引导广大青少年形成正确的世界观、人生观、价值观的使命。由于道德与法治课程的特殊性，因此，社会主义核心价值观的内容和课程教学内容就有许多的结合点、契合点，这正是道德与法治课培育社会主义核心价值观的优势。例如，一年级的"校园里的号令"一课，教师在讲升旗仪式时，要求学生听到国歌声要肃立行礼，高唱国歌；二年级的"欢欢喜喜庆国庆"一课，"这时应该怎么办"这一板块的内容引导学生爱护国旗；中年级关于"家乡"的主题教育以及高年级关于"国家"主题教育，着力培育学生爱国的社会主义核心价值观。又如，一年级的"我和大自然"、二年级的"我爱家乡山和水"、三年级的"请到我的家乡来"等，都是亲近大自然、喜欢在大自然中活动、感受自然的神奇与变化的基调，又指向环保意识的提升，同时蕴含了生命教育的元素，引导学生认识到，植物也与自己一样拥有生命，与人类一起在地球上同生共长，这不就是社会主义核心价值观中"和谐"一词的体现吗？在教学中，教师通过不断质疑，引导学生深入思考，使得学生明确教学内容暗含的价值引导的同时，潜移默化地进行学术启蒙的教育，使教学达到事半功倍的效果。

道德与法治课程的学习要发挥学生的主体作用，课堂教学中还需要教师正确的价值观引领。因为学生家庭背景不同、社会影响也不同的原因都会反映到小小的课堂之中。所以，在课堂教学中，一方面，我们发挥学生的主体作用，激发他们的学习兴趣，激励他们主动参与，培养他们的质疑能力；另一方面，我们也要旗帜鲜明地做好学生的价值领航，通过创设两难情境，让学生在两难情境中学会选择，学会判断，阐述理由。比如，在"花儿草儿真美丽"这一课中的第二个栏题"爱护花和草"中，学生可能会对人们买卖鲜花产生疑惑，就会出现道德两难的问题，这时教师就要充分发挥学生的主体作用，让学生进行讨论、辨析，最终明确：公共场所的花草不能随便采摘，专业种植为美化生活的花草是可以买卖的，这是提高人的生活品质的一种形式，是不影响公共环境美观、不违反道德的。中高年级关于道德两难的内容也有很多，教师要善于创设道德两难的情境，引导学生发现问题，提出问题，通过小组研讨分析找到解决问题的方法，最后明确价值导向。

2. 道德与法治教学中方向引领的学术范儿

道德与法治课程是落实立德树人的关键课程，而教育改革和发展的各项任务需要通过课程落实到学校中，落实到课堂中，落实到教师和学生的行为上。因此，促进教师更新教育观念、转变教学方式、提高教学实效，有助于确保课程实施的效果。新课程改革精神要求以核心素养为导向教学，学科核心素养是学科育人价值的集中体现，是学生通过学科学习而逐步形成的正确价值观、必备品格和关键能力。教学要从关注"学科知识"转变为关注"核心素养"，从单一考试转变为持续评价，最终形成基于培养和发展学生核心素养的教学。

道德与法治学科中核心素养导向的教学，要关注核心素养如何落在学生身上，要确立新的教学观和评价观，要坚持以学生的学习为中心，清晰了解不同层次学生的素养表现，并能够根据实际需求设计教学方法和策略，选择适合学生的课程资源，实现学习方式的转变。课程标准要求用大观念统整课程内容，关注知识技能的结构性，凸显学科实践，强调思维方式和探究模式的渗透。学生核心素养需要在真实、复杂的情境中培育、发展起来。教师需要以正确的价值观引导学生更好地适应学校生活，形成良好的行为习惯，在充满探究与快乐的活动中学会生活、学会做人、学会创新。

如何引领学生在自主、合作和探究的学习生活中发展自由个性、合作精神与公民责任感呢？教材遵循学生生活的逻辑，以学生的现实生活为教材内容的主要源泉，把道德教育与现实生活相融合，用正确的价值观去引导学生在生活中发展。教材的内容和形式实现多种形式的综合，倡导活动化教学，重视活动中的感悟体验。教材中的案例具有一定的扩展性，可以从内容、时空、教学人员和教学形式上进行扩展，这样的呈现方式拓展了学生的思维。教材不仅有关于道德知识的内容，而且还呈现出丰富的生活情境，引导学生在情境问题中不断地探究、体验和发现。

例如，一年级下册"分享真快乐"一课需要学生理解"分享"的概念，其中"分享阅读更有趣"一栏题呈现了四幅图："这本书真好看！""带给同学一起看。""我们把故事演给大家看""原来快乐就是这么简单。"简单的四句话、四幅图，为教师指明了教学的方向。因此，教师在教学中设计了相应的教学环节：首先，利用班级开设的"图书角"，让学生以自愿的形式，从家里带来好书，与同学共同分享；其次，在课堂上，让学生用自己喜欢的方式推荐自己看过的一本好书；最后，让学生谈谈自己的感受。在这些活动中，学生先经历了"要不要分享"的考验，接着"共享好书"。在这些情境体验中，学生感受分享与被分享的快乐，由此形成"分享"的观念，落实了教学目标。又如，在二年级上册"家乡新变化"一课中，教师采取社会实践活动与课堂教学相结合、讲授与学生自主学习相结合、学生个体学习与小组合作学习相结合的方式，结合"观察并调研社区和学校周边环境""采访家人和社区工作人员""参观北京城市规划馆"等校外社会实践活动，为教学提供更广阔的空间、更丰富的课程资源、更真实的情境，将学生的个体体验与家乡的变迁紧密相连，将学生个人的生活与家乡的发展紧密相连，在真实的情境中引导学生发现、探究真问题，经历自主思考、合作探究的学习过程，理解和参与社会生活，激发公共参与意识和社会责任，实现了学科教学的育人价值，培育了学科核心素养。

总之，教师应为学生创设生活情境，引导他们参与各种教学活动，通过调动他们的社会经验和原有认知，使他们对复杂的道德文化信息有切身的感受，从而获得真实感和思考力。道德与法治教学要想进行学术启蒙教育，需要教师不断地研究教材，把握标准，依据学情设计出适合学生参与的各种活动，使学生在参与活动的过程中不断质疑、思辨、寻找解决问题的方法，并利用方法解决生活中的实际问题。

四、美术学科教学中的学术启蒙教育

美术以视觉形象承载和表达人的思想观念、情感态度与审美趣味，丰富人类的精神和物质世界。小学阶段的美术教育更是注重提升少年儿童艺术审美品位和审美能力，为国家培养具有人文精神、创新能力、审美品位和美术素养的现代公民。

现代社会需要充分发挥每个人的主体性和创造性。我们在美术学科教学中开展学术启蒙教育，注重对学生个性与创新精神的培养，采取多种方法帮助学生学会运用美术的方法，通过综合学习和探究学习，引导学生在具体情境中探索与发现。

(一)美术学科教学中的学术启蒙教育的价值和意义

小学是基础教育的关键阶段，美术作为义务教育阶段的必修课程，对学生基本素养的培养和创新能力的提升具有促进作用。在小学教育育人新生态的理念引导下，引入学术启蒙教育的美术学科更能够开启学生的学术意识，提升他们的创新精神和能力，提升审美品位。

1. 以《义务教育美术课程标准(2011年版)》的基本理念为研究依据

(1)美术课程面向全体学生，进行学术启蒙教育具有很大的优势

义务教育阶段的美术教育适应素质教育面向全体学生的要求。美术教材选择最基础、最有利于学生发展美术知识和技能的内容，使美术学科形成系统、完善的知识体系。美术课程根据学生的身心发展水平分成四个学习阶段。美术教学内容根据美术学习活动划分了四个学习领域，分别是"造型·表现""设计·应用""欣赏·评述""综合·探索"。每一个学习领域各有侧重，互相交融，紧密相关，形成依次递进、前后衔接，具有开放性的美术课程结构，适应不同年龄段的学生在美术学科中的学习。美术课程在义务教育阶段保证每个学生接受美术教育，让全体学生参与美术学习。在这种开放性的美术教学活动中进行学术启蒙教育具有很大的优势。

(2)美术课程关注文化生活，形成良好的价值观和审美情趣

美术是人类文化的一个重要组成部分，美术课程注重学习内容与学生生活经验紧密联系。例如，低年级的"包书皮"和"小花猫在睡觉"、中年级的"厨房一角"和"我的老师"、高年级的"我设计的鞋"和"为自己设计动漫形象"等内容与学生的生活相融合，引导学生在学习中感受生活中的美，发现生活中的美，用美术语言描述生活，把课堂中学到的美应用到生活中。通过美术课程，学生们了解到人类文化生活的多元化与丰富性，在广泛的文化情境中认识美术、学习美术。美术课程促进学生形成良好的价值观和审美情趣。

2. 学术启蒙教育在美术教学中的价值和意义

(1)开启学生在美术学习中的学术意识

小学阶段是学生的主观感觉表现期,学生在感知、注意、记忆等方面从笼统、不精确地感知事物的整体渐渐发展到能够较精准地感知事物的各部分,并能发现事物的主要特征及事物各部分间的相互关系。学生们会逐渐把具体的事物进行概括,低年级学生会把小彩旗和三角形、长方形和桌子等事物相联系,中高年级学生会用基本几何形对事物的外形进行概括、提炼,绘画方面有了自己的方法和思考。教师可以在美术教学中设计不同的情境,结合讲授法、观察法、谈话法、游戏教学法等教学方法,引导学生自主探究解决问题。通过个体及群体的美术学习,教师不断丰富学生们的美术学科思维方式和探究模式,逐渐开启学生在美术学习中的学术意识。

(2)培养学生的创造思维、创造能力

创造性是美感的重要特征,创造性思维是人类最高形式的心理功能。一个人只有具备了良好的创造性思维才能把美感的重要特征表现出来。美术教学活动中的学术启蒙开展研究性学习,进行学科融合性学习。通过综合学习和探究学习,教师引导学生在具体情境中探究与发现,找到不同知识之间的关联,发展综合实践能力,创造性地解决问题,培养创造思维、创造能力。

(3)培养学生审美能力,提升学生审美品位

培养学生的审美能力、审美品位是素质教育的任务,也是新课程理念与教学改革的方向。美术课堂中的学术启蒙教育是研究性学习,围绕主题或小课题开展研究,提升学生的美术技巧。在对主题的深入研究中逐步培养学生的审美能力,提升其审美品位。

(二)学术启蒙教育在美术教学中的实施

在美术教学中开展学术启蒙教育的实践研究,对理念、结构、内容、实施、评价和管理等方面提出了许多新要求和新挑战。

1. 改变课堂教学理念，培养学生的美感

课程改革由注重知识讲授转变为注重学科素养的培养。机械训练、死记硬背的学习方式发生了本质的改变。自主合作、探究的学习方式越来越多地呈现在美术教学中。我们在美术教学中实施学术启蒙教育，摒弃单一的接收式学习，转化为有效的探究式学习，促使教师们在教学中把握学科特点，找到适合美术学科教学的方式方法，帮助教师将课程理念落实到日常教中。学生们自主探究美术知识，更加深入、细致地研究自己感兴趣的内容，在实践探究中获得美感。

2. 调整课堂教学结构，启发学生从生活中发现美

教师作为创设情境的主导者和调控者，调整课堂教学结构，设置一定的教学情境，让学生明确学习目标，了解教学内容，把学生最初的"感兴趣"提升为"探究秘密的兴趣"让学生自主探究并在兴趣的引导下展开想象，不断发现生活中的美，享受学习的乐趣、成功的喜悦。

3. 依据教材开展学术启蒙教育，以多种方式呈现美

美术教材以课的形式呈现，每一课呈现一个学习内容。而课与课之间又可以形成一个单元，例如，三年级上册的"色彩滴染""美丽的染纸""四季如画"构成色彩单元。师生可以围绕色彩这一主题开展研究。色彩主题还可以细化出色彩表现、色彩应用、色彩感受等研究的小课题。而学生们的研究成果呈现方式也是多元的，如手绘小报、创意制作、创作绘画等。

4. 自我评价表达美，培养学生的自信心

自我评价是自我认识、自我分析、自我提高的过程。它有利于培养学生对学习负责的态度，促使学生学会思考。在美术课堂中，很多学生不敢说、不愿说、不会说。在实施学术启蒙教育中，教师要教会学生评价的方法，强调培养目标和评价内容的多元化，不仅要关注学生知识与技能的掌握，而且要关注学生自我多方面的表现，培养学生的自信心。

(三)学术启蒙教育在美术教学中的成效

1. 积累感官经验，发展多种能力

美术学科教学中的学术启蒙教育激发了学生探究新知的欲望和学习

美术的兴趣，使学生进入最佳的学习状态。学生们可以根据自己的兴趣点对美术知识、技能进行深入的学习、研究。美术学科教学中的学术启蒙教育使学生在愉悦的氛围中掌握知识、技能、技巧，培养学生的感知能力、实践能力和创新能力，从而陶冶其情操，提升其审美能力和品位。

2. 关注生活中的美术现象，涵养人文精神

美术学科教学中的学术启蒙教育优化教学过程，创设多元的文化氛围，使学生在广泛的文化情境中认识美术。学术启蒙教育做到以研代学，以研代教。学生在美术学习中学会欣赏和尊重不同时代和文化的美术作品，关注生活中的美术现象，涵养人文精神。

3. 形成主动探索的习惯

学生是美术课程教学环节的关键，在现代社会大量的信息渠道中，学生的思维活跃，眼界开阔。学术启蒙教育激发学生的求知欲和好奇心，使学生积极主动地参与教学活动，并沉浸在探索、思考和发现的学习过程中，激发学生内在潜力，使学生形成自主探索、主动探索的习惯。

4. 多元的展示方法，以展示促交流

美术作品的展示是对学习成果的肯定。由于学校环境有限，很多学生的作品不能展示出来，学校的线上美术馆解决了展示空间不足的问题。线上美术馆的作品能够让更多的学生、家长、社会人士欣赏到美术馆的作品。线上美术馆扩大了影响面，促进更广泛的交流。

第二节　在教育活动中渗透学术启蒙教育

新的课程改革，强调在教育活动中进行综合素质的学习，国家课程中10％的时间用于实践活动教育。在学校德育等各种实践活动中渗透学术启蒙教育可以给学生带来对事物积极的认识和体验，激发其潜在的能力，提高其参与相关活动的积极性，增强其自信心；基于该时期学生的天性，实践活动在启蒙教育中有助于学生情感的发展，促进其身体的发育，提高和加强其思维力、想象力、记忆力和模仿力等，并对其性格

的形成也有很重要的作用。

一、教育中的学术启蒙

在德育教育中渗透学术启蒙教育，有利于学生对社会基本情况的认识，有利于学生感恩意识及行为的培养，有利于学生良好道德观念的形成，有利于中国优秀传统文化的传承。

(一)脱口秀活动

语言这一最基本、最便捷的交际工具，担负着每个人社会交际效率高低甚至成败的重任。较强的口语交际能力也成了每个人适应现代社会交际最基本的能力需求。因此，作为培养未来社会人才基础的小学语文教学，理应注重培养学生的口语交际能力。小学阶段应规范学生的口头语言，提高其口语交际能力，培养其良好的听说态度和语言习惯。为了适应时代的发展，"新课标"将原来的"听话说话"改为"口语交际,"这不但是提法的改变，而且把听话能力置于重要的位置，作为交际手段从小培养。怎样才能提高学生的口语交际能力呢？

1. 立足课堂教学，为学生打好表达基础

我们依据学生的认知特点，充分利用教材的优势，抓住语文课堂教学这一主阵地，设计出面向全体学生，能激发全员参与热情的训练方法，扎扎实实提高学生的口语表达能力。

(1)看图说话中练习

小学语文教材特别是低年级的语文课文中有许多插图，教师可以指定学生先按顺序、有重点地观察插图，再进行说话练习。学完课文后，教师还可请学生根据课文内容，观察插图，展开想象，说说插图上有而课文中没有写到的内容。例如，教学部编版语文一年级上册《雪地里的小画家》这篇课文，在学完后，教师可以让学生看着课文中的插图，想象雪地里还有哪些小动物，它们又分别画了什么？鼓励他们大胆想象，敢于创新，并用自己的话把雪地里的小画家画画的故事讲给大家听。采用这种训练方法进行口语交际，可以培养学生观察、想象、说话的能力。

（2）思辨中练习

在学习的过程中，学生应该具有一定的思辨能力，思辨能力的提升可以促进学生的思维品质的发展、语言素质的提高。因此，我们在课堂教学中会精心设计具有一定价值的问题，指导学生进行有效的思辨，与同学进行真诚的交流。这样的课堂教学弱化教师的地位，提高学生的主体地位，利用恰当的思辨方式锻炼学生的语言表达能力，使得学生能够积极投入学习中。学生在这种双向互动的交流中，锻炼了口语交际能力，培养了良好的听说习惯。

（3）表演中练习

在语文教学中，我们一直坚持创编课本剧这一快乐的教学方式，这对提高学生的口语表达非常有好处。课本剧表演需要人物，有人物表演，自然就少不了要说话。对于一个小学生来说，在什么样的场合下，该说什么话；在什么样的环境下，该怎么说这句话，这都需要语言的艺术。只要是适合表演的课文，我们都会在课堂上给学生时间、空间进行表演练习。学期末，我们会把学生分成若干小组，成立不同的剧组进行准备、排演，并选拔出优秀的小组参加学校的课本剧大赛和展演活动。学生从一入学就开始扮演角色，模拟各类人物的语言、动作，通过一两年的锻炼就会发现，自己的表达能力已经提高了许多。

2. 关注学生心理素质，使其克服心理障碍

心理素质是口语交际中一个不可忽视的因素。怯场、紧张、不敢在人多的地方讲话，这在成人中比比皆是，更别说小学生了。

（1）循序渐进中练习

有的学生不是不会说，而是不敢说。对于这个问题，我们教师自己在平时的教学中做到心中有数，教学时从容、大方，给学生起到良好的示范作用，达到"随风潜入夜，润物细无声"的效果。

（2）鼓励赞扬中练习

在每次的口语表达的场合，教师要特别关注那些胆小的学生，以微笑、摸头来舒缓他们的紧张情绪，以欣赏的眼光鼓励他们，并经常找他

们谈心，以自己成长中的事例启发、引导他们克服怯场等心理障碍，告诉他们，老师相信你们，你们是最棒的，以此增强他们说话的自信心，逐步培养他们的口语交际能力。

3. 开展脱口秀课程，提高学生表达能力

脱口秀课程已经是我校的一个特色课程，每天十分钟的脱口秀时间给了学生锻炼和展示的机会。

(1)让学生展示自己的兴趣

脱口秀展示，就是让学生从自己的视角、用自己的话讲述感兴趣的内容，不能照着稿子念。我们在假期就布置好三到四个主题，如"有趣的寒假生活""好书推荐""成语故事""端午节"等，让学生提前准备展示的内容和演示文稿，开学一周后按照学号，每天由不同的学生进行展示。当天脱口秀展示的学生会在欢快的掌声和期待的目光中走上讲台，开始展示。

(2)关注学生倾听的习惯

脱口秀展示的过程可以培养学生专注倾听的好习惯。学生讲解时，教师可以关注每一个学生的倾听状态，并进行及时的提醒和调整。进行脱口秀展示的学生，还会根据自己讲解的内容设计准备几道题目，讲解后进行提问，这样的方式，大大提高了学生的倾听能力。

(3)提高学生表达的能力

脱口秀活动是学生语言表达能力的尝试活动。在这个活动中，教师是配角，是引领者，是听众。学生是主角，是演员。虽然是短短的几分钟，但他们要把一个故事、一个成语、一句名言、一段新闻，完整准确地表达出来，课前就要有充分的准备，如查找资料、组织文字、熟记于心等。

我们长期坚持高质量的"脱口秀"活动，不仅能使学生学到丰富的课外知识，而且提高了学生的心理素质，使学生养成良好的阅读习惯，使学生的听、说、读、写各种能力都得到了培养和发展，真正达到了素质教育的目的。

(二)争星活动

叶圣陶先生说过：什么是教育，简单一句话，就是要培养学生良好的习惯。教师是学生成长的引路人，不仅要给学生传授知识，而且要让学生养成良好的习惯，为他们的健康成长打下扎实的基础，为学生一生的幸福奠基。学校面向全体学生开展的"争做星级队员"的活动，在抓好常规工作的同时，通过六大习惯的培养，使学生随时能够在自主管理的提示帮助中，不断学习和提升，在平时积极实践的基础上快乐成长。

1. 争星活动，继承传统

我们把争星活动和传承中华优秀传统文化相结合，进一步理解和践行《弟子规》，并在行动中努力争当六大习惯星，做最好的自己。

(1)自主管理星

原文：

冠必正，纽必结。袜与履，俱紧切。

过能改，归于无。倘掩饰，增一辜。

解释：出门帽子要戴端正，穿衣服要把纽扣扣好。袜子和鞋子都要穿得贴切，鞋带要系紧，这样全身仪容才整齐。

若是无意中做错的，称为过错；若是明知故犯的，便是罪恶。不小心犯了过错，能勇于改正就会越改越少，渐归于无过；如果故意掩盖过错，那反而又增加一项掩饰的罪过了。

(2)探究学习星

原文：

读书法，有三到。心眼口，信皆要。

心有疑，随札记。就人问，求确义。

解释：读书的方法要注重三到，就是心到、眼到、口到。这三到都要实实在在地做到。

有疑问的地方，经反复思考，还不能了解的话，就用笔把问题记下来，向有关的师长请教，一定要得到正确的答案才可放过。

（3）强身健体星

原文：

对饮食，勿拣择。食适可，勿过则。

朝起早，夜眠迟。

步从容，立端正。

解释：对于食物不要挑剔，而且要吃适当的量，不要吃过量。

为人子，早上要尽量早起，晚上要晚点睡觉，因为人生的岁月很有限，光阴容易消逝。

走路时脚步要从容不迫，站立的姿势要端正。

（4）坦诚交往星

原文：

道人善，即是善。人知之，愈思勉。

凡出言，信为先。

凡道字，重且舒。

解释：赞美别人的善行，就等于是自己行善，因为对方知道了，就会更加勉励行善。

凡是开口说话，首先要讲究信用。

还未看到事情的真相，不轻易发表意见。

（5）节能环保星

原文：

房室清，墙壁净。几案洁，笔砚正。

列典籍，有定处。读看毕，还原处。

解释：书房要整理得简单清洁，四周墙壁保持干净。书桌清洁干净，所用的笔和砚台要摆放端正。

排列经典图书，要安放在固定的地方，读完以后立刻放回原处。

（6）知恩感恩星

原文：

父母呼，应勿缓。父母命，行勿懒。父母教，须敬听。父母责，须顺承。

解释：在家中，父母叫我们时，应该一听到就立刻回答，不要慢吞吞地答应。父母有事要我们去做，要赶快行动，不要借故拖延，或者懒得去做。父母要我们学好而教导我们时，必须恭敬地听取，要将话听到心里。我们犯错了，父母责备我们，应当顺从并且承担过失，不可忤逆他们，让他们伤心。

2．多种方式，深入实践

不管是日评价表还是周评价，评价的过程一定要让学生参与进来，激发学生的内驱力，让学生成为自己的主人。我们带领学生一起，随时进行评比、加星。学生能随时总结反思自己的行为，关注自己得了多少星，还有哪些地方是需要再努力提高的。

（1）教师以身作则

教师为人师表，是学生的榜样。因此，教师在对学生进行习惯培养和评价时，一定要起到示范作用。从使用文明用语（如"谢谢""对不起""没关系"），到行为文明（如随手捡起一张纸，把物品摆整齐），教师的一言一行对于引导学生形成良好的行为习惯至关重要。

（2）小导师示范引领

学校提出"我的学习我做主、我的行为我负责"的理念，要积极发挥学生导师团的作用。什么是小导师呢？就是调动学生的自主性，自己做好的同时还能够帮助同伴进步，同伴帮助同伴，学生管理学生。教师根据平时的细致观察，根据学生性格和能力分配不同的"小导师"岗位，既鼓励他们继续努力，又调动起更多学生向榜样学习的积极性。

（3）多方位评价跟进

我们就学生自主管理习惯的养成通过多种形式进行评价与鼓励。

①成长足迹评价本。

记录学生每周的表现，让家长也能及时了解学生的优势与不足，教师应随时和家长沟通，告诉他们如何在家指导学生改正不良习惯，家校合力帮助学生进步。

②光荣榜。

每周五，教师与学生一起根据周评价表的记录，评选出本周星级学生，把他们的照片贴在教室后展板的习惯树上。

③奖状。

教师在表扬星级学生的同时为其颁发星级奖状，给他们照相，并发到班级群中，共同祝贺学生取得的进步，激励更多的学生和家长奋起直追。

④特殊奖励。

在激励学生不断进步的同时，教师设立不同的岗位让所有的学生在争星活动中体验成功和助人的快乐，如认真倾听的同学有机会给其他同学讲题，书写好或有进步的同学可以在全班作业本上盖章，右行不打闹的同学可以当楼道巡查小导师等。

⑤星愿卡。

六大习惯星涵盖了学习习惯、行为习惯、人际交往和环保等多方面内容，每周给学生奖励习惯星，学生将这些"星星"贴在一张星愿卡上。卡上还有学生许下的美好愿望，如和喜欢的老师合影、一起共进午餐；当一次升旗仪式主持人……只要攒够十颗习惯星，就会实现一个小愿望。为了实现自己的愿望，学生不断努力，超越自己。

⑥校园中设立明星园地。

为了更好地激励学生，我们在校园开设明星园地。这样，我们可以将优秀星级学生的事迹进行宣传，让学生随时都能够向身边的榜样学习。而且，我们的展示每月更换，给更多的学生提供机会，激发学生上进心，激励他们不断努力。

(4)请家长参与到评价中来

学生不但在学校生活，而且也在家中生活，因此评价表中除了评价内容，还有"家长的话"，这样的设计方便家长把自己在教育上的困惑、想法以及做法及时传达给教师，教师会通过书面、短信、电话和面谈等多种方式为家长答疑解惑，给出合理的建议和指导方法。家校的密切配合是形成教育合力的最有效途径，尤其是对于一些习惯的培养和养成需要持续努力。为了达到教育效果，我们设计了评价表，把每一项评价的目的、意义告诉家长，指导家长如何在家里培养学生的习惯。

3. 争创新星，发展特长

"文化、体育、艺术、科技"四个创新星，我们结合平时的教育教学活动进行评价。

（1）争创新星有方向

积极认真参加主题课程的学习，探究中华优秀传统文化，是我们评选文化创新星的依据。结合运动会和两操评选体育创新星。学生参加各种展示，如合唱、舞蹈，我们结合主题课程完成的各种作品评选艺术创新星。科技创新星看似离低年级学生很遥远，其实不然，如学生用废旧物品进行小制作、探索节水小窍门等都可以得到科技创新星。

（2）争创新星有动力

通过星级学生的评选活动，学生的积极性被最大限度地调动起来，他们在各个方面都想争取进步。在争星的过程中，每个学生都至少能够获得一枚星级奖贴。

二、实践活动中的学术启蒙

《义务教育数学课程标准（2011 年版）》指出：综合与实践是以一类问题为载体、以学生自主参与为主的学习活动。在学习活动中，学生综合运用所学的知识和方法解决问题。综合与实践重在实践、重在综合。注重学生的自主参与、全过程参与，重视学生积极动脑、动手、动口并综合运用各学科知识。

综合与实践活动与学习具体知识的探索活动最大区别在于问题的选择、问题的展开过程，学生的活动是在问题的引领下进行的。因此，培养学生发现问题、提出问题等的能力至关重要。

(一)质疑能力培养

什么是质疑?《辞海(第 7 版)》解释为:"提出疑问;请人解答疑难"。从此意义上看,质疑就是提出问题,而问题产生于疑惑,正是由于对现实存在不信任态度的倾向,需要重新进行审视、探索才产生了问题。因此,就质疑的过程而言,质疑不仅包括提出不会、不懂的问题,还包括因怀疑去发现、探索,提出新问题的一系列活动。

"学起于思,思源于疑。"陶行知先生也有句名言:"发明千千万,起点是一问。"学生获取知识的过程,实际上是一个不断提出问题,又不断通过各种途径使问题得以解决的过程。儿童学术启蒙也是从培养学生的问题意识及发现、提出问题的能力开始的,而提出并选择恰当的问题正是实施综合与实践活动的关键。怎样提出一个恰当的、可以转化为小课题研究的问题呢?下面具体以一年级数学实践活动为例来展开。

1. 创设利于学生发现问题的情境

教师要积极创设有利于学生发现问题的情境。这个情境可以是学生熟悉的真实的生活情境,也可以是虚拟的现实情境,主要功能是帮助学生置身于问题情境之中,利于他们发现问题。

例如,部编版数学一年级下册实践活动"摆一摆,想一想",教师就借助动画,创设了有趣的虚拟情境:一颗可爱的小珠子在数位表上跳舞,它一会儿停在个位,一会儿又停在十位。看到这个情境,你们发现了什么问题呢?

有的学生说:"我发现小珠子跳到十位时特别高兴!你们知道为什么吗?"

马上有学生回答:"我知道!我猜是因为小珠子跳到十位时,它就表示 1 个 10 了!"

第一个学生显然不太满意他的回答,接着追问:"表示 1 个 10 为什么就那么高兴?"

又有学生受到启发,回答说:"因为小珠子在个位,只表示 1,在十位就表示 10，10 比 1 大呀！"

第一个发问的学生马上向他投来赞赏的眼光，说："我也是这样想的！"

一个有趣的动画，将学生带入问题情境之中，使位置思想渗透到了学生的头脑中。

2. 创设利于学生提出问题的氛围

小学生思维活跃，求知欲强，对事物充满着强烈的好奇心，这是质疑的基础。教师平等地对待每一个学生，鼓励他们大胆质疑，鼓励他们求新求异，认真对待他们提出的问题，努力挖掘其可贵之处，保护他们的积极性，学生敢于提问、勇于提问的种子就能生根发芽、开花结果。因此，教师要建立融洽和谐的师生关系，尊重学生的认知水平和心理特点，保护他们的求知欲，创设利于他们提出问题的氛围。

以部编版数学一年级下册实践活动"摆一摆，想一想"为例，学生在宽松的氛围中，提出了很多他们感兴趣的问题。例如：

这 1 颗小珠子既能在个位，又能在十位，那它就能表示 1 和 10 两个数对吗？

我想把 2 颗小珠子放在一起，行不行？

我想把 2 颗小珠子分开放，行不行？

2 颗小珠子能表示几个数呢？

如果我有 3 颗小珠子，怎么放呢？

3 颗小珠子能表示几个数呢？4 颗呢？5 颗呢？……

学生之间是可以相互模仿、相互启迪的。在上面这些提问中，有的是模仿性提问，有的是受到同伴的启发后引发的新的思考。面对这些问题，教师都应给予鼓励和积极性的评价，不断激发学生提出问题的兴趣。教师还要将这些问题及时写下来，为下一环节的选题做好准备。

3. 指导学生归类整理，选择并确定研究的问题

由于学生年龄较小，教师要帮助他们从提出的众多问题中提炼出要

研究的重点问题。将问题分类是梳理提炼问题的一般方法。就学生提出的问题，教师指导学生思考：哪些问题是可以直接回答的，哪些问题是需要动手做一做、想一想才能知道答案的。

通过讨论，学生确定像"对不对？""行不行？""是不是？"这样比较封闭的问题可以直接回答；而"2（3、4、5……）颗小珠子在数位表中可以怎么放？能表示几个数？"这样的问题需要动手做一做、研究研究才能回答。这样就将本次活动研究的问题提炼了出来，即帮小珠子在数位表中搬家，看看它能表示哪些数。

就实践活动研究的问题，教师要从学生提出的感兴趣的问题中提炼出来，使学生感受到发现、提出问题的价值，进一步激发他们细致观察、动脑思考、勤于发现、敢于提问的兴趣。在分类梳理问题的过程中，学生也会逐步意识到哪些问题是有研究价值的，分类梳理的过程对提升他们的质疑能力和质疑水平很有帮助。

儿童学术启蒙中问题意识和质疑能力的培养并不是一蹴而就的，教师对于活动的各环节的设计以及活动的组织、指导非常重要。这里教师要把握好三条原则，即让学生提出问题、指导学生提炼问题、把握问题的科学性。

（二）实践验证的过程

综合与实践活动除了问题引领之外，就是要放手让学生全过程参与，并组织好学生之间的合作交流。教师要特别关注实践的过程以及学生在实践过程中的表现，帮助、指导学生展现思考的过程，交流收获体会，积累活动经验，激发他们的创造潜能。

在实践活动中进行学术启蒙，在提出并确立研究的问题之后，就要指导学生设计活动方案。设计活动方案是保证实践活动顺利进行的基本保障，类似于小课题研究的开题。小学生的开题阶段需要教师进行具体的指导。

1. 指导学生审题，明确研究的主要内容

在设计活动方案之前，首先要指导学生明确研究的对象和主要内

容，确保研究方向不跑偏。

例如，"帮小珠子在数位表中搬家，看看它能表示哪些数"这个问题的研究，要组织学生充分讨论，分析出所研究问题的任务、要求和目标，指导学生说清以下几个问题：

在哪摆小珠子？（数位表）

什么样的数位表？（只有个位和十位）

在这样的数位表中摆出的是几位数？（一位数或两位数）

摆几颗小珠子？（2~9颗）

摆小珠子之后要回答的问题是什么？（用了几颗？怎么摆的？摆出了几个数？）

2. 组织学生讨论，明确研究的方法和步骤

设计活动方案的目的在于充分考虑影响研究的各种因素，做到在动手之前心中有数、有的放矢。但是受年龄和经验的限制，学生可能会考虑不足，所以需要教师的指导。

例如，设计"帮小珠子在数位表中搬家，看看它能表示哪些数"这个活动的方案，教师要引导学生思考：

这个活动需要用到哪些材料？（数位表、小珠子、记录单）

几人小组合作？各自的分工是怎样的？（一人摆，一人记录，两人合作）

从几颗小珠子摆起？（一致同意从2颗开始，逐渐增多）

摆小珠子时可能会出现什么问题？怎么解决？

学生预设的问题包括：

负责记录的同学也想动手摆一摆，怎么办？（两个人可以交换任务）

从2颗珠子摆到9颗珠子，时间不够怎么办？

怎么知道摆的数没落下呢？

教师引导学生思考的后两个问题，当时没讨论出答案，教师便提示

将这两个问题作为实践活动中重点关注和思考的问题。其实这也正是本次活动要解决的根本问题，即发现珠子数与所摆出的数的个数之间的关系。教师的提示将学生操作和思考活动引入重点研究的问题之中，减少了学生操作的盲目性。

3. 提供材料，组织学生活动

活动方案确定之后，教师为学生提供研究活动所需要的材料，学生进入操作实施阶段。这一阶段是整个研究活动的具体实践阶段，也是综合与实践活动的关键。教师要引导学生按计划进入角色，分工合作，按步骤开展研究。这时，教师要关注每个小组活动的进程，鼓励学生随时提出研究过程中遇到的问题，并依据学生呈现的问题的重要程度决定是个别指导还是叫停活动，组织全班讨论。

在学生摆珠子的过程中，教师发现即使只摆 2 颗珠子，小组之间的差异也会呈现出来。有的小组摆出了"2、11、20"这三个数，有的小组只摆出了"2、20"这两个数。学生能否按照一定顺序挪动珠子关系到能否把珠子所表示的数摆全，做到不丢、不重复很重要，因为有序思维的培养就体现在这里。这时教师及时叫停活动，组织讨论：在同样的数位表中，摆同样多的 2 颗珠子，怎么出现了不同的结果呢？

通过小组之间的展示、讨论、辨析，学生明白了只有按照一定的顺序挪动数位表中的珠子，才能做到既不重复也不落下，快速摆出所有的数。这次辨析的结论对于摆后面的珠子具有一定的指导作用，因此，教师及时叫停并组织全班的讨论是很有必要的。

在后面继续摆珠子的活动中，有的小组兴奋地发现了珠子数与摆出数的个数之间的规律，不用再一一动手摆珠子了，解决了时间不够的问题。这时，教师就组织他们到其他小组分享自己的经验，使还未发现规律的小组有所借鉴，使所有小组在规定时间完成实践活动并有所得。

4. 组织学生展示汇报，进行成果评价

这一环节是对实践活动的总结，也是学术启蒙的点睛之笔。学生在实践活动过程中的思考、尝试、反思、获得是非常宝贵的财富，教师组织学生把他们在活动过程中的思考呈现出来，各小组之间的思维碰撞、共享成为一个再创造的过程，这将有助于学生创新意识的培养和实践研究水平的提升。

在展示汇报之前，各小组要进行充分准备。小组长要组织组员明确重点汇报什么、怎么汇报、谁是主发言人、用什么方式呈现等，并做好分工，使得人人有事做，人人有责任。

例如，"帮小珠子在数位表中搬家，看看它能表示哪些数"实践过程的汇报，由于刚刚一年级，学生处于学术启蒙的初始阶段，因此他们汇报的材料主要是实践过程中的记录单。随着年级的升高，学生实践、总结能力会逐步增强，那时他们可以用多种形式汇报，如图画、列表、文字、统计图等。一年级学生数学实践活动记录表如表 5-3 所示。

表 5-3　一年级学生数学实践活动记录表

珠子数	数位表	摆出的数	共摆几个数
••		2、11、20	3
•••		3、12、21、30	4
••••		4、13、22、31、40	5
•••••		5、14、23、32、41、50	6
••••••		6、15、24、33、42、51、60	7
•••••••	十位　个位	7、16、25、34、43、52、61、70	8
••••••••		8、17、26、35、44、53、62、71、80	9
•••••••••		9、18、27、36、45、54、63、72、81、90	10

小组成员根据记录单，说清"用几颗珠子，在数位表中怎样挪动，珠子表示的数分别是几，用几颗珠子摆了几个数"。特别是最后的小结"用几颗珠子摆了几个数"，教师要特别关注学生是否进行了总结，因为

这是发现规律的基础。

除了上述学生必须汇报的几个问题外，其余自己的发现、反思、收获等可以自由汇报，自由汇报的问题属于成果评价中的加分项目。

例如，有的小组在汇报中提道："摆到 5 颗珠子时，就发现摆出的这些数是有规律的，从小到大看，十位数多 1，个位数就少 1。因为都是把珠子先放在个位，然后一个一个地往十位挪动，所以后面的数就不用摆了，按照这个规律就写出来了。"

他们组还有一个学生补充："按规律把数写出来之后，又摆了摆验证了一下，写的数都对。"

这时，又有一个小组补充："我们组还发现，十位数加上个位数就等于珠子的个数。"

就从学生的这一段汇报看，实践活动的效果非常明显。正是因为在问题引领下的全过程参与，学生学习的主动性才被很好地调动起来。在摆动小珠子的过程中，学生在观察、在思考、在总结、在质疑、在验证自己的发现。他们在活动过程中思维参与的广度和深度令人吃惊。通过实践活动，学生的观察能力、发现问题、分析解决问题的能力以及反思能力都得到了锻炼，难能可贵的是他们小小年纪就拥有了实证的意识，这也是在实践活动中进行儿童学术启蒙的优势所在。

第六章

学校特色主题课程中的
学术启蒙

主题课程是一种主题式、综合性、探究型的课程，它跨越学科边界使各学科通过主题的形式成为有机的整体，既避免了各学科之间的"拼盘式"现象，又可以保证学科之间在主题范围内的联系和一致性。我们围绕学校课程总目标将现有教材中交叉、重复的部分进行删减合并，将割裂的部分进行整合，在确保国家和地方基础课程实施的基础上，将不足的部分针对学生特点在学校理念育人目标下进行补充，创设一个真实情境，为学生创造多种展现各种智能的机会，激发学生潜在的能力，充分发展每个人的个性，引领学生围绕自主发现的问题进行探究，在解决问题中不断超越自我，不断成长，实现学生的社会价值与个体价值。

第一节　问题驱动阶段的学术启蒙

创新有两个必要条件：一是扎实的基础知识；二是创造性思维。一切创新都始于问题的发现，而发现问题又源于强烈的问题意识。没有问题意识，创新精神和创新能力将成为无源之水、无本之木。从本质上说，创新教育是以培养学生问题意识为起点的"问题教育"，培养学生的问题意识是造就创新人才的重要措施。

一、问题驱动阶段学术表征

培养学生的问题意识尤为重要，学生要敢问，会问，善问。一方面要通过问题来进行主题的探究与学习，把问题看作学习的动力、起点和贯穿学习过程的主线；另一方面要通过主题的学习来生成问题，把学习过程看作发现问题、提出问题、分析问题和解决问题的过程。

(一)培养质疑能力

问题意识是指人们在认知活动中经常意识到一些令人疑惑难解的实际问题或理论问题，并产生一种怀疑、困惑、焦虑、探索情绪的心理状态。这种心理状态，又驱使人们积极思维，不断提出问题、解决问题。问题意识是创新的基石。

1. 尊重学生的问题意识，保护学生的好奇心

提出问题可以说是思维活动的更高境界，是一种能动的、理性的冲动，因此，发现问题和提出问题的能力的培养对于提高学生的整体质量显得尤为重要。我们要爱护和培养学生的好奇心，帮助学生自主学习、独立思考，保护学生的探索精神、创新精神。对于学生提出的各种各样的问题，我们要给予充分的尊重和引导，让学生在尊重、信任、引导中树立信心，保持一颗对周围世界充满好奇的心。在教学中，教师要努力建立平等、和谐、民主的师生关系，营造崇尚真知、追求真知的氛围，为学生的禀赋和潜能的充分开发创造一个宽松的环境。只有在这种氛围

中，学生才是翱翔天宇的大鹏而不是笼中的小鸟。

2. 指导学生关注生活，提出系列问题

主题课程中的问题来源于学习和生活。教师的指导其实是要创设一个学生发现问题的情境，引导学生从问题情境中选择适合自己探究的问题，帮助学生找到适合自己的学习方式和探究方式，与学生共同展开探究。课程的开发与实施的基本理念是要将学生的需要、动机和兴趣置于核心地位，充分发挥学生的积极性和主动性，鼓励学生自主选择活动主题，积极开展活动。因此，在确定课程主题时，教师要坚持让学生自主选择和主动参与，尽量让学生形成问题意识，在生活中发现问题，提出活动主题。例如，"探究端午"这一主题活动是在过端午节的时候开展的，学生提出了一系列的问题：为什么要过端午节？端午节的由来是怎样的？传统的端午节风俗有哪些？端午节的传统食品有哪些？……这些问题都是由过端午节引起的，围绕这些问题，就可以开展关于端午节的研究活动了。

3. 引导学生关注社会，在实践中有所发现

主题课程的内容密切联系学生自身生活和社会生活，培养学生在实践中发现问题、提出问题、分析问题的能力。让学生开展社会调查、了解社会，是产生问题意识的有效途径。在社会调查中，学生可发掘好奇的现象，发现自己不明白的问题，并从中引发出综合实践活动主题。

例如，开展"游走北京中轴线"主题课程学习，让学生根据自己感兴趣的问题到社会中去进行调查。通过一段时间的社会调查活动，学生发现了许多问题：每个城市都有中轴线吗？北京的中轴线有多长？中轴线上有哪些建筑？这些建筑有什么特点呢？这些建筑有哪些有趣的历史故事？……随着社会实践的加深，学生提出的问题越来越多，越来越深入。

4. 指导学生进行分类筛选，明确问题价值

学生可以围绕感兴趣的问题、借助各方面的资源开展各项探究活动。然而，"提问"本来是与生俱来的技能，但随着年龄的增长，人们却

似乎越来越失去提问的能力。主题课程是一门"问题解决"的课程，不能正确提出问题，何来解决问题呢？因此，引导学生学会提问，成为课程开设的重要环节。

教师要指导学生进行分类筛选，明确问题价值。针对同一个主题，学生提出的问题往往是凌乱的，提出同类问题的现象比比皆是，还有些问题是学生解决问题能力范围之外的。为此，教师可以指导学生将问题进行分类筛选，告诉学生这些问题研究的可行性不高，可选择一些距离我们生活比较近的进行研究。在筛选问题的过程中，学生明白了下次提问应围绕活动主题，提问时要考虑问题的研究价值与可行性。

(二)培养收集信息意识

学校教育应该如何培养学生解决问题的能力呢？现在的社会是信息化社会，信息量大且传播速度快，传播工具和手段多样化。为了适应这个要求，新课程标准强调：要培养学生收集、处理信息的能力。只有培养学生良好的收集信息的能力，才能为其适应信息社会的学习、工作和生活打下必要的基础。如何加强对学生收集和处理信息的能力培养，充分发挥学生学习积极性和主动性，信息素养的培养是值得关注的问题。学生在有限的条件中获取更有价值的信息，并能在学习中通过各种方式，加工、处理、评价和运用信息，是提高学生整体信息素养的关键所在。如何在主题课程学习中培养学生收集信息呢？

小学生已经具备了一定的生活经验，他们对周围的各种信息又充满着好奇。教师要紧紧地抓住这份好奇，结合问题解决，引导学生去关注信息、收集信息，培养学生获取信息的能力。收集资料是主题课程学习中进行研究的一个必不可少的环节。收集资料是发现问题、解决问题的重要手段，学生也可以在收集资料的过程中养成敏感的信息意识，形成收集、利用信息的能力。在主题课程实施过程中，一般在这样几个阶段有收集资料的活动：活动前收集资料——确定活动主题，在活动主题确定以前，学生能从平时收集到的资料中发现一些问题，挖掘活动主题；活动中收集资料——深化活动主题，解决具体问题，活动主题确定以后，要围绕活动主题来收集资料，与自己活动主题无关的资料要尽量舍弃。如果在活动中发现了自己感兴趣的新主题，我们可以继续深入研究下去。收集资料的目的是看看别人是怎样阐述有关问题的，并从他们的阐述中得到启发，从而迸发出自己的思维火花。

1. 要让学生明确收集信息的目标

实践，首先应该让学生学会有目的地去做一件事，然后再学习做事的方法，才能起到事半功倍的效果。也就是说，在主题课程开展之前，教师要先告诉学生主题课程的学习目标，明确地告诉学生，我们要查找什么样的信息，让学生学会有针对性地进行信息的收集。比如，在"多彩的春天""游走北京中轴线""欢欢喜喜过春节""探究端午节""情满中秋"等主题课程中，教师明确了每次主题课程的学习目标，指导学生根据学习目标分配任务，这样学生的资料会收集得比较全面。

2. 引导学生利用书籍和网络资源

互联网促进了学生学习方式的改变，为学生提供了丰富的学习资源。教师充分利用书籍和网络这种有效资源，引导学生根据信息任务和目标去查阅相关的书籍，并在家长的引导下，利用网络收集需要的信息。学生收集到大量的信息，然后进行有条理的整理。例如，教师引导学生把自己认为有价值的资料摘抄下来，或者用笔勾画出来；指导学生采用制作小卡片、建立剪贴簿等多种形式进行收藏，便于查阅、选择，并将其作为自己所需的有关信息；指导学生摘记文章的题目、作者、书刊名称等有关信息，以便今后进一步查阅；指导学生对信息进行分类摘记，对获得的大量信息进行排序、编码、建立索引等存贮处理，使摘录的信息资料系统化、简明化，便于查阅。这样的训练对提高学生的信息处理能力有一定的效果。而对于学生收集来的实物性材料则要另做处理。例如，引导学生观察，收集各种各样的叶子，为了更好地利用与保留，把叶子制成标本或叶画。对于不宜长期保留的材料，还可以把它拍成照片留作纪念。通过对信息资料的整理，学生不仅增长了许多课内外的知识，还锻炼了实际动手操作的能力，身心得到了全面的发展，促进了自身素质的提高。

3. 引导学生利用社会资源

有的主题课程内容需要进行实地考察，我们就组织学生走入社会大课堂进行信息收集和学习。例如，"多彩的春天"主题课程，我们就带着学生走进公园、走进社区观察春天的特点；"游走北京中轴线"主题课程，我们把学生分成若干学习小组，对北京中轴线上的古老建筑进行了解；"欢欢喜喜过春节""情满中秋"等有关传统节日的主题课程，我们就让学生在家长的陪伴下逛庙会、赏明月，学习中国传统文化。在这些主题课程的学习过程中，学生会收集有关的图片、视频等资料，进行下一步的探究和学习。

4. 教师对学生收集信息资料的过程要做一个引导性的评价

教师要说说哪些学生在哪些方面做得好，哪些方面是大家需要努力的方向。因为有具体的事例，学生理解起来就容易多了。通过不断回顾信息运用的过程，通过具体的分析、查找，学生的信息素养提高得很快。课堂教学的时间是有限的，学生的学习空间是狭窄的，而学生的课外学习与活动的时间充裕、内容广泛。现代教育观认为课堂教学不仅要提高课堂教学效率，而且要将课堂教学向课外实践延伸与发展。因此，布置学生课外实践活动，需要求学生运用所学知识和收集、处理信息的方法，去阅读、收集和处理信息，并主动与同学交流。

小学生收集和处理信息的能力培养，不是一蹴而就的，而是要求教师能结合课堂教学内容有机渗透、逐步培养，从而使学生养成良好的收集与处理信息的习惯，以适应日新月异的现代社会的发展需要。但如何进一步优化、整合现代教育媒体资源，开发良好的学习环境，探索出新的教学模式，以适应新课程标准的要求，使学生在主动探索、自主学习的过程中，提高和发展自己的信息获取、再加工的能力，如何全面系统地培养学生的信息素养，还有待我们不断研究、不断探索。

二、育人目标落实学术启蒙

陶行知先生说过，真正的教育是心心相印的活动，唯独从心里发出来的，才能打到心的深处。从这句话中，我们不难领会，离开了情感，一切教育都无从谈起。怎样才能使教育的过程成为师生情理互动的愉快过程，进而收到良好的效果呢？其中最重要的一条原则是进行尊重教育，即一方面教师在教育学生时要尊重学生，另一方面也要使学生理解尊重。如何让学生提出的问题更加深入，向"我要成为这样的人"精准提问，问出结构、问出主题、问出素养？

(一)解读育人目标的意义

尊重是我校教育的核心理念，包含尊重人人、尊重环境、尊重文化、尊重规律。课程是实现育人目标的载体，课程建设的起点是核心理念与育人目标。

1. 尊重人人

学生是祖国的花朵，是国家的希望。一个人的身体健康很重要，学会健康生活，拥有健康的心理是对自己最起码的尊重。对学生进行尊重自己的教育是全面贯彻教育方针，对学生实施素质教育的重要内容。教师不但要教会学生学会学习，还要教会学生健康生活，为学生成为"四有"新人打下坚实的基础。

在如今社交生活中，人只有尊重他人，才能够被他人尊重，才能够在社会上立足。对于学生其实也是一样的，只有让学生学会尊重他人，才能够获得他人的尊重，才能够正视他人的意见，才能接受他人的教育。如果不尊重他人，就不会获得他人的尊重和友谊，也就不会获得他人的指点和建议。

2. 尊重环境

主题课程中开展尊重环境的教育是以跨学科活动为特征，以唤起学生的环境意识，使他们理解人类与环境的相互关系，发展解决环境问题的技能，树立正确的环境价值观。通过课程的学习实现保护环境的目标，证明环境价值，培养学生具有理解和评价人、文化及其同环境之间的相互关系所必需的技能和态度。提高学生的环境意识水平，使学生把握环境与其自身生存、发展的关系，培养其环境责任感。尊重环境教育既是一种价值教育，又是一种终身教育，符合可持续发展战略的要求。人类要正常地生存和发展，必须热爱自然、尊重自然、遵循自然规律，与自然界融为一体，并有效地计划和控制自身的活动行为，实现人与自然的和谐共存和共同发展。加强环境教育，提高学生的环境意识，使学生正确认识环境及环境问题，形成新的价值观念和新的行为准则，并使自己的行为与环境相协调，自觉地参与保护环境的活动。

3. 尊重文化

中国自古以来就有重视未成年人启蒙教育的优良传统，启蒙教育思想极为丰富。继承这一笔可贵的遗产，对现阶段我们中小学生的教育，尤其是道德品质的养成大有裨益。《颜氏家训》提出"当及婴稚，识人颜色，知人喜怒，便加教诲"，原因是"人生小幼，精神专利，长大以后，思虑散逸，固须早教，勿失机也"。只有"教妇初来，教儿婴孩"，才可以收到事半功倍的效果。所有这些传统文化都说明了启蒙教育的重要性，而中小学阶段正是启蒙教育的重要时期。加强中华优秀传统文化教育，有助于中国特色社会主义理论体系与时俱进、长葆活力。

尊重文化多样性是发展本民族文化的内在要求。民族文化起着维系社会生活、维持社会稳定的重要作用，是维系民族生存和发展的精神根基和精神纽带。尊重文化多样性是实现世界文化繁荣的必然要求。基础教育课程中有很多关于世界各国、各民族文化知识的学习内容，但知识的学习，并不能很好地让学生形成尊重文化多样性的价值观，原因在于我们很容易把价值观念的教育理解成文化知识的学习，而忽视了理解、尊重价值观的培养。文化多样性是世界文化的一个客观属性。尊重文化多样性作为人们对待世界文化的一种主观态度，对人类社会的可持续发展具有重要意义。

4. 尊重规律

有学生问："为什么'法'字和水没有关系，偏旁部是三点水？"教师告诉学生："三点水代表水，是代表大自然，大自然中的水都遵循水往低处流的规律，右边的去字代表人走出家门，告诉我们人走出家门也要遵守规则。"我校尊重规律这一内容中就包含着尊重自然规律和尊重社会规律两方面的内容。教师引导学生尊重自然规律，让学生看见大自然物种间的这种完美关系，引发学生正面思考，让其明白"己欲立而立人，己欲达而达人"的道理。"不以规矩，不能成方圆。"规矩给我们创造了幸福，是一种可以被自己和他人共享的幸福，于是，尊重社会规律就是尊重自我享受幸福的权利。尊重规律，是植根于内心的一种修养；尊重规律，是无须别人提醒的一种自觉；尊重规律，是以约束自我为前提的自由；尊重规律，是时刻为别人着想的一种善良。从小教育学生尊重社会公德，使之养成良好的道德品质和行为习惯，对于学生将来自立于社会，成为一个有益于社会、心地纯洁和善良的公民，有着十分重要的意义。

(二)落实育人目标的方法

把党的十八大和十八届三中全会关于立德树人的要求落到实处，充分发挥课程在人才培养中的核心作用，进一步提升综合育人水平，更好地促进各级各类学校学生全面发展、健康成长。新时代的到来对课堂教育提出了更高的要求与标准。为适应当前社会的发展且利于学生的健康成长，在素质教育方针的指导下，实现新课程育人目标是大势所趋。主题课程的学习紧随社会发展步伐，与时俱进，着眼于学生的身心发展，为实现学校的育人目标保驾护航。

1.精心设计课程，探究育人目标

以尊重为主题的主题课程追求我校育人目标，使学生成为尊重人人、尊重环境、尊重文化、尊重规律的阳光健康的人，为学生健全的人格发展、良好的学习能力铺垫基石。每个学期初，我们会围绕我校的四大尊重教育理念，组织教研组认真研讨，挖掘教材中的内容，精心设计每个学期的主题课程。例如，在尊重人人方面，我们开展"游走北京中轴线""龙文化"等主题课程，让学生了解更多的人文历史，在课程学习和实践中学会与人坦诚交往，友善沟通；在尊重环境方面，我们开展"垃圾分类""科技生活"等主题课程，培养学生的现代环保意识，提高学生的素质，增强学生的实践能力；在尊重文化方面，我们开展"欢欢喜喜过春节""探究端午节""情满中秋"等主题课程，让学生在学习课程中更加深入地了解祖国的传统节日文化；在尊重规律方面，我们开展"多彩的春天""美丽的秋天"等主题课程，让学生在学习课程中，了解大自然的规律，激发学生热爱大自然的情感。

2. 学科有效融合，多元体现育人目标

主题课程是围绕一个主题跨学科的学习。跨学科的学习，能够使学生理解多个学科的知识体系和认知方法，并对它们加以整合，从而产生新的理解。随着知识与信息的迅猛增加，未来的人才必须能整合各学科的观点，以便理解复杂的问题和想法。

因此，我们在每个学期开展主题课程学习时，各学科教师都会根据课程学习的内容，精心组建多学科学习小组，使学习效果最大化。例如，在学习"欢欢喜喜过端午""情满中秋"这些传统节日主题课程时，我们集语文、美术、音乐、体育、科学等学科共同开展学习。在语文课上，我们学习描写端午节、中秋节的古诗；在美术课上，我们进行诗配画的创作；在音乐课上，我们演唱《爷爷为我打月饼》；在体育课上，我们模仿赛龙舟，开展小竞赛；在科学课上，我们探究月亮的阴晴圆缺。这种主题课程中多学科的学习，培养了学生的能力，如批判性的思考能力，解决问题的能力，利用图书馆和信息的能力，艺术表现的能力。跨学科课程的学习，使学生学会比较不同的学科和理论观点，理解综合的力量，学会使用对比方法，阐明一个或一系列问题，进行综合化的学习。

3. 争取家长支持，完善育人目标

我们开展的主题课程，很多都需要查阅资料或进行社会实践活动等，这些都需要家长的全力支持。在跨学科教学中，我们很关注来自家长方面的反馈。从某种程度上，家长也是我们跨学科教学的参与者。例如，在开展"游走北京中轴线"的主题课程学习中，要了解中轴线上的六个地方，分别是永定门、前门、天安门、景山、钟鼓楼、奥林匹克森林公园。教师无法参与所有小组的探究学习，我们就把一个班级的学生分成了六个小组，由家长组织、策划、带领学生进行实地探究学习，效果非常好。从与家长沟通的过程中，我们发现大部分家长对于这种丰富的学习方式表示认同，对于这种学习方式尤为赞赏，他们认为主题的选择与学习对于学生世界观的形成是具有积极的引导意义的。多元的学习途径不仅丰富了学生的知识学习，而且为学生的社交技能和团队技能提供了具体发展的平台，是真正关注到了学生发展的一种学习。

第二节　实践探究阶段的学术启蒙

课程是每一个学生生长与发展必要的"养分"，是实现教育本质的有效载体。我校的主题课程侧重发现问题、提出问题，侧重实践探究、解决问题，在此过程中深化学生的认知水平，提升学生的综合能力，培养学生健全的人格。

一、实践探究阶段学术表征

目前我校已经开发创生了四个领域分年级的七十多门主题课程。通过学生感兴趣的不同主题的实践探究，落实儿童学术启蒙，即每人都要经历"提出问题—实践研究—研究结论—研究成果"这个完整的学术研究过程，并在整个过程中获取知识、提升综合能力。

(一)证据意识培养

一切科学的结论，都要有事实作为支撑。我们对学生进行学术启蒙的重要一点就是让他们意识到事实的力量和必要性。整个实践探究的过程要给他们种下用事实说话的种子，那么他们对得到的结论也会有特别深刻的印象。

基于问题的实践探究对于学生证据意识的培养很有益处。学生要在解决问题的过程中寻找证据、尊重证据、解释证据，并形成自己的结论，这样就有意识地将证据和结论联系起来，通过对证据的分析及推理得出结论。这样的实践研究培养了学生对证据的重视，使其形成了证据意识，以及实事求是的科学精神。

例如，低年级"寻找春天"主题课程，学生在"春天在哪里"这一问题的引领下，从不同角度出发去探寻春天。"探寻"就需要去寻找、去探秘，学生强烈的好奇心就可以得到满足。教师会指导学生带上纸、笔，用明亮的眼睛、灵敏的耳朵、敏锐的肌肤……到校园里、公园里，到大自然中去寻找春天，并用照片、文字、图画、视频等多种方式记录下自己找到的春天。

在主题汇报中，学生用自己青涩而又热情、稚嫩而又多彩的汇报完美地诠释了"寻找春天"主题精神，下面记录了几个小组的汇报。

我们小组在古人的诗韵里找到了春天。《咏柳》《春晓》……从这些古诗中，我们了解到春天是花红柳绿、生机勃勃的季节。

我们小组在歌曲里找到了春天。请听我们的演唱：《春天在哪里》《找春天》《春天到》。从这些歌曲中，我们感受到春风、春叶、春花、春草、春阳带给小朋友的快乐！（学生在教师的指导下运用了独唱、小合唱、表演唱等不同形式展示了探究的过程。）

我们小组在公园里找到了春天。通过仔细观察，我们发现小草从土里钻出了嫩芽，小小的、绿绿的，而且土地变得又软又湿润，不像冬天那样硬硬的；柳树的枝条变得柔软了，而且上面也长出了小小的柳芽。所以说春天万物开始复苏、生长，带给人们惊喜和希望。

还有的小组在家长的帮助下录制了视频，反映了春天里人们服饰的变化：换下了厚重的棉衣，换上了色彩斑斓的春装。各个小组积累的图片、照片、音乐、视频及文字描述，都成为支撑他们表达对春天的感受的证据。

又如，高年级"关于赛龙舟文化的研究"主题课程，在提出问题阶段，学生比较感兴趣的是："为什么大家都认为赛龙舟是祭奠屈原的？""赛龙舟体现了什么精神？我们怎么传承？"在调研采访阶段，学生通过网络搜索、实地调研进一步收集信息，进入实践研究阶段。他们从赛龙舟的起源、发展以及现代赛龙舟与体育精神三方面做了深入阐释。在研究结论部分，学生写下了"赛龙舟除了祭奠屈原，还祭水神、祭龙神，它起源于战国时期……"内容。

陶行知先生说过，生活的内容就是教育的内容。主题课程从学生的生活出发，提取学生感兴趣的研究问题，开展实证研究。在小学低年级，更多的是一种证据意识和方法的渗透与浸润。到了小学高年级，证据意识的培养会涉及收集证据的科学性与合理性等。无论哪个阶段，证据意识都包含着对事实的尊重，对结论的谨慎等实事求是的科学态度。

(二)方法意识培养

通过主题课程进行儿童学术启蒙，主要是组织学生经历问题研究的过程，在解决问题的过程中指导学生运用科学、适当的方法获得研究资料，做到论据充分，论证严密。

小学生做主题研究一般常用的方法包括阅读书籍、查阅文献，收集书面资料；实地考察、调查、采访，获得直接研究材料。

例如，低年级小学生做"寻找春天"主题研究，有的小组通过阅读语文课本及课外材料，查找有关春天的诗词或歌曲。有的小组则通过实地考察，到校园里、公园里，到大自然中细致观察，搜寻春天的足迹并借助照相机、摄像机等工具及时将观察所得记录下来。

而高年级"关于赛龙舟文化的研究"主题课程，学生则更多地通过网络搜索，运用文献研究法收集信息，在前人研究的基础上进行研究。

在开展"游走北京中轴线"主题课程时，学生在文献研究的基础上，还运用了实地调研、走访专家等方法获得研究资料。

二、基于实践探究的学术启蒙

学生是未来的社会成员，必须具备社会人的主体性，这种主体性体现在个体要融入群体之中，并为社会贡献自己的力量。

主题课程的学习很多时候需要进行小组合作学习。学生在小组之中相互适应，通过适应这个小集体，逐步过渡到适应大集体，从而培养社会适应性。

（一）小组合作学习的方法

小组合作学习是以合作学习小组为基本形式，系统利用小组中动态因素之间的互动，促进学生的学习，以团体的成绩为评价标准，共同达到学习目标的学习活动。小组合作学习因其灵活的分层模式、明确的角色与责任、引人入胜的互动模式深受学生喜欢。

1. 小组合作学习的机制建立

我校在 2015 年提出小组合作学习这种学习模式，在开始实施时，我们首先做的是在各个班级建立小组合作学习的机制。

（1）组织机构

各班成立 2～4 人的合作小组若干个，注意强弱搭配，选出小组组长。

（2）小组分工职责要求

组长职责：

管理学具，包括发放、收取及其使用过程中的保护指导；

组织讨论、安排汇报，做到分工合理；

组织小组内成员的相互检查和帮扶；

对小组合作学习的学习过程和学习结果负责。

组员职责：

服从小组组长的安排，积极参与组内学习活动；

接受小组内成员的指导和帮助，帮扶其他同伴；

对小组合作学习提出建议。

小组合作学习的基本流程：

组长明确要研究的问题；

组长依据任务进行分工，组员依据自己的特长自领任务；

组员之间相互配合，共同完成合作学习的任务；

组长安排小组汇报的方式方法；

发言人表达不完善的地方其他组员负责补充或更正。

2. 小组合作学习的模式建立

建立了小组合作学习的机制之后，如何指导学生进行小组合作学习呢？小组合作学习都有哪些模式呢？为了解决教师的这些困惑，学校请来专家对教师进行培训。开始阶段，我们主要学习并运用了五种模式。

(1)循环作答(两个随机的人组成一个学习小组)

要求：两个人轮流说答案，一人说，一人听。A 给 B 说，B 要对 A 有回应。说得对，大拇指向上；说得不对，大拇指向下。答案含糊，拇指横着放。

训练要点：学会倾听。

(2)限时分享

要求：A、B 两人一组，在规定时间内先独立思考，再互相分享交流。一人说，一人听。听完要先重复对方的意思，而后再添加自己的想法。例如，通过你的分享，我想到了……

训练要点：学会有礼貌地倾听，学会复述，学会欣赏别人的想法。

(3)三步采访法(有组织地进行头脑风暴)

要求：四人小组，两两分享(分享即可，无须讨论)。

A 和 B 分享，C 和 D 分享；

A 和 C 分享，B 和 D 分享；

B 和 A 分享，D 和 C 分享。

四人答案汇总。

训练要点：学会负责任地倾听，学习快速汇总。

(4)谜题交易

要求：任意两两组合，互相出题，随机击掌找同伴，一方说出答案后，如果不正确，另一方要给予指导。

训练要点：对同伴进行指导。

(5)聚头磋商(适合有一个明确答案的题目，或开放性讨论)

要求：四人一组。教师先给一段时间，学生将自己独立思考的答案写在纸上。然后四人起立，把头聚在一起，分别说出自己的答案和自己的想法，确保四人都能懂。需要小声一些，不要被其他组的同学听到。

完成的小组坐下，把答案擦掉。教师随机点名，如我请 B 同学起立，这一个人要说出小组内 A、B、C、D 四人的想法，其他小组成员同意做一个手势，不同意做一个手势。这个组分享后，全班鼓掌，表示鼓励。

训练要点：学会互相学习。

在这五种合作学习模式的引领下，教师带领学生在学科教学的课堂上、在主题课程的课堂上进行操作，学生在不同的合作学习模式中接受不同能力的训练，合作、共享、共赢这种意识也逐渐形成。

3. 小组合作学习的评价反思

小组合作学习的一个显著特征就是合作伙伴之间相互帮助、相互支持。信息的交流主要是在学生之间发生的，学习任务的完成通常也是在学生之间相互磋商的基础上实现的。小组合作学习有助于培养学生平等、尊重他人的意识；有助于学生相互启发、优势互补，解决个体无法解决的疑难问题；有助于学生的积极的自我意识形成和社会化发展。因此，教师要发挥评价的导向功能，关注在合作学习过程中学生的个人表现，如在小组合作中的参与度以及是否完成自己负责的工作，能否提出有建设性的意见等。对个体进行及时、有针对性的评价有利于发挥学生的主观能动性，激励学生积极参与到小组的合作中去。教师还要关注各小组的合作情况，如学生是否能够团结、互助、互补，是否在合作中有创新。对小组合作学习的评价利于培养学生的集体荣誉感，增强合作小组的凝聚力，使他们认识到良好的团队合作对取得成功的重要性。

为了保证小组合作学习的有效性，教师可以定期组织学生对小组成员在合作学习过程中的表现进行评价，一般可采用个人自评和小组互评的方式，其评价目的是促进小组成员之间更好的合作与交流，促进学生在合作学习中成长。

(二)思辨与质疑探究能力的培养

《礼记·中庸》："博学之，审问之，慎思之，明辨之，笃行之。"慎思与明辨强调的就是周密地思考，明晰地分辨，即思辨。思辨能力就是思考辨析的能力。所谓思考，指的是分析、推理、判断等思维活动；所谓辨析，指的是对事物的情况、类别、事理等的辨别分析。思辨是人类的一种高阶思维活动，正因为如此，法国哲学家柏格森曾说："行动是必需品，思辨是奢侈品。"

只有具有思辨能力的人，才能通过对事物或问题的分析、推理、评估，最终形成解决问题的决策。具备思辨能力，才能让自己成为一个真正独立、有价值判断的人。这本身是一种素养，也是一种良好的习惯，更是值得拥有一生的奢侈品。

对于学生而言，思辨能力不仅是对学科考试的题目能够思考，而且对各种问题和现象有自己的判断能力。思辨能力的培养，需要鼓励学生从小勇于怀疑、审视，让每一个人都能很自信地将自己的想法流利地表达出来。

学校设置的主题课程，倡导让学生自己设定题目、自己查找资料、自己分析问题、自己进行评价、自己预测可能的结果，对培养思辨能力很有益处。

1. 在倾听和阅读中提升思辨能力

一个人是否具有思辨能力，往往表现在与人交流时是否有自己的观点，是否人云亦云。想要拥有自己的观点，首先要能听懂别人的观点。在主题课程实施过程中，学生与学生之间会有很多地方需要沟通、交流。在调查采访时，学生还会和学校之外的人员打交道，能否顺畅地交流决定着访谈的质量。这一切的前提都需要学生具有一定的倾听能力，能迅速捕捉对方谈话中的要点进行思考、分析。日本教育学者佐藤学说："倾听远比发言更重要。"学生养成良好的倾听习惯和倾听能力是培养思辨能力的基础。

在主题课程实施过程中，学生需要在互联网上收集与研究主题相关的资料，需要阅读相关的书籍，吸收大量信息。只有具备一定的阅读能力才能快速、准确地处理信息，查阅到自己需要的资料。处理信息就意味着对信息的理解、分析、评估、判断，这个过程就是思辨的过程。

2. 在质疑和表达中提升思辨能力

质疑的关键在于培养学生发现问题、思考问题、解决问题的能力，利于学生独立人格和创造性思维的形成，教师要充分认识质疑的价值所在。"学贵有疑，小疑则小进，大疑则大进。"学生质疑，说明他在认识、在思考、在判断、在创造，思辨就在其中。如果学生不敢问为什么，其实也就不知道对不对，不知道对不对就不可能进行新的探索。

学生一系列思维的产物需要通过表达展现出来，因此我们可以通过表达来评估学生是否调动了理性思维，而不是一味地发表感性的观点。培养学生有理有据地表达可以采用"给模式练语言"的方法，即给学生一种语言模式，如"我的观点是……理由是一……二……三……"，或者"我不太同意×××的观点，因为一……二……三……"。在这种语言模式下，学生需要通过倾听，明确对方表达的主要内容。然后通过自己的思考和分析，明确自己是否认同。再为自己的观点寻找证据以及组织具有一定逻辑的语言进行论证。处于学术启蒙阶段的论证也许不会那么严密，但是学生需要经历整个思辨的过程，并在这个过程中发展思辨能力。教师在倾听学生的表达时，要发挥组织和指导的作用，启发学生从多重维度思考问题，尊重不同意见。

第三节　反思提升阶段的学术启蒙

反思提升阶段是主题课程实施的第三个阶段，此阶段的主要任务是引领学生从前期收集的众多资料中筛选出自己小组最终要向全班展示的内容，通过小组成员协商，整理制作出自己小组的学习成果与大家分享。首先，学生需要读懂自己收集到的素材，并能与小组成员汇报自己收集到的学习资料；其次，组长引领大家将小组成员的所有资料进行分类、整理，筛选出自己小组感兴趣的话题；最后，选择一种方式整理完成学习成果。整个过程渗透着学术启蒙教育，能培养学生的学术意识。

一、反思提升阶段学术表征

本阶段主要体现了关联意识和逻辑意识的培养，体现了深度学习。本阶段要求学生先将自己收集到的资料进行整理，然后向小组成员介绍，待小组成员都完成介绍后，组长带领小组成员找到各自学习成果中的关联点和规律，进行知识的重组、关联，最后梳理、创造出小组成员的学习成果。这样就培养了学生主动学习、多维学习和跨学科学习的意识。

(一)关联意识

由于学生在学校所学的科目有限，各门学科的知识容量也有限，学生学习内容和活动也是因为学科学习被人为割裂，这样既增加了负担，又造成学习实践拓展因为时间问题而浅尝辄止。为了克服由于各学科彼此独立对个体施加影响所造成的知识割裂，让学生眼中的世界更完整、客观、真实，提高教学效率，促进学生整体知识学习的深化和拓展，在确保国家课程和地方基础课程实施的基础上，我校建立了一套基于尊重理念主题式、综合性、探究型的课程——主题课程。主题课程超出了学科间的界限，使得各学科通过主题的形式成为有机的整体。

主题课程的教学是以建构主义学习理论和多元智能理论为指导的，它关注学生的个体差异及自主建构性。主题课程教学倡导学科之间的整合，通过以多学科、跨学科的教学形式围绕某些主题来展开教学活动，促进学生素质的全面发展。

(二)逻辑意识

"逻辑"源自希腊语"logos"，有"思想""思维""理性""言语"等含义。1902年，严复将其意译为"名学"，音译为"逻辑"。

逻辑指人的整体思维(包括抽象思维与具象思维)，逻辑就是思维的规律和规则，是对思维过程的抽象。

依据学校的课程目标体系，在充分梳理各学科教材的基础上，我们以国家课程科学、品德与社会(生活)、综合实践活动、语文、美术等为主体，从地方课程环境教育、安全教育、民族团结等相关内容，找出活动性、体验性、探究性强的内容，将各学科中内容相关、相似的章节和带有普遍联系的内容抽取出来，归类到一起，进行教学资源重整。

在教学资源进行重整后，教师充分调研学生现实问题与需求，并根据内容特点命名一个主题研究方向，然后根据学生年龄特征，合理编排，统筹设计，通过删减、融合、增补、重组，形成以自主性、体验性、开放性、生成性为主要特征的研究主题。

二、基于方法应用的学术启蒙

学校一直倡导尊重学生的成长规律和学习规律，以多种多样的学习方式提升学生学术素养。新课程改革要求改变旧的教学方式，选择能够激发学生学习兴趣、适合学生参与活动、培养学生综合能力的学习方式。学习方式的变革是学术启蒙教育的重要手段，目前，我校采用的是以学生为主体的学习方式。例如，体验式学习、问题解决式学习、探究式学习以及小组合作学习，这些学习方式都可以激发学生的学习兴趣，调动学生学习的积极性，提升学生的综合素养。

(一)运用体验式学习，启蒙儿童学术素养

体验是指亲身经历，实地领会，通过亲身实践所获得的经验。体验学习的思想来自杜威的"经验学习"。体验学习是人最基本的学习形式，是要经过"做"来实现目标，指人在实践活动过程中，通过反复观察、实践、练习，对情感、行为、事物的内省体验，最终认识某些知识，掌握某些技能，养成某些行为习惯，乃至形成某些情感、态度、价值观的过程。但是体验式学习不仅包括身体力行，而且包括脑部的思考。

皮亚杰的建构主义是一种关于知识和学习的理论，强调学习者的主动性，认为学习是学习者基于原有的知识经验生成意义、建构理解的过

程。建构主义理论认为世界是客观的，而这一过程常常是在社会文化互动中完成的。但是，每个人对世界的理解都是不同的，因为每个人都是以自己的经验为基础来建构对现实世界的认识的。儿童的认知结构就是通过同化与顺应的过程逐步建构起来的，并在平衡—不平衡—新的平衡的循环中得到不断的丰富、提高和发展。因此，学习者在原有经验的基础上，主动、积极地对外部信息进行选择与加工，通过新旧知识经验之间反复、双向的互动过程来获取、建构新知识体系。

1. 创设情境，引导学生体验

情境认知理论是继行为主义"刺激—反应"学习理论与认知心理学的"信息加工"学习理论后，与建构主义大约同时出现的又一个重要的研究方向。情境认知理论是认知学习理论的重要组成部分。情境认知理论认为，学习不仅仅是简单的个体思维过程，学习的设计要以学习者为主体，学习内容与活动的安排要与人类社会的具体实践相联通，最好在真实的情境中，通过类似人类实践的方式来组织教学，把知识和获得与学习者的发展等统合在一起。这样，有效的、自然的学习就会在学习者所处的或是积极参与的情境中发生。

教师可以通过实物、现实的问题、趣味资料、游戏、音乐、生动的语言等手段，创设和谐、愉悦的学习氛围，架起学生已知经验、情感与学习之间的桥梁，激发学生的学习情感，唤起学生参与的欲望；通过创设亲身体验、模拟体验、案例学习、故事分享等，引导学生体验。

2. 有效引导，促进学生体验

教师要引导学生自己提出探究的问题，师生共同商量出解答疑问的方法，而问题的答案是学生在已知经验的触碰下，通过小组活动、集体讨论等方式，促使自己积极思考，共同合作探讨出来的。只有在相互的质疑、辩证中逐渐完成知识的建构，学生才能形成正确的科学认识。

3. 总结梳理，深化学生体验

建构过程是不断发现和创新的过程。当我们充分利用学生的好奇心、表现欲望和创新潜能，让学生自主参与实践活动时，学生就会根据自己的需要和意愿进行不同形式和不同方面的体验、领悟与创新性学习，就能获得直接经验与成功感，学生的主体性和个性就能获得充分的发展。

(二)问题解决式学习

问题解决式学习是为学习者提出重要的、有背景的、真实世界的问题，帮助他们掌握内容知识并发展问题解决的技巧。[①] 问题解决式学习模式依据教学内容和要求，由师生共同创设问题情境，以问题的发现、探究和解决来激发学生的求知欲望和主体意识，培养学生的实践和创新能力。

1. 理论支撑

(1)建构主义学习理论

建构主义认为，知识是学习者处于一定的情境(社会文化背景)下，通过他人的协助，利用一定的学习资源获得的。建构主义以皮亚杰和乔纳森为代表，皮亚杰在认知理论上提出了建构主义的观点，乔纳森提出建构主义学生观、教师观、学习观、教学观。问题解决学习环境需要学习者在真实的问题情境中进行小组协作、组织对话，完成知识的建构，从而使学习者在学习过程中掌握问题解决的方法。

(2)人本主义学习理论

人本主义学习理论以学习者自主的积极参与及个体投入为特征，是个体自发、自觉与自主的学习。人本主义学习理论强调学习者处于中心地位，罗杰斯的学习理念最具现实教学意义。人本主义学习理论中，让学生自由学习是核心。人本主义的学习理论特点是重视学习过程情感因素的方面，这些思想对建构主义产生一定影响，为问题解决教学模式提供了理论依据。

(3)认知—发现学习理论

布鲁纳强调学习是一种积极的认知过程。布鲁纳提出的"发现"包括

---

① 高文：《教学模式论》，222～223 页，上海，上海教育出版社，2002。

人类还未发现的事物，强调学生自己独立思考，思索教材的结构、教材结论的过程。发现学习与问题解决具有很大的联系，就是学生能够自主思考与理解科学知识的过程。

（4）认知结构学习理论

每个人的学习都是以他原有的认知结构为基础的。关于什么是认知结构，概括地说，布鲁纳认为认知结构指由个体过去对外界事物进行感知、归类的一般方式或经验所组成的观念结构，它可以给经验中的规律以意义与组织并形成一个模式。在一个人学习的历程中，他并不是把各种概念、事实信息等简单地堆积在自己的记忆中，各种知识之间是充满纵横交错的联系的，是一个动态的结构。① 人所具有的知识结构是人获得和理解新知识的基础框架，也是人进行联想、推理和思维活动的基础。通过人们自己经历知识发现的过程来获取知识、发展探究能力的学习方式，它所强调的是学生的主动探究过程，而不是现成知识。

2. 模式解读

问题解决式学习以问题为核心，在问题的发现、分析和解决过程中激发学生的求知欲望和主体意识。以道德与法治学科为例，因其学科特点，更强调师生合作创设问题情境，在问题的引导下，学生收集资料、素材，深思酝酿，提出假设，引发争论，进行批判性思考和实践探究，得出结论，使思维不断得以发展和升华。其建构模式分为三个阶段。

（1）提出问题

在这一阶段，教师应充分利用环境、技术等资源，激发学生学习兴趣的同时捕捉情境与材料中的矛盾点，积极创设认知冲突（教师可以借助典型案例，也可以根据任教班级学生的实际情况或者结合当前社会的热点话题制作个性化资源），引导学生发现问题，并在师生充分质疑的基础上，引导学生对问题进行梳理、分类等先期干预，明确关键问题。

---

① 陈琳、陈耀华、乔灿等：《教育领域综合改革开局之年我国教育信息化新发展——2014 年中国教育信息化十大新闻解读》，载《中国电化教育》，2015（1）。

（2）分析问题

这是问题解决式学习中最具张力的阶段，应充分体现学生研究的自主性与参与的充分性。在这一阶段，教师依据学生原有认知和已收集的资料，补充提供相应的资料，亦可借助年代尺、地图、法律法规的条文等道德与法治学科的知识建模（探索）工具，结合典型案例和生活经验让学生进行充分的自主探究，并在此基础上根据学生的兴趣和能力，进行异质分组（可以利用设备优势组建虚拟学习空间，及时讨论、分享、自我干预与调整）[1]，并及时融入，适时干预，引导、补充个性化的典型案例和资源[2]，引导学生探寻问题解决的方法，形成问题解决的方案，并及时交流汇报，形成物化学习成果。

（3）解决问题

作为问题解决式学习的最后一个阶段，本阶段强调教师进一步利用设备优势，将个体、个性化或小组方案推送分享，指导学生的表述，并及时点评、归纳提升，使其方案或解释尽量严谨、科学。此外，还应注意在此阶段不要急于追求问题的解决，忽略新问题或质疑点。

第四节　总结创新阶段的学术启蒙

总结创新阶段是主题课程实施的第四个阶段，此阶段的主要任务是学生以小组为单位展示自己小组的学习成果，在展示交流后，学生进行互动，倾听的学生可以向展示小组进行合理的质疑与批判，展示小组的成员进行解答，最后，可以通过评审组对展示小组的学习成果进行质疑并给出评价，形成结题答辩。在此过程中，学术启蒙教育渗透其中，学生的学术意识得到了培养。

---

①　何克抗：《信息技术与课程深层次整合的理论与方法》，载《电化教育研究》，2005(1)。

②　占正奎、杨少棠：《电子书包的特征及功能需求》，载《中国教育信息化》，2012(14)。

一、总结创新阶段学术表征

本阶段主要体现了事实意识和学术品质的培养，要求学生在介绍自己小组学习成果的时候要有理有据，不但要说清观点还要讲明原因，在研究主题时要有打破砂锅问到底的决心，这样就能使学生初步形成学术意识。在结题答辩中，教师引导学生创新思维，激发他们的好奇心理，通过质疑引导他们对主题学习的长时间关注。

(一)事实意识

事实是事情的真实情况，包括事物、事件、事态。

例如，《韩非子·存韩》说："听奸臣之浮说，不权事实。"《史记·老子韩非列传》说："《畏累虚》《亢桑子》之属，皆空语，无事实。"鲁迅在《安贫乐道法》中说："事实是毫无情面的东西，它能将空言打得粉碎。"

主题课程的实施从发现真实问题入手，以学生多元发展为起点，创设一个真实情境，创造多种展现各种智能的机会，激发学生潜在的智能，充分发展每个学生的个性，引领学生围绕自主发现的问题进行探究，使他们在解决问题中不断超越自我、不断成长，从而促进学生全面而有个性的发展。

在主题课程的实施过程中，从主题的确定到课程的实施均以学生为主体。从学生的生活入手，从学生的困惑出发，创设真实情境；围绕主题开展实践，通过实践不断产生问题，充分调动学生的主动性，探究解决问题。课程的实施路径以学生为主体，凸显综合性和探究性。

例如，在"走近北京文化名人——老舍"主题课程中，前期，学生大量阅读老舍先生的经典作品，在经历开题论证会后，学生带着问题多次走进老舍故居——丹柿小院、前门老舍茶馆，进行实地参观和采访。在此过程中，我校还有幸请到了老舍先生的长女舒济走进我校，为学生解答疑惑，讲述了很多大家不知道的故事。

历经了这样一个长期的实践探究过程后，学生在班级进行了主题活动的阶段总结汇报。他们通过整理大量资料，以 PPT 和讲述的方式进行了实践活动的汇报，内容丰富且深入，情感真挚且投入，打动了在场的每一个教师。

之后教师又以一节精彩的语文课《养花》，给学生提供了一个厚积薄发、绽放精彩的平台。教师带领学生在咬文嚼字中品味老舍先生的生活情趣，学生结合实践活动中对老舍先生的了解，把老舍先生养花过程中的喜和忧说得头头是道。

学生的情感升华需要一个平台，在尊重学生兴趣的基础上，让学生自愿分成三个组，分别从"品京味生活、绘百姓人生""品京味语言、演经典话剧""品京味曲艺、赏京韵大鼓"三个不同方面体验老舍先生的京味人生。学生画得惟妙惟肖、唱得有滋有味、演得活灵活现，简直是视听觉全方位的享受。最后，在悠扬的音乐中，学生又把目光拓展到了其他北京文化名人上，沿着探究老舍先生的足迹，准备开始新的主题活动。

(二)学术品质

《史记·老子韩非列传》说申不害"学术以干韩昭侯"。《史记·张仪列传》说"学术，苏秦自以不及张仪"。张荣寰将学术界定为是对存在物及其规律的学科化论证。学术是指系统专门的学问，也是学习知识的一种，泛指高等教育和研究，是对存在物及其规律的学科化，也可以用来指"知识的累积"。随着社会发展，时日变迁，学术内容逐渐细化，各类专门的学术领域逐渐出现，研究内容也越来越有针对性。事实上，过往很多跨领域的研究变成了今天的专门领域，譬如认知科学。简言之，这就是学术内部分化的历史进程。

品质是指人的行为和作风所表现的思想、品性、认识等的本质。品质对于人来说不限于道德，还包括人的健康、能力、文化等因素。例如，老舍在《骆驼祥子》后记中提道："在书里，虽然我同情劳苦人民，敬爱他们的好品质，我可是没有给他们找到出路。"冯雪峰在《上饶集中营》中说："这种高贵的精神和品质，也是有着非常典型的表现的。"

203

针对学生未来发展，我们在主题课程实施过程中更加关注实践性与创新性设计，主题课程分为主题教学模块和实践模块。

首先，教师在调研学情、梳理教材基础上，初步做好学生问题方向预设，拟定预设指导提纲，公示研究方向与选题步骤。学生根据教师公示的研究方向与选题步骤结成研究小组，根据每位成员特点合理分工，根据教师公示的研究方向思考，收集相关资料进行内容梳理，用思维导图等形式呈现思考内容，用多种方式交流课前收集。教师从学生已有认知出发帮助他们厘清概念，指导学生根据资料从社会热点、个人兴趣等贴合自己的生活角度确定一两个研究问题，作为小组探究问题。围绕主题制订实践计划，设计问卷调查、采访提纲等实践准备工作。

其次，教师指导各小组学生针对实践目标开展实地探究，引导学生整理探究内容，提炼出与本课目标相关联的内容，学生在探究过程中发现问题，对照实践目标进行调整，细化素材的展示手段，划分出文字材料、视频、图片等，围绕实践准备阶段制订小组实践计划。教师在实践过程中注意收集、反馈学生实地探究情况，及时协调突发事件，根据实际情况进行有效指导，还可以聘请家长参与到各小组中协助探究，充分发挥家长作用，共同进行课程建设。

最后，学生通过多次实践后回到课堂，主题课程跨学科小组的教师进行跨学科教研，围绕课程目标指导学生进行资料交流与分享。在这个过程中，教师指导学生在全班资料交流汇总过程中发现重复性的资料，并进行筛选、删减，提炼有效信息，梳理形成多样化学习资源，用多种方式呈现成果。这为学生深入探究与学习奠定了基础，另外，学生的实践能力也得到了极大的提高。

二、主题课程与学生素养发展

课程改革要求发展学生的综合素养，而学生综合素养的发展要在主题课程中进行。在主题课程第四阶段，学生只有具有跨学科意识才能很好地展现自己小组的学习成果，只有具有跨学科意识才能提出高质量的问题。

(一)跨学科意识的养成

"跨学科"一词，其最初含义大致相当于"合作研究"。我国于 1985 年召开"交叉科学大会"，"交叉科学(或学科)"一词在科学界广为传播。早期，人们对交叉科学和跨学科基本不加区分。20 世纪 90 年代以后，有学者开始用"跨学科"一词代替"交叉科学"。跨学科研究是近来科学方法讨论的热点之一。跨学科的目的主要在于通过超越以往分门别类的研究方式，实现对问题的整合性研究。就其深刻性而言，跨学科研究本身也体现了当代科学探索的一种新范型。

跨学科研究的特点有四：第一，学科跨度加大、数目增加，非学科类内容日益增多，方式日趋复杂，界限越来越不明晰；第二，研究中自觉地组织化程度提高了，通过这种组织，不同的学科和领域的人们自觉地走到一起开展合作性的科学研究，学科封闭越来越没有市场和发展空间；第三，人文与社会科学成为跨学科研究的活跃领域，它们甚至大规模地向自然科学和技术进行反向渗透；第四，社会开始不断接纳跨学科研究的价值观。学校中各级各类的通识教育特别是人文素养和社会技能教育都在试图克服由于分科知识的单一化教育所带来的多种弊端，这展现了跨学科研究与发展的兴旺和社会影响。

(二)综合素养的形成

综合素养是指人具有的学识、才气、能力以及专业技术特长等综合条件，也称综合表现力。人的综合素养的全面提高是社会发展的一般要求和趋势，尤其是在知识经济社会中，提高人的综合素养尤为迫切。

综合素养大体包括身体素养、心理素养、外在素养、文化素养、专业素养。人在成长与发展过程中应该是全面的，任何一方面都不能有所偏失。从当今时代来看，我们的教育不但要关注学生的社会价值，而且应着重于学生的内在，如情感、创造力、想象力、同情心、好奇心等，尤其要注重自我价值的实现。蔡元培指出："教育是帮助被教育的人，给他能发展自己的能力，完成他的人格，于人类文化上能尽一分子的责任。"针对学生全面发展的需求及其身心发展规律，学校应该为学生提供一个完整且真实的情境，让学生在回归生活的过程中综合应用所学知识解决生活中的实际问题，从而在这一完整的过程中促进学生的全面发展，使之成为让生命的潜能得到自由、充分、全面、和谐、持续发展的"全人"。

第七章

学术启蒙与儿童素质发展

什么是素质教育呢？它是以促进学生身心发展为目的，以全面提高国民的思想道德，科学文化，劳动技术和身体、心理各项素质，培养能力，发展个性为目的的基础教育。当今教育界将学生各方面的素质发展作为关注的重点，将培养学生的核心素养作为教育的重要目标，让学生具备能够适应终身发展和社会发展需要的必备品格和关键能力，从而实现"万众创新"的美好未来。要达到这一目标就必须在基础教育阶段开展学术启蒙，改变传统的浅层次学习方式，关注学生的内在学习兴趣，引导他们主动求学、主动探究、主动释疑、主动究理，让他们在这一独立研究和思考的过程中有所感悟，有所发现，真正享受学习的过程，从而使其综合素质得到发展。

第一节　学术启蒙尊重儿童的素质发展

"顺木之天，以至其性"，意思是树木要想生长得好，最大的秘诀就是顺应树木的天性，让它尽兴生长。意大利教育学家蒙台梭利也充分肯定了儿童与生俱来的"内在潜力"，提出要让儿童自然发展，为儿童提供自由宽松的环境，促进其潜在力量的生长。[①] 随着教育理念的深入，中西方社会对儿童发展的认识也在不断深入和丰富，主张要尊重儿童自然发展规律，只有按照天性的规律整合儿童的自然属性和文化属性，进行适宜的教育，才能真正促进儿童健康成长。

一、呵护学术天性，促进儿童发展

当今社会，虽然一直倡导素质教育，但是人们追求卓越，渴望成功，急于让学生更早、更快地适应社会的需求，从而导致教育盲目化，甚至有些地区依然保留应试教育的模式，把教育当成一种简单的知识传授，学生在学习过程中是被动的、无目的性的，接受的过程也只是单纯的记忆和巩固，并不能真正在实际生活中运用所学知识。特别是中小学，因为学生尚小，对某些知识尚未接触过，教师就急于讲授，所以，学生很少进行知识的关联和重组，更不用说对知识的深度思考与创造了。这样长期以知识灌输为主的学习会直接导致学生学习能力低下，缺乏对知识的探究欲望，甚至产生厌学的情绪，无法适应当今社会对创新能力和综合素质的需要。

因此，挖掘根植于人内在的学术品质就迫在眉睫，从基础教育阶段开始进行儿童学术启蒙，激发属于儿童自身的潜能，保护儿童的学术天性，让儿童本身所具有的好奇心、探究欲和研究的心性得以施展，教育

---

① ［意］蒙台梭利：《蒙台梭利幼儿教育科学方法》，任代文主译校，10页，北京，人民教育出版社，1993。

209

才能从根本上转变，人的能力培养和创造力培养才能落地生根。

(一)尊重儿童的自然天性

教育的出发点是儿童的天性教育，教育倡导尊重儿童的自然天性，天性是儿童身上所具有的自然属性，是儿童的先天属性。天性的发展遵循着一定的自然法则，有其自身的规律性，它包括儿童先天所具有的主观愿望、好奇心、探究欲等自然生长的力量，而这种力量恰恰是我们学术研究所要具备的最优良和最基本的品质之一，可见，学术启蒙正是对儿童自然天性的保护和尊重。

儿童天性中的好奇心是儿童成长的原始动力，德国韦尔多协会认为："最基本的教育力量是自然本身。由于无限的空间和时间，孩子们得以发展情感的稳定性，集中注意力的能力和保持平衡的能力。"创设适宜的儿童教育要从儿童的个性需求和兴趣出发，儿童在环境中应该是主动的。学习习作例文《鲸》时，教师可以利用学生的兴趣，引导学生查阅鲸的相关资料，最终得出自己的"研究报告"。虽然这份报告不像学术论文一样专业，但学生在研究的经历中获得的是独立思考的过程和自我价值的实现。

好问是孩子的天性，也正是最初的想象力和求知欲的体现，我们需要精心爱护这一萌芽，尊重其最初的探究欲望，顺应自然天性，促使他们茁壮成长。

(二)整合儿童的自然天性与文化性

仅仅尊重儿童的自然天性来促进其成长是远远不够的，儿童是社会中的一员，他们不仅具有自然属性，而且具有文化属性。真正的教育应该在二者之间找到平衡点，将自然天性与文化性进行有机整合，这也正是对儿童学术天性的呵护与培养。儿童本身是未成熟的个体，他们需要在各种力量的帮助下不断成长，因而，教育对他们来说至关重要，但传统意义上只注重书本知识的学习远远不够，陶行知先生提出了"生活即教育""教学合一"的思想，主张让儿童去接触大自然和大社会，解放儿童的天性。陈鹤琴先生提出"活教育"的课程论和"大自然、大社会都是活教材"，提出书本上的知识，是间接的知识，真正的知识，应当从大自然中去追求，去探讨。[①] 陈鹤琴先生主张儿童教育要依托于大自然和大社会，并将其融为一体，让儿童在自然天性和文化性的促进下全面发展。

而学术启蒙正是对二者的有效整合。我们每学期都会开展主题课程探究实践，将跨学科知识进行整合建构，围绕一个主题让学生置身其中，让其充分发挥主观能动性去探索、去实践。比如，这学期我们开展的"龙文化"主题研究，围绕这一主题，全班学生进行探讨，寻找身边的"龙"，我们班的小主题定为"紫禁城中的龙文化"，学生分小组去实地考察，根据自己的兴趣点自行结合成小组，全班从"九龙壁中的龙""黄袍上的龙"和"故宫建筑上的龙"三大方向进行研究，教师在这一过程中引导学生如何去查阅资料，如何现场调研和探寻，学生学习兴趣非常浓厚，通过一个学期的研究，呈现出精彩纷呈的研究成果。这种将学习置身于社会大课堂中的措施极大地激发了学生的学习兴趣，促进了学生多种能力的发展，取得了事半功倍的教育效果。

儿童的自然天性是儿童成长的内在动力，是儿童教育的内在根基，文化性是建立在自然天性基础之上的适时引导，不断改变和调适自身，以使自身适合儿童天性的表达和成长的需要，使儿童发挥其最大潜能。

二、开展深度学习，提高儿童素质

目前，我国基础教育不断发展，核心素养教育理念已经成为教育行业的热点话题，成为促进现代教育发展的推动力。而核心素养的落地必然对教育和学习方式产生影响，它强调了从社会未来发展以及学生个人发展的角度开展教学活动的重要性。基础教育阶段对培养学生的综合能力具有非常重要的作用，具备解决问题的能力和获得思维的发展显得尤为重要。但目前我国的基础教育过于重视学生对知识的背记和理解，对于有难度的题目部分学生常知难而退，等待答案。长此以往，学生仅仅

---

① 《陈鹤琴全集》第 5 卷，57～58 页，南京，江苏教育出版社，2008。

掌握了浅层次的知识，真正的学习能力却未曾获得，这也会直接导致儿童素质培养成为一句空话。如果想改变这一现状，只有引导学生进入深度学习，深度与难度绝不一样，深度学习并不意味着难度的增加，它强调的是学习的关联性和深度的思考，其学习的表现为主动发现、主动探究、多维学习和跨学科学习，是基于分析、评价、创新的学习，也强调情感的投入和行为的投入，归根结底是真正学术品质的学习。而学习品质的培养不是一蹴而就的事情，需要从最基本的学术能力和研究能力出发来有针对性地培养。因此，目前基础教育阶段对学生深度学习能力的培养就显得至关重要且势在必行了。

(一)利用课堂提问，促进深度学习

学生的主要学习发生在课堂中，培养深度学习需要从教师的教育观念和教育方式的转变开始，课堂提问是教学中的重要手段之一，为培养学生主动思考、主动学习的意识，教师的引导和具有高阶思维导向的课堂提问就成为打开学生智慧之门的金钥匙，对激活学生思维，落实核心素养有着重要的意义。那么如何利用课堂提问促进深度学习呢？

1. 抓住关键时机提问，提升学生高阶思维能力

孔子针对教育曾提出"不愤不启，不悱不发"的观点，即教师的提问应该是启发性的提问，是在学生用自己原有知识不能解决新问题时所予以的适时指导，教师应该全面了解学生的学情，把握学生在思考过程中对问题的理解程度，提出一个问题后，能引导学生将原有知识与新问题建立多元连接。有些教师提出的问题非常随性，没有针对性，导致学生的思维仅仅停留在表面，根本起不到锻炼思维能力与创造能力的目的，与核心素养所提出的要求也是相悖的。

2. 一线串珠，提升学生思维整体建构能力

学习知识一定要有整体、系统思考的意识，才能全面把握知识结构和内容，因此教师在提问时要将教材中单一的知识点连接起来，提出能串联整体的问题，起到牵一发而动全身的目的。这就要求教师在课堂上深刻剖析教材，对教学内容进行整合，设计的问题是在课堂内容深入分

析的基础上，使问题之间能前后勾连，使学生能在新旧知识之间建立联系，逐步递进地学习，帮助学生建立思维的阶梯，这样能让学生在回答问题时不断进行反思和重新建构整合新知识，引导学生逐步建立起自己独特的思维体系与知识结构，提升其思维整体建构能力。

3. 给学生充足时间，提升其主动建构能力

学生是学习的主体，教师的提问应该给学生留有足够的自主思考的时间，这样才能给学生提供对知识主动建构、积极体验的机会，这也是深度学习顺利展开的条件之一。教师在提出问题后往往习惯迅速找学生回答，但真正的思维过程需要沉淀和重新建构思考，学生在候答的时间内需要将问题与自己已有的知识相联系，并进行主动建构。只有教师给予学生思考的时间和空间，才能让学生有深度学习的可能，从而才能将学生思维引向深处。

4. 教师及时反馈，促进学生深度反思

学生回答教师提出的问题后，教师应该及时了解学生的思维方式和对问题的思考程度，要针对学生的思考方向及时做出评价。这一评价不是简单的、程式化的，不能仅仅注重最后的答案是否正确，而是要关注学生思考的过程，引导学生把自己思维的过程看作一种动态的过程。教师对此进行有针对性的点评，使学生能根据过程性评价及时调整思路，并且能激发出他们进一步思考的兴趣，最大限度激发他们探究的动机，使他们在深度反思的同时提升深度思维的能力。

(二)各学科开展深度学习，促进核心素养落地

张华在"基于核心素养的课堂教学"的讲座中曾提出，所谓深度学习，是指将知识与技能在真实情境中用于解决问题，以发展批评性思维、创新能力、合作精神、交往能力以及"学会学习"等认知策略。深度学习最关键的是遵循认知规律与课堂教学规律，把握学科本质与思想方法，这一"深"可以理解为深入学科本质，深入生活实践，深入情境拓展，深刻学习体验，深远影响学生。未来社会人们所遇到的情境和问题更加具有开放性、综合性、不确定性和复杂性，仅仅依靠某一方面或某

一学科的知识已经难以满足解决问题的需要，它需要调动多角度、多维度、系统性、综合性的知识和多方面的能力。因此，学科内和跨学科的课程整合就成为实现深度学习的有效方式。学生完成整个课程的学习，需要语文、数学、英语、科学、音乐、美术等多个学科的知识、能力和方法，各学科教师参与其中担任助推者和指导者的角色，发挥自己的学科特长，提供学科化的帮助，实现学生的综合素养的发展。因此，开展学科内的整合性教学和跨学科的主题学习，是培养学生综合思维、知识迁移能力、跨学科解决复杂情境问题的能力的重要途径。

1. 学科内的整合性教学

以往的学科教学的知识组织和建构方式是"部分—部分—整体"，整合性教学的模式是"整体—部分—整体"，而深度教学模式要求从整体上把握学科体系，准确把握课程标准，并且系统分析教材内容及其所承载的素养发展价值和社会应用价值，根据这一目标，设计整体的单元主题学习是非常可行有效的学科整合性教学方式。这种教学方式先从整体上帮助学生感知和了解教材内容，并以其中所蕴含的学科思想方法来归纳和概括教材内容的知识结构，然后以学科教材的单元为基本单位实施整体教学。每个单元开始前，教师先不着急讲知识，而是让学生对单元教材有初步的整体感知，包括有哪些内容，内容与内容之间的联系，并以学科的思想方法概括单元内容的知识结构。以学生的自主学习为基础，教师则将本单元蕴含的学科思想方法作为每个教学环节的灵魂和核心，采取螺旋上升的方式处理单元各部分细节性的知识，帮助学生突破细节和局部的认识，再从整体上去引导学生揣摩、领会和掌握本单元的学科思想方法和知识结构。

2. 跨学科的主题课程教学

跨学科的主题课程教学是指依据国家课程标准，根据学生年龄特点，把众多零散的、片断的教学资源有机地整合在一起，确定不同的主题，融合多学科知识的自编综合实践教材，进行跨学科教学。课程整合不是简单的加减法，它是在整合学生被分割的学习状态，让各个领域、各学科的知识能相互关联起来，以此来增加学习的整体性、意义性和实用性。主题课程的设计首先把国家育人目标与学校的课程目标对接，其次将课程目标分解细化到每一个课时可操作的目标，使目标系统起来，最后根据目标寻找适合整合的知识内容和思想方法。这样的教学操作，解决了知识碎片化的问题，使课程更加深入和系统。

第二节　发展儿童学术素养的途径

既然是学术启蒙，我们就不能将发展儿童学术素养的目标定得太高。在小学阶段，我们的目标是致力于让学生比较系统地学习一些做学问的基本的入门方法，使学生具备基本的学术意识。对儿童而言，他们有独特的认知心理特征，如好奇心强、善于发问、活泼好动、专注力不强等，但是做学问需要在充分激发儿童好奇心的同时，培养其拥有打破砂锅问到底的精神，并能对事物进行较长时间的关注，要能善于琢磨事情的来龙去脉才能深入到知识的研究中去，形成探究意识。因此，培养儿童基本的学术意识是开展儿童学术启蒙的关键，在此基础上，让儿童在一种轻松的氛围中习得一些学术研究的基本方法，那么我们培养适应未来社会发展的人的总目标也就不难实现了。

一、尊重认知心理特点，开启儿童学术意识

教育要顺应儿童的自然天性，充分尊重儿童发展的认知心理特点，而儿童学术启蒙意识恰恰符合儿童认知发展的规律，这也是发展儿童学术启蒙教育的真正意义所在。

(一)激励：好奇—兴趣—求知欲

好奇是儿童的天性，他们对周围的世界充满了新鲜感。他们的行为可能会违背成人的规则，但只有呵护与保留儿童的好奇心才能让他们有求知的欲望和探究的兴趣。在这种欲望的驱动下，他们会主动积极地思考、学习，并去发现、探究。兴趣是第一老师，如果教师能对儿童加以正确的引导，使他们能把一时的探究欲望转化为长时间的兴趣，那么我

们教育的意义也就容易实现了。小学基础教育阶段是儿童成长发展的摇篮，是培养儿童学术启蒙的一片沃土，在学校中创设一种学术氛围，激发儿童的好奇心和探究欲就显得尤为重要。

1. 创设发问环境，引入学生不了解的事物

学生周围的环境刺激是丰富的、直观的激发学习兴趣的因素，当校园中千姿百态的事物具体展现在学生面前时，他们会主动去看、去了解、去探索，这实际上就无形中开启了学生的探究意识。我校校园环境内容多元，是师生共同参与设计的，以现代文化与老北京文化特色为主题，不同的校区又各有特色，有科技创新主题、节能减排主题等，充分体现尊重价值理念。学生走入校园的同时就能充分融入文化的大氛围中，走廊两边墙壁上贴着的民俗绘画、传统工艺沥粉画及手工作品都是学生社会实践的成果和学习作品，学校也会定期更新。充满新鲜感的环境激发起学生探索未知的兴趣，看着身边不了解的新奇事物，他们自然而然会在头脑中出现很多问号并愿意动手去尝试、体验。

2. 建立新型的课堂教学模式

学生学习生活的时间主要是在课堂中度过的，教师采用的教学模式会直接影响学生的学习效果。传统的教师讲授法已经很难满足学生学习活动需求，容易让学生产生疲惫、厌学的情绪，要培养学生对学习的兴趣和对未知的探究欲望就要尽可能创设民主、和谐、开放、轻松的课堂氛围来激发学生学习兴趣，满足其好奇心。我校的课堂文化一直倡导"六个我会"和"七个我要"："六个我会"分别是我会倾听、我会发现、我会质疑、我会思辨、我会合作、我会实践；"七个我要"分别是意义我要知晓、起点我要清晰、问题我要提出、过程我要参与、规律我要发现、学法我要归纳。教师要从这几个方面着力培养学生的学习兴趣，致力于让每一个学生都明确学习的目标，养成"知其然，知其所以然"的学习习惯，通过课堂教学上的点滴培养学生的学术思维和学术品质。

3. 开设有新鲜感的学科活动

学生的好奇心和兴趣是动态的，学生对某件事情的积极情感只有在

活动中才能得到满足。学校和教师要为学生创造多种活动的机会，让他们在活动中形成和发展兴趣，满足他们的好奇心和求知欲。我校开展了丰富多彩的主题课程，它跨越学科边界使各学科通过主题的形成成为有机的整体，在课程中为学生创设一个真实的情境，创造多种展现各种智能的机会，充分发展每个人的个性，引领学生围绕自主发现的问题进行探究，在解决问题中不断满足其好奇心，从而发展其学术素养。

(二)探究：发问—验问—释问

苏霍姆林斯基说过：在人的心灵深处有一种根深蒂固的需要，就是希望自己是一个发现者、研究者、探究者。而在儿童的精神世界中，这种需求特别强烈。探究源于学生内在的认知需求，教师要积极营造氛围，激发学生打破砂锅问到底的精神，使学生敢于探究、善于探究和乐于探究，满足每一个学生自身的发展需求，培养他们的学术素养。

1. 启发式教学，引导学生自主探究

随着新课程的实施和教育改革观念的更新，启发式教学得到一致认可，因为只有坚持启发式教学才能使学生积极参与到学习中，才能真正让学生成为学习的主体，成为产生"问"的主体，成为不断探索的"信息源"，儿童学术启蒙正需要培养学生这种意识和品质，让学生从问题出发去探寻事物发展的本质和规律。因此，教师注意挖掘在日常教学中能引起学生"发现"的因素，给学生创设提出问题的情境，启发他们去参与这一提问—探索的过程。例如，在学校研究"龙文化"主题课程中，教师展示出中西方不同的"龙"的形象，学生看到图画后自主提出各种问题，深入探索并进行对比，发现中西方不同的文化奥秘，一次次更新自己的研究成果，得出研究结论。这种"教师启发—学生自主探究"的方式培养了学生的问题意识和探索意识，也体现了对学术精神的追求。

2. 合作式教学，引导学生乐于探究

给学生自主选择的权利，为其提供学术探究的动力。从儿童认知心理发展角度来看，学生在合作中更容易被调动起个体的积极性，合作中有竞争、有协作，合作时的轻松氛围更有利于发展学生的思维活动和探

究能力。我们在进行"中秋节日文化"主题活动探究时，给学生充分的自主选择机会，学生通过前期的自主学习，确立研究方向，进行自由分组，从"中秋节的来历"到"中秋文化的演变"再到"中秋饮食文化的探究"等，每个学生在这一过程中均行使了自己的权利，充分表达了自己的见解，课堂也从传统的教室拓展到社会大课堂上。学生带着探究的兴奋走出校园，分组考察和调研，根据研究内容制作调研问卷，乐此不疲地提出新问题并深入研究，在合作中享受着探究的乐趣，在合作中收获着探究带来的喜悦感。

3. 科学评价，引导学生积极探究

学生如果能具备反思自己行为的能力，那么他一定具备打破砂锅问到底的探究精神。因此，在学生的学习过程中，教师就要引导学生通过自评、小组评和教师综合评的方式来对学生的探究过程及时做出反馈。这一反馈过程不仅要关注学生活动的结果，而且关注学生在学习过程中每个环节的表现，如他们是如何提出研究的计划和假设、如何去收集和处理信息的等。另外，评价也是一种教育，因为它需要面向全体学生，但这并非划分等级，而是让学生产生自我教育的意识，了解自我发展的一种途径，更是针对学生探究欲强但探究能力相对较弱的特点来设置的。根据科学评价来推动学生不断追问、不断探究的意识，对于提升儿童学术素养有非常积极的意义。

探究能力和打破砂锅问到底的精神是实施素质教育和培养儿童学术意识的有效途径，我校各个学科都从自身教学实践出发，围绕启发教学、合作教学、科学评价的相关理论对课堂教学实践经验进行积累、分析、概括和提炼，形成不同学科促进学生探究意识的教学模式。

(三)专注：任务—困难—攻坚

专注力是一个人高度集中注意于某一件事情的能力，是一个人具备学术研究能力的重要心理品质。而儿童恰恰在这方面能力较弱，他们大多好动，对某一件事情的兴趣较为短暂。我们培养儿童的学术启蒙意识，就要培养他们对事物能有较长时间的专注力，让他们静心去研究、去"做学问"。

1. 关注全体，人人有事做

小学阶段，对事情持久的专注力是学生学习习惯中最重要的方面之一，也是开展儿童学术启蒙不可或缺的品质，因此，培养学术品质需要关注学生对某件事情的专注力。学生之间有着个性差异，我们学术启蒙面对的是全体学生，要尊重每一个学生，教师给予其足够的关注和耐心，让学生能以一种积极的心态投入学术研究中。在开展研究前，教师需要了解每一个学生在小组和班级内的分工及任务，避免学生无事可做，失去兴趣，特别是针对潜能学生，我们要不断帮助、鼓励他们，让他们有主动探究的信心，完成的任务不管难易，都能认真去对待。教师也要给学生充分的肯定，慢慢让他们爱上探究身边的事物这件事，从而提升他们的专注力。

2. 精心设计活动，学生参与体验

"活动是认识的基础，智慧从动作开始。"亲自动手操作，参与体验整个学习过程是学生学习的一种循序渐进的探究过程，可以调动学生多种感官的参与，将学习的主动权还给学生，使得他们有较浓的自主探究的兴趣，那么他们自然就会对事物产生较长时间的关注。因此，教师精心设计活动环节就显得至关重要。比如，在研究"端午节文化"的主题活动中，学生亲自动手包粽子，卷叶、裹米、包扎。看似简单的动作，学生做起来并不容易。在整个实践过程中，学生会主动去学习包粽子的秘诀，探究其中的奥秘，在轻松、愉快的氛围中感受端午节的节日传统，整个活动没有一个学生倦怠，他们甚至争先恐后地展开了包粽子比赛。这种游戏式的参与体验过程对培养学生对一件事情的专注力非常有效，长此以往，通过教师精心设计的活动，学生的专注力得以提高。

二、让儿童了解做学问的品质与过程

做学问是对儿童学术素养最简单的理解，做学问的关键在于从无到有，它的目标是发现前人所没有发现的一些事实和规律。但我们致力于

"启蒙"研究，对做学问的理解也要重新定义，对于要达到的目标也要适度放低，即能让儿童了解做学问的一般方法和过程，并且尝试用做学问的方式来进行探究，不断经历发现问题—提出问题—分析问题—开展假设—验证假设—解决问题—发现新问题这一过程，使其从这一探究的过程中养成良好的学术习惯，体验学术探究的乐趣，感受学术探究的魅力。但由于基础教育阶段儿童心理和认知水平有限，需要教师加以引导，因此只有先让其"入格"，才能有机会让其"出格"。在开展某项研究时，我们可以按照大学生学术论文所经历的过程对儿童进行指导，让其经历完整的课题研究的思维过程和学习过程，充分满足其内心的求知欲，通过既定化的课题研究和汇报的形式带领儿童"入格"，使其体验获得感的同时进行深度探究，提升其思维能力，最终实现对儿童学习能力的培养和素质发展的目标。

(一)养成良好的学术思维习惯

做学问最重要的是要有科学的思维方式和思维习惯。所谓科研，即始于一个问题，终止于另一个问题。问题会源源不断地出现，科研的深度也会随之增加。思维能力是人和外界活动以及知识互动的结果，我们虽然每时每刻都在利用思维模式或思维方法，但是却很少有人自觉地去训练或调整自己的思维方法，大多是属于本能地利用自己的思维能力，这就会限制我们充分挖掘自己的潜力。因此，在基础教育阶段，开展学术启蒙教育就要培养儿童具备初步地学术思维能力，养成良好的学术思维习惯。良好的学术思维习惯可以通过以下好习惯来培养。

1. 养成善于发现和提出问题的好习惯

海森堡说过："提出正确的问题，往往就等于解决了问题的大半。"一切探究和思考都源于问题，问题可以激发学生的思维，可以调动学生的学习积极性，发现问题和提出问题既是思维的起点，又是思维的动力。学生是否具备这一发现和提出问题的能力对于其形成良好的学术思维品质至关重要。我校每个班级都设立了一块质疑区，鼓励学生将自己学习和生活中发现、提出的问题用小便利贴粘贴在质疑板上，对提出问题的范围不做任何限制，这样既鼓励学生积极发现问题，又能促进学生之间、师生之间及时交流和解决问题，互相学习，教学相长。质疑区的设立让各个班级充满了学习探究的氛围，又在无形之中培养了学生善于发现和提出问题的好习惯。

2. 养成善于分析问题的好习惯

分析问题是解决问题的前提。分析问题需要全面地认识事物内部与外部，认识某事物和其他事物之间的多种多样的联系。信息化时代为学生的学习提供了多种便利条件，我校在实施电子书包进课堂计划时就非常注重学生收集、整理信息和分析信息的能力。当学生提出一个问题时，教师不会第一时间回答，而是引导学生通过不同途径去收集相关信息并进行判断分析。面对每学期的研究课题，学生要从多种方面分析自己选择课题的原因，并在全体师生面前进行课题答辩。长期的训练，使学生在无形之中形成了分析问题的好习惯。

3. 养成建立知识之间联系的好习惯

学生在面对一个新的问题时，如果能和自己已经掌握的旧知识建立起联系，头脑中就会不断探寻解决问题的途径，尝试用多种方式来处理问题，那么解决问题的过程就会很轻松。绘制思维导图是我校一直以来都提倡的学习方法。每学期开学初的第一课，各学科教师都会与学生一起梳理新教材中的内容，让学生对教材中的知识点和能力点有整体了解，接下来每一个单元的学习教师都会引导学生自主梳理本单元的学习要点并绘制思维导图。完成这项任务需要学生全面掌握知识之间的联系，理解知识要点的关系，从而在点滴中培养学生养成建立知识之间联系的好习惯，达到培养儿童学术能力的目的。

4. 养成做阶段总结的好习惯

"学然后知不足。"学习的目的就是找到自己哪些知识掌握得比较充分，哪里还存在不足。如果连自己掌握的程度都不了解，何谈继续学习，更无法提出新问题，进行新的研究了。我们要求学生在经历学术研究的过程后一定要对自己的研究成果进行总结和汇报，总结和汇报可以采取多种形式。比如，小组可以将自己的研究成果物化，这种学术总结的方式不仅锻炼了学生的思维能力，还为学生进一步研究打好了基础。因此，通过多种方式促使学生形成阶段总结的好习惯，可以达到提升学术素养的目的。

(二)经历学术研究的过程

发展儿童学术素养，让儿童了解做学问、做研究的过程，并且亲身经历、亲自尝试这一过程，实际上是儿童自主学习和自主解决问题的体现，也是一种探究能力的训练。在小学阶段可以先让儿童"入格"，学习一些比较系统的做学问的基本方法，并且引导儿童经历学术研究的过程。

1. 提问和选题

提问和选题是进行学术探究的第一步，也是最重要的一步。在进行一个课题的研究之前，教师可以根据现有各学科教材进行资源整合，充分调研学生的现实问题与需求，并根据内容特点命名一个研究方向，学生则可以针对此研究方向提出自己的问题。教师在这一过程中要指导学生学会向主题发问，并且就零散的问题引导学生学会归类、提炼进而选题。

在"品味书法文化"主题研究中，教师引领学生围绕自主发现的问题进行探究，学生提出了很多个性化的问题。例如，字体的起源；书法家的经历和故事；汉字是如何演变的；外国人对中国书法的认识；书法家协会的人为什么这么少；草书的规律是什么；五种字体，历代书法家喜欢哪种；碑文是怎么刻上去的；哪种字体特别受欢迎；为什么要保护书法；谁创造了汉字和书法；五种字体的用处和应用；每种字体的特点是什么；等等。从以上问题可以看出，学生提出的问题涉及的范围很广。但真正去研究的话，最好将问题进行归类和整合，这也是对学生系统思维的训练，以便在研究中更利于他们合作和探究。于是，教师引导学生将问题划分为四大类，即历史和起源、人物与故事、特色与风格、现状与传承，这样一来，问题变得规整，在收集整理信息时也更加便捷有效，研究成果也能更加明确。

在进行"端午节文化"主题探究时，我们先对学生提出的问题和想研究的主题进行了统计，共有十四项内容，然后与学生一起梳理。首先将与主题无关的或是可以直接回答的问题进行删除，剩余的问题有十二项内容。其次对剩余的问题进行进一步分析，将属于相似或相同主题的内容进行整合，保留了三个研究价值较高的问题。这三个问题具备如下特点：一是目前有冲突或有分歧，值得研究；二是需要进一步调查研究才能得出结论；三是与现代生活密切相关。"端午节文化"自主选题的探究过程如图 7-1 所示。

序号	问题和想研究的主题	平均星级
1	我想研究端午节的由来。	15
2	涂雄黄酒也是端午节的习俗，为什么粽子可以传承下来，而雄黄酒却没有流传下来？端午节有几个由来？粽子不是往水里扔的吗？怎么又变成了一种食品了？端午节的寓意是什么？	15
3	端午节有许多习俗，我想研究其中的赛龙舟，最想研究的是它的规则。	14
4	为什么龙舟要做成龙的形状？	14
5	端午节为什么叫端午节？	14
6	粽子为什么大多是三角形的？	13
7	为什么雄黄酒可以驱五毒？	13
8	端午节不是投粽子吗，怎么变成吃粽子了？	12.5
9	端午节人们都干什么？	11
10	端午节有猜灯谜的习俗吗？	10
11	为什么要喝雄黄酒？	9
12	端午节的英文名字是什么？	3
13	端午节还有什么称呼吗？	3
14	民谚说"清明插柳，端午插艾"。端午节时，人们把插艾作为最重要的活动内容之一。为什么端午这一天会有插艾的习俗呢？是从什么时候开始有这个习俗的呢？艾草究竟有哪些功能？带着这些疑问，我查阅了一些资料。	1.5

已解决

1. 端午节人们都干什么？（吃粽子、赛龙舟、插艾、驱五毒……）

2. 端午节有猜灯谜的习俗吗？（没有。元宵节、中秋节有猜灯谜的习俗）

3. 端午节的英文名字是什么？（Dragon Boat Festival）

4. 端午节还有什么称呼吗？（端阳节、夏节、五月节、龙舟节等二十多个称呼）

5. 为什么端午这一天会有插艾草的习俗呢？是从什么时候开始有这个习俗的呢？艾草究竟有哪些功能？（因为夏季天气燥热，蛇虫繁殖，叮咬伤人，所以要十分小心，而艾草刚好可以驱虫，这才形成此习俗。）

序号	研究主题	平均星级
1	我想研究端午节的由来。	15
2	涂雄黄酒也是端午节的习俗，为什么粽子可以传承下来，而雄黄酒却没有流传下来？端午节有几个由来？粽子不是往水里扔的吗？怎么又变成一种食品了？	15
3	端午节的寓意是什么？	
4	端午节有许多习俗，我想研究赛龙舟，最想研究的是其中的规则。	14
5	为什么龙舟要做成龙的形状？	14
6	端午节为什么叫端午节？	14
7	粽子为什么大多是三角形的？	13
8	为什么雄黄酒可以驱五毒？	13
9	端午节不是投粽子吗，怎么变成吃粽子了？	12.5
10	为什么要喝雄黄酒？	9

各地不同端午节习俗产生的原因是什么？
端午文化产品的创新思考。

图 7-1　"自主选题"的探究过程

2. 拟撰写研究计划

"凡事预则立，不预则废。"在提出有研究价值的问题后，下一步是撰写研究计划。通常研究计划包括研究背景与意义、研究综述、研究方法与途径、研究实施与人员分工等，由于我们对儿童学术的定位是"启蒙"，因此我们提炼出研究计划的核心，并从以下三方面鼓励学生自主完成研究计划的撰写：一是研究问题；二是问题来源及选择问题的缘由；三是实施计划与分工。这样一来，通过三方面内容的思考，不仅能训练学生学术研究的严谨性，而且能让其有计划意识，根据计划来推动研究进展。以下是"龙文化"研究中学生撰写的研究计划。

一、结合主题提出问题

1. 我的了解：关于本主题，我了解什么？对什么内容感兴趣？

故宫的龙文化，跟中华上下五千年的文化息息相关，是中华民族的传统文化。龙，作为中华民族的象征，是原始社会产生的一种信仰。中国人把龙作为图腾起初应是认为万物皆有灵，认为龙是某一部落的吉祥物。我们小组对龙文化的历史由来和故宫中的龙图腾、龙形象感兴趣。

2. 我想研究的问题（组内每个同学至少提出一个问题）。

➤ 龙是什么？

➤ 为什么龙的形象频繁出现在故宫的建筑群中？

➤ 故宫建筑群中的龙形象有什么寓意？

➤ 龙图腾在故宫中的分布是怎样的？

➤ 不同的龙形象，分别代表了什么？

➤ 龙图腾在建筑群中的历史。

➤ 为什么故宫中有这么多龙壁？

3. 问题的思考与来源：我为什么想要了解这个问题？我对这个问题有什么看法？

中国人有"龙的传人"之称。龙的形象可以说在中国无处不在。龙文化源远流长，是中华民族的象征和精神力量的体现。中国的许多地方，都可以看到古代龙文化的遗迹。其中最典型的体现是北京的故宫。在这里，从台阶上的汉白玉石、大门上的装饰、柱上的彩绘到屋内的一幅画、一个花瓶、一盏灯等，从大到小，从外向内，都可以看到各式各样的龙。作为龙的传人，我们有必要了解和熟悉这方面的历史和知识。

二、归纳整理，形成小课题

通过小组讨论，我们筛选出的最有价值的问题：

➤ 龙文化对于故宫建筑的影响是什么？

➤ 故宫建筑群中龙形象的寓意是什么？

➤ 龙图腾的历史。

最后，我们把小组主题归纳为：龙文化对故宫建筑的影响。

三、结合主题制订研究计划

1. 我们小组的主题是：龙文化对故宫建筑的影响。

2. 围绕主题我们制订了如下计划，见表7-1。

表 7-1 围绕"龙文化"主题制订的计划

阶段	任务	实践方法	执行成员
实践准备 3月5日— 3月20日	了解龙文化	查找书籍，上网查找资料	全体成员
	故宫建筑群龙形象寓意	查找书籍，上网查找资料	周士焯、张子木
	龙图腾的历史	查找书籍，上网查找资料	王梓齐、唐振云
	不同的龙形象的寓意	查找书籍，上网查找资料	赵梓汐、安朝
实践探究 3月21日— 5月20日	龙建筑照片收集	故宫实地探究，拍摄图片	全体成员
整理交流 5月21日— 6月3日	后期资料整合	整合成员资料	康诗彤
	汇报PPT制作	制作PPT	全体成员
	手抄报制作	手抄报制作	全体成员
	汇报交流	小组合作汇报	全体成员
总结提升 6月4日— 6月6日	总结经验，明确下一步 探究目标	全班交流，撰写总结	全体成员

3. 小组答辩

针对小组或自己的研究课题，学生要进行开题答辩。在答辩的过程中，学生要讲清楚课题研究计划的三方面内容，还要通过教师和同学的提问方能答辩成功，开展下一步的研究。这一过程不仅锻炼学生的表达能力和思维能力，而且能让学生体验到学术研究的严谨性，为其形成学术思维打下基础。图 7-2 为我校学生的小组答辩现场。

图 7-2　小组答辩现场

4. 根据计划开展研究活动

在这一研究环节，教师指导各组学生针对研究问题的实践目标进行实地探究，引导学生整理探究内容，提炼出与自己研究内容相关联的内容，如学生在探究过程中发现问题，可以对照实践目标进行调整，细化素材的展示手段，划分出文字资料、照片、视频等，并围绕实践准备阶段制订的小组计划实施。

例如，在主题课程"我是蓝天护卫者"中，师生、家长走进建筑工地，实地考察防尘措施。第一次实地到道路路口，调查汽车流量是否是造成雾霾的原因，后发现实地探究的内容比较片面。在第一次探究的基础上，学生调整实地探究方案，依据探究目标开展研讨，制定出第二次实地探究内容，进行二次调研。在第二次实地实践中，学生围绕北京地形地貌和北京供暖系统两方面进行了调查。在梳理两次实践后，教师指导学生选取所有实地探究资料中有用的内容进行提炼，依据课程需要分出文字资料、照片、视频等资料。

5．用证据说明自己的观点

通过实践过程中自己收集到的实证材料来论证自己所提出的问题，将研究的内容进行梳理并撰写研究报告。学校各个班级都会根据学生的不同主题探究组织学生进行总结汇报，教师对学生的研究内容进行点评并寄予新的希望。在撰写研究报告的过程中，学生需要对研究过程有一个整体性的思考。到这一个探究阶段，学术研究基本完成，学生也往往变得很兴奋，因为他们终于可以将自己的研究成果分享给他人了，这种成就感是无法替代的。

6．展出创意成果

研究成果可以采用多种形式进行展示分享，一般我们鼓励学生以小组为单位进行课题汇报，或以绘制小报的形式进行张贴分享，也可以以戏剧、文艺演出的方式展示研究成果，还可以针对研究课题进行相关创意物品的展览、召开展览会等。多种形式的创意成果展示，尊重儿童的心理需求，他们不但能从中体验到研究带来的成就感，而且能大力发展创造性思维，体验学术研究带来的快乐。

在"品味书法文化"的主题课程中，学生通过书法课学习初步感受到软笔书法是中国独有的艺术，书法不是单纯的写字，而是像音乐、绘画一样饱含作者的情感、品格和创造力。人们甚至能从作品的一笔一画中品出作者的喜怒哀乐。但是，学生经过调研却发现，现在人们并不是十分的重视它，尤其是年轻人对软笔书法更是没有兴趣。带着这样的问题，学生们在教师指导下走访了北海的"三希堂"、国子监的"十三经石刻"等书法圣地，这些地方都展出了大量的书法经典。在实践过程中虽然感受了书法文化的魅力，但新的问题也出现了：这些地方展出的作品普遍存在没有作品名称、作品介绍的问题，导致很多来参观的游客看完毫无收获。针对这样的问题，教师指导学生对照这些作品制作了一些资料卡，并把这些资料卡送给北海三希堂展览馆，希望他们贴在作品旁边，这样就能让更多人了解书法文化了。此外，学生还想倡议电视媒体多开设一些精彩的书法节目，让更多的人喜欢上书法艺术。通过这一主题课程的实施，学生们在追溯书法历史，感受书法文化的过程中，深深地爱上了书法。还有学生在学校办了书法展，有很多学生看完他的书法作品也喜爱上了书法。这样有意义的创意成果大大激发了学生学术探究的兴致，因此，可以通过不同的研究主题来设定个性化的成果展示。

三、让儿童熟悉基本的研究方法

学生在研究探索的过程中，需要借助多种方法来不断寻求问题的解决方案。在小学学术启蒙阶段中，学生将在一次次的探究活动中逐步接触常见的研究方法，并从一开始的只借助一两种研究方法发展为根据实际需要综合运用多种研究方法来解决问题。

常见的研究方法主要包括行动研究法、访谈交流法、文献综述法、问卷调查法、数据分析法等。

(一)行动研究法

"实践是检验真理的唯一标准。"对于处在学术启蒙阶段的学生来说，行动研究法是最基本也是最常用的研究方法之一。

根据学生的认知规律，低年级学生可以通过看一看、摸一摸、找一找等最直接的认知方式来寻求问题的答案；中、高年级学生可以逐步通过科学实验、博物馆参观、实践基地体验、社会公益服务等实践活动来进行较为复杂的认知活动，从而解决实际问题。

行动研究法注重加强学生的切身感受与体验，遇到不懂的问题就去实际尝试解决，没有接触过的事物就去实际体验。行动研究法并不等同于单纯的体验尝试，它是在明确研究目的、设计研究方案的基础上进行的，学生需要在组内针对研究过程反复商讨，预设可能出现的状况及应对方法，尤其是要进行安全预案的设计。一些相对大型的研究活动，可以由教师或学校层面进行总体设计与规划，让学生在保障安全的前提下，有目的、有计划地完成行动研究。

例如，在外出进行参观活动时，教师可以引导学生通过讨论了解以下问题：为什么参观——明确参观的目的；参观什么——选择参观对象；参观哪些方面——确定参观内容；怎样参观——选择参观方法。并对参观的条件和环境有基本的认识和了解。然后制订参观计划。参观计划包括参观的对象、内容、范围，参观的时间、方法、采用的工具以及观察的步骤。此外，参观还要有重点、有顺序，对参观客体单位要进行明确的分区、分类。为便于记录，教师需要指导学生按参观项目，事先设计好参观记录表，并约定一些记录符号，尽量减少学生现场记录时书写文字的时间。另外，教师还要准备好学生参观活动所需的辅助工具，如摄像机、录像机等设备，并对其进行相应的技术培训。

学生在参观活动时，往往容易出现走马观花或观察不持久的情况，这时就需要教师采取适当的激励手段，适时提问或进行评价。

(二)访谈交流法

访谈交流法是指调查者通过与调查对象的谈话交流来了解情况、收集信息资料的研究方法。

访谈交流法有别于单纯询问家长或教师，调查者必须事先明确访谈的目的，并撰写访谈提纲，对提问交流的内容进行一定的预设，在访谈过程中需要进行简要记录，并在访谈结束之后对访谈记录进行梳理和总结。

1. 访谈交流的方式

学生做访谈一般有个别专访与集体群访两种方式，既可以采取面对面的形式，也可以采取电话访谈、微信在线访谈等形式。

学生可以在教师的辅助下与专业人士进行面对面的访谈交流，获取第一手的可靠信息，并且在与多个不同对象访谈的过程中清楚地感受到人们在不同角度下对事物的看法也各不相同。这也有助于促进学生多角度思维的培养。

2. 访谈交流的一般流程

访谈交流法总体可以分为访谈准备、访谈实施、整理总结三个阶段（见图7-3）。

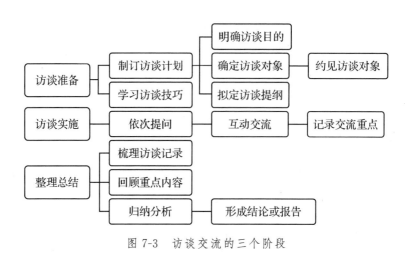

图 7-3 访谈交流的三个阶段

（1）访谈准备

访谈准备包括制订访谈计划、学习访谈技巧两方面内容，这是访谈成功的基础。

①制订访谈计划。

这一步是有别于单纯询问家长或教师的关键，学生就访谈的目的、对象、问题等进行反复磋商和思考，让访谈真正成为获取信息的一种科学方法。

学生先要明确本次访谈的目的，关键是要解决什么问题、获取哪一个方面的信息。在明确访谈目的之后，再从目的入手选择访谈的对象，既要考虑对方能否提供有价值的信息，又要考虑对方是否愿意接受采访。例如，谁能给我们提供最丰富的信息？为什么要采访他？想通过他了解什么？根据这些线索，不难找到目标人物。然后主动与访谈对象联系，落实访谈的时间、地点、访谈形式和访谈内容。访谈可以采取上门联系、电话联系、书信联系等方式，也可以通过教师和访谈对象联系。

在访谈计划中可以对时间、地点、对象、活动步骤、访谈提纲、效果、注意事项等内容进行预设。其中，拟定访谈提纲是访谈计划中的重点，学生需要思考什么样的问题能够最有效地达到目的，列出几个问题之后再进行筛选、提炼，选择必须问的问题。一般访谈的问题不能太多，问题的表述要清楚准确、简单明了，对有些问题还要考虑如何进一步追问。除此之外，还要注意提问的方式和语气，尽可能让访谈对象容易接受。

②学习访谈技巧。

学生可以在课前观看电视访谈节目，学习电视上的访谈技巧，并在班里进行现场模拟演练。在演练中学生会发现实际与人访谈交流时会有很多与预想的不同的地方，如访谈对象不理解学生提出的问题、答非所问、回答语言过于专业等情况。这就需要全班共同分析、总结访谈时应该注意的问题和方法，学习遇到不同情况时该如何解释、追问、引导访谈对象等技巧，并进一步修改完善访谈提纲。

在访谈中，倾听也是十分重要的，它是出于对访谈对象的尊重。专注地倾听既有助于让访谈对象愿意充分表述自己的观点和看法，又能让学生更容易获得信息并发现新的谈话契机。访谈中的专注倾听并不仅仅体现在注视对方上，还需要适时点头回应、快速简要记录以及对不懂之处进行追问等。

（2）访谈实施

在访谈实施前，教师可以和学生一起回顾访谈计划中的重点，提示学生围绕探究主题，按原定计划和访谈提纲进行访谈。访谈时要讲究礼仪，大胆提问，注意倾听，认真记录。为了保证记录全面，可以采用多人同时记录的方法，或借助录像机、录音机等工具帮助记录。小组成员要分工合作，相互配合完成任务。学生初次访谈可能会遇到很多困难。一方面，教师要鼓励学生克服胆怯心理，树立自信心，大胆地接触访谈对象，灵活运用准备活动中学习的各种技巧。另一方面，教师要注意跟踪指导，为学生提供必要的帮助。例如，帮助学生联系访谈对象，说明活动目的；与相关人员进行沟通，求得支持；与其他教师协商，共同指导学生活动。

（3）整理总结

访谈结束后，教师要组织学生对访谈获得的信息及时进行整理和归纳。首先，要做到及时，教师要提示学生在访谈结束后，针对访谈提纲，回顾访谈的过程，或回放访谈过程的录音或录像，汇集小组同学的记录，把获得的资料有条理地整理出来。其次，要引导学生对所获得的信息进行系统的分类归纳，填写访谈记录表。通过讨论分析，学生会提取到有价值的信息。

对于中、高年级学生，教师也可以尝试让其撰写简单的研究报告，将访谈交流的问题、效果以及结论进行总结。

(三)文献综述法

文献综述法是指学生围绕某一主题收集大量相关资料，然后通过阅读、分析、整理，提炼其中的重点内容，并对其进行再加工形成自己的综合性认知的方法。

在小学阶段，文献综述法是学生十分常用且高效的一种研究方法，它不仅会帮助学生熟悉研究的现状，而且为研究过程和解决问题提供有益的参考，并且经常被应用在研究活动的各个阶段。

这里的文献既可以是报刊、书籍，也可以是网络资料、新闻资料、广播资料等。文献综述法重点包含两部分内容。

1. 收集文献资料

在网络飞速发展的今天，收集文献资料的方法多种多样，针对研究主题选择最恰当的收集方式可以大大提高研究效率。目前，学生普遍比较依赖网络，但有时候网络庞大的信息量以及虚假信息的存在反而会给研究带来许多困难。因此，学生要学会思考"这个资料从哪儿最容易找到"，认识到书籍的准确性、新闻的实时性、多媒体的直观性等特征是不可替代的，从中选择最方便、最有效、最准确的途径去收集信息。

2. 分析整理

在这一环节，学生通过对原始资料进行阅读、筛选、分类、编辑、记录、分析、归纳总结，学习处理信息资料的基本方法。

(1)阅读

找到资料后，先用跳读的方法快速地将资料大致浏览一遍，看题目、目录，看文章、段落的开头与结尾，看插图、照片或说明。明白其中的大致内容，初步判断这些内容是否对研究的主题有帮助。

（2）筛选

阅读之后要对资料进行筛选、取舍。看看哪些资料是与自己研究的主题密切相关的。要淘汰不真实的资料，核实不准确的资料，找齐、补全不全面的资料，删除过时的、重复的、与研究主题无关的资料。另外，鼓励学生对信息进行验证。这既是一种实践活动，也是一个自主探究的过程。

（3）分类

筛选之后，要选择适宜的方法把繁杂的资料、数据进行分类，使之系统化。分类的方法很多，如按资料来源分类、按表现形式分类、按历史线索分类、按不同的观点分类、按小主题分类等。

（4）编辑

分类之后，要把同类资料汇总在一起进行编辑加工。教师可以指导学生给资料、数据加上标题，重要部分标上各种符号，将资料按照一定的逻辑结构编上序号，并编制目录索引，以便于查找和使用。

（5）记录

笔记记录的方法一般有做摘录、做提要、做札记、做综述等。对一些篇幅太长又很重要的资料，可以复印下来。自己的报纸还可以采用剪贴的方法。

（6）分析

根据资料的性质可以运用定量分析方法和定性分析方法。定性分析可以采取归纳法、演绎法、比较法等。教师可以在活动中逐步让学生掌握这些方法。对于大量数据，可将其转化成图表进行定量分析。

（7）归纳总结

根据前面的记录与分析结果，将资料内容进行归纳，针对研究主题进行总结再加工，形成简要报告、资料卡片等成果。

资料的收集、整理、分析三个阶段的划分不是绝对的，往往是边收集，边整理，边进行分析。在整理资料的过程中，对于不全面、不准确的信息还要再次收集。因此，整理资料既是收集资料的继续，又是分析资料的前提。

(四)问卷调查法

问卷调查法一般是指调查者采用书面形式，运用统一设计的问卷向被调查者了解情况或征询意见的调查方法。

1. 问卷调查的常见手段

对于学生来说最常用的问卷调查手段有纸质问卷和网络问卷两种。低年级学生可以在纸上书写几个简单的问题并交由教师或家长帮忙复印，然后进行发放。而中、高年级学生可以借助网络问卷平台进行问卷设计，以及问卷的发放和回收。

2. 调查问卷的基本结构

调查问卷一般由题目、前言、问题等部分组成。

(1)题目

题目要简明扼要，切中主题，易于被调查者理解调查问卷的主要内容。

(2)前言

前言包括自我介绍、对被调查者的问候、调查目的、指导语以及一些特殊说明等内容。

(3)问题

问题一般有开放式、封闭式两种。

开放式问题是调查者不提供任何可供选择的答案，由被调查者自由答题，可分为填空式和回答式。

封闭式问题包括问题和答案两个部分，即在问题的后面提供几种不同的答案，让被调查者在答案中判断和选择，便于统计分析。封闭式问题又可分为是否式、选择式、排列式。是否式：把问题可能出现的答案列出两种相矛盾的情况，请被调查者从中选择"是"或"否"、"同意"或"不同意"。选择式：列出多种答案，请被调查者从中选择认为正确的一个或几个答案。排列式：在问题后面列有许多答案，请被调查者依据其重要性评判等级，用数字表示排列的顺序。

3. 问卷调查的一般流程

（1）明确调查任务

由于对象不同，问卷在调查项目、问卷的难度、填写方式等方面的设计上应有所区别。因此，在明确主题之后，教师应指导学生确定具体的调查内容。例如，要调查小学生双休日的活动，学生可以分组对教师、家长和不同年级段的学生进行调查。

（2）设计问卷指导语

在指导学生设计问卷指导语时，教师可以组织学生针对不同内容、不同水平的指导语进行比较，引导学生思考、讨论，从而了解指导语的作用，归纳出设计指导语的几个要点。而后，让学生根据自己的调查对象设计问卷指导语。

（3）编制问题

在设计问卷时，学生首先要以小组为单位围绕主题提出自己想要了解的问题，针对主题找出与调查主题相关的要素，提出各要素中所包含的问题。例如，对小学生双休日活动的调查可以分解为行为（双休日在做什么）、兴趣（喜欢做什么）、认识（应该做什么或可以做什么）等要素，再围绕这些要素从多个角度提出具体问题。其次，把小组内提出的问题汇总在一起，进行筛选、整合、分类。分类的方式可以按问题内容或按答案的类别来分。通过分类，不仅能使问题显得层次清楚，而且为编排问卷打下了基础。

提出问题之后，学生随即要构想用什么方式来提出问题，这是设计问卷的关键环节。学生可以通过不同的调查问卷样表、案例参考、教学提示、讨论交流等方法，了解问卷的提问方式，总结应注意的问题。编制问题的技术知识很多，教师要根据学生的实际情况提出适当的要求，力求使学生在全面了解的基础上把握其中的要点。教师可以先请学生针对同一问题用不同方式提问，通过比较分析，了解不同提问方式的特点和适用性，以便学生在设计问题时能够根据不同内容的需要做出合理的选择。其中，设计问题的答案是个难点，学生可以把可能的答案全部罗列出来，剔除相互交叉、重叠或包含的选项。选择题的答案以 3～5 个为宜，如果答案过多，为了防止列举不全的现象，可在所有答案的最后列出一项"其他"，以增加提问的深度和广度。

（4）测试调查活动

问卷设计完成之后，要先做小范围的测试调查。尤其要特别注意观察被调查者在填写调查问卷时的表现，看他们是否明白填写要求，是否有填写困难，对问题理解得是否准确等，并主动征求他们的意见，从而有针对性地修改问卷。

（5）实施调查活动

在实际调查活动前，学生还要针对问卷调查的方法和技巧进行一定的训练。其中，包括选择适合的调查时间和地点；用礼貌和真诚感动被调查者，取得他们的信任；用简洁明了的语言说明调查的意义和目的，指导被调查者正确填写问卷，有效回收问卷。一般来说，只有回收率超过 70％，方可作为研究结论的依据。此外，还要预测活动中可能遇到的困难，提前做好相应的准备。

在调查过程中，教师要参与到活动之中，及时了解调查的进程，严格要求学生按照计划的操作步骤和实施要点进行活动；鼓励学生大胆地接近被调查者，强调小组人员要分工合作，相互配合完成调查任务，并为学生提供必要的指导与帮助，以使调查过程更规范、更顺利。

（6）数据的整理与分析

回收问卷之后，教师先要组织学生认真审查，淘汰无效问卷。随后，教师指导学生将资料中分散的数据进行整理，问卷中的封闭式问题，可以提供大量的数据，对于这些资料，教师可以提示学生运用列表、图示、统计图等方法进行处理。学生通过数据分布的状态进行分析，提取出自己需要的信息，从中发现问题并得出结论。

对于开放式问题的信息，学生独自进行概括分析有一定的难度。教师可以指导学生把与答案相近的内容归类，通过分析得出清晰的认识。

（7）撰写调查报告

在分析出数据结果之后，学生可以借助图表，根据自己的实际水平撰写简单的调查报告，还可以在报告中呈现出自己在调查活动中真实的感受。

（五）数据分析法

数据分析法是指用适当的统计分析方法在对收集来的大量数据进行分析、提取有用信息和形成结论的过程中对数据加以详细研究和概括总结的方法。

这一方法一般常与前面几个研究方法配合使用，用来处理访谈交流、文献综述、问卷调查等方法获取的大量数据。分析的形式要根据学生实际水平，结合数学学科学习的相关统计知识来进行。

1. 数据分析方式

常用的数据分析方式主要为列表法和作图法，而在实际应用中这两种方法也经常搭配使用。

（1）列表法

将数据按一定规律用列表方式表达出来是记录和处理实验数据最常用的方法。学生需要先对数据进行分类，明确各个数据之间的对应关系，根据对应关系设计表格的各项标题栏，再将每一项数据依次录入表格中。根据实际需要还可以标注出表格阅读的注意事项。

（2）作图法

作图法比起列表法可以更醒目地表现出数据的比例和变化关系。学生需要明确各种图表的特点和使用方法，并根据数据的实际情况来选用一种或多种统计图表。常用的统计图有凸显若干类别的比较值的柱状统计图、凸显变化趋势的折线统计图、凸显比例关系的饼图等。

2. 数据分析报告

在通过列表或作图对数据进行分析之后，要针对分析结果撰写报告。报告中需要把研究目的、数据获取方式、数据获取情况、数据分析结果等内容表述清楚，可以根据数据分析结果提出自己的理解和假设，也可以根据分析结果进行后续研究活动的预设。

例如，在我校"走进书法文化"主题课程中，学生在北海三希堂附近针对"现在年轻人为什么普遍不喜欢书法"这个问题，对不同年龄的人群进行了调研，调研后的数据统计如下（见表7-2）。

表7-2 "现在年轻人为什么普遍不喜欢书法"原因分析

观点	占比/%
1. 现代科学技术的冲击，如圆珠笔、计算机等	6.8
2. 娱乐方式多种多样，如被游乐场、网络游戏等代替	22.9
3. 缺少社会媒体的积极影响，各种影星、歌星、球星在媒体上被大肆宣传，却很少有书法家被宣传	23.7
4. 国家政策扶持力度不够	13.8
5. 人们生活压力大、节奏快，闲暇时间少	13.1
6. 实际作用小	3.5
7. 年轻人对传统书法文化了解很少	16.2

之后学生又运用作图法对数据进行了分析，学生绘制的饼图如图7-4所示。

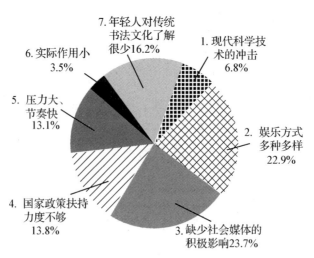

图7-4 学生绘制的"现在年轻人为什么普遍不喜欢书法"的原因分析图

通过学生的调查，我们可以看到，持"娱乐方式多种多样"和"缺少社会媒体的积极影响"这两种观点的人数最多。当我们被各种选秀节目包围的时候，与书法文化有关的节目只能用"凤毛麟角"来形容了。

持"年轻人对传统书法文化了解很少"和"国家政策扶持力度不够"这两种观点的人分别占调研总人数的 16.2％和 13.8％。这两种观点也能反映出当下存在的一些问题，人们对于书法文化了解不够，也就不能体会到书法文化的独特魅力，从而很难从内心认同并喜欢上这种"慢"文化。

学生通过这样的数据分析能够更客观、理性地从不同角度看待问题，也激发了内心想要促进书法文化传承与发展的主观愿望。

四、培养儿童质疑和批判精神

质疑和批判精神是一种敢于对现有认知现象、观念、想法提出疑问的态度，一种不迷信权威、不轻信经验、敢于质疑所谓真理的态度。

在儿童学术启蒙阶段通过系列主题探究学习来培养学生的质疑和批判精神，是为学生未来步入社会提供助力，更是为推动未来社会发展进步提供助力。

(一)提供宽松的环境与培养开阔的视野

我们经常可以看到这样的现象：一些学生自幼便受到家长的严厉管教，无论学习、生活还是交友都一直遵从于家长的安排，家长在学生心中占据明显的主导地位。这样的学生往往表现得唯唯诺诺、缺乏主见，很少去独立思考自己该做什么，该怎么做。尤其步入大学，逐渐脱离了家长管教之后，这种教育方式带来的弊病就会更加凸显，甚至有的学生还会出现极端的叛逆。

学校一直倡导为学生创建一座学习的乐园，在这个乐园中，每一个学生都能享受到宽松、愉快的学习环境。学生不仅敢于在课堂上对教师教授的知识提出自己的见解；还能在少先队组织中与大队辅导员共同为校园建设与管理提出建议；甚至能参与到主题课程的建设当中。

例如，在节日文化系列主题课程"东岳庙过端午"中，学生主动提出要通过游戏闯关的形式开展课程活动。他们自发地形成守关组和闯关组，守关组在教师的辅助下自行选择，学习端午文化的相关知识，并设立体育划龙舟、英语猜猜看、科学包粽子等对应关卡。在这样的活动中，学生与教师处在平等的地位，他们既是课程学习的主体，又是课程的设计者和管理者。

敢于独立思考和质疑，仅仅是培养批判精神的起点，要想真正提出理性的批判则需要具备开阔的视野。井底的青蛙只能提出"天空是圆的"这种错误的观点，而只有大雁，见过了天空的广阔，又见过了井底的青蛙，才能正确认识到不同视野带来的不同认知。我校在为学生开阔视野方面不遗余力，从尊重人人、尊重环境、尊重文化、尊重规律四个方面开发了主题课程。在课程探究活动中，我们不断地开展学校、社区、社会不同层面的社会实践活动，让学生在社会大课堂中亲身经历各种不同的学习体验。此外，我们还借助国内、国际友好学校的助力与支持开展游学交流和活动，为学生开阔视野搭建更大的平台。

(二)培养求真的态度与追求真理的精神

习近平指出："要以科学的态度对待科学，以真理的精神追求真理，不断赋予马克思主义以新的时代内涵。"①追求真理要以真理精神为前提，因为没有真理精神就不可能真正追求真理。只有从小培养"刨根问底"的思维习惯，形成凡事求真、求实的态度，才能具备追求真理的精神品格，而这种品格对于学生未来实现人生价值，为社会发展助力都是十分重要的。

真理性认识的基础和动力是实践，检验真理的标准归根到底也是实践。人的思维是否具有客观的真理性，这不是一个理论的问题，而是一个实践的问题。人应该在实践中证明自己思维的真理性。

---

① 中共中央宣传部：《习近平新时代中国特色社会主义思想学习纲要》，36页，北京，学习出版社、人民出版社，2019。

真理精神又展现为与时俱进的精神。黑格尔曾提出一个见解：真理不是抽象的，而是具体的；真理是一个过程。但他只是思辨地把"真理—过程"设定为绝对精神的自我运动，而马克思则将作为过程的真理建立于人类实践的历史运动中。这就是说，真理不是凝固的或现成的东西，也不是一经得到就不再改变的东西，真理是在历史的现实中不断生成和具体化的过程。简言之，真理是与时俱进的。

我校每学期都会依据当下社会热点问题开展主题课程探究活动，让学生通过科学的研究方法，在实践中不断接触社会最前沿的发展现状。例如，在北京中轴线申遗热点期间，我校开展了"探究北京中轴线"的主题课程，学生用两年的时间寻访北京中轴线上的各处风景名胜，追寻中轴线文化发展的脉络。近年来，根据移动支付、共享单车等新兴技术和事物的发展变化，我校开展了"新四大发明"系列主题课程，让学生在探究网购、移动支付、共享单车、高铁等事物的过程中，不断深入思考，学会用发展的视角看待新旧事物的兴衰。以真理的精神追求真理，以实践的、实事求是的和与时俱进的精神来理解和把握事物的本质。

五、指导和改变生产与生活

"学习"本身并不是目的，它只是我们为了不断改善生活、实现人生价值道路上的必经过程，学到手的知识与技能也都是为之服务的工具。如果忘记了这点，学生就有可能会变成除了学习以外什么都做不了的人。

我们要在小学阶段进行儿童学术启蒙，并不只是为了学生能更高效地学会知识或技能，更重要的是让学习回归生活实际，服务于学生的真实生活。

(一)用学生自身的学术性思考融入生活与改变生活

有人说，学术如果还待在书斋不能融入火热的社会和沸腾的生活，那么这样的学术必死无疑。学术绝不应该总是在高不可攀的象牙塔里，而是要真正融入生活。生活不仅赋予学术源泉，而且为学术注入了灵

241

魂，反之学术性思考又为生活提供帮助，指导和改变着生活。

学生历经一系列的主题课程探究活动，在不断发展学术思维的过程中，逐步学会反思自己的实际生活。在日常学习与生活中，学生能够更加客观、更加理性地面对生活中遇到的一系列问题，在面对困难时也学会严谨地审视和分析，甚至用更具创造力的手段来解决问题。

在"中国传统节日文化"系列主题课程中，学生通过连续三年的节日文化学习与探究，围绕"面对我们日益淡漠的传统节日，身为小学生的我们，可以怎么做呢?"这个话题，把自己对节日的理解用不同的方式表达出来，甚至应用在实际生活中。

在作品展览中，我们惊喜地看到有的学生设计了节日系列表情包，让传统文化融入时代的气息，并让更多的年轻人了解传统节日、热爱传统节日；有的学生设计了端午节的徽标，让节日符号更加鲜明，让传统节日衍生的周边应用更加广泛；有的学生则关注到打工者无法回家过节的忧伤，结合朱自清先生的《背影》，制作了题为《家的味道》的绘本，体现出社会责任感；有的学生设计了饺子机模型，使吃饺子这件事更加方便、快捷；有的学生创作了舞台剧、相声、漫画、立体书等，从不同角度来宣传、解决现实的问题，让中国传统节日味儿更加浓郁。

在课上，教师还就内涵、创意、实用等指标，让学生进行走动式评价。此过程不仅引发学生深入思考节日的内涵，回归生活解决实际问题，还能激发学生的创造能力。

(二)提升学生自身兴趣，开启职业启蒙之旅

兴趣是人认识某种事物或从事某种活动的心理倾向，它是以认识和探索外界事物的需要为基础的，是推动人认识事物、探索真理的重要动机。我们常说"兴趣是最好的老师"。当学生处在兴趣当中时，他们学习和行动的效率会显著提升，而让学生经常保有兴趣的关键是什么呢? 也许就是"趣味性"，换言之就是"好玩"。如果学生觉得学习好玩、有意思，那么他们就会更愿意集中注意力去进行。然而这种兴趣是短期的，无论多么好玩的玩具或游戏，也总有玩腻的一天。玩腻了，兴趣也就没

了，最后剩下的就是枯燥乏味。

当学生真切地感受到学习到的知识或技能有用，也就是自己所具备的东西能够实现某种价值时，这种兴趣往往会保持更长的时间，最终发展为"理想"。

在义务教育阶段，学生一直面对着的是诸如数学、语文、英语、音乐、体育、美术等这种较为纯粹的学科分类。而实际社会中职业则是在更为广泛、细化和融合层面上进行分工，即便是在大学中有着远比义务教育阶段更加繁多、细化的专业，也远远无法比拟复杂的社会中的实际职业需求，大学所学习的专业知识与就职后的实际需求能够完全对接的情况少之又少，这也是为什么大学生毕业参加工作以后，很多东西仍然需要从头学起。

学生所学习到的各个学科的知识到底有什么用？大多数学生都不太了解这个问题的答案，对于他们来说，学习最直观感受到的作用就是考试：我学得越多，我的考试成绩就会提升得越多，获得的夸奖也就越多。因此他们并不清楚，在社会上知识真正的作用不只是考试，而是实际地服务于生活、服务于各个工作岗位、服务于社会。

我们在儿童学术启蒙阶段，让他们沿着学术的脉络，通过一系列的主题课程探究，不断地走出校园、走进大街小巷、走进公司企业，学生就能够零距离地与社会上各行各业的人接触，通过访谈交流、问卷调查等形式了解他们的日常生活、工作内容和实际感受。这让学生能够初步将自己在学校书本上学到的知识与未来社会上职业的实际需求找到接口，让他们切身体会到"原来我在学校学的知识，以后是要干这个用的"。只有这样实际地接触到各行各业，他们才更加理性地看待自己的现在与未来，开始尝试规划自己的人生与未来的职业，才更有可能将今天的兴趣转化为明天的理想，并愿意长期为之努力和奋斗。

第八章

儿童学术启蒙与教师素质发展

儿童学术启蒙与教师自身学术素养密切相关。试想一个教师本身不具备学术素养，没有参与过课题研究，对学术研究的一般规律一窍不通，他必然不会有意识培养学生的研究意识。因此，要想实现儿童的学术启蒙，必须提升教师的学术素养。一个教师学术素养的提升，除了自我的学习，还依赖于学校有目的、有计划的培养。提升教师的学术素养是一个整体的、全局性的工作。首先，校长要能够起到学术的引领作用，带动整个学校的学术研究氛围。其次，要建立完备的科研管理体系，保证各级各类课题研究的有效开展。再次，要不断研究各层级教科研管理的方法，带动绝大多数教师参与到研究中来。最后，教师要借助各种课题研究，在课堂教学实践中、在教育活动中不断历练，由"经验型"教师向"研究型"教师转变。

第一节　培养批判性思维

什么是批判性思维？批判性思维是指对他人或自己的观点、做法、思维过程进行评价、质疑、矫正，并通过分析、比较、综合，进而达到对事物本质更为准确和全面认识的一种思维活动。人很容易受暗示，没有批判性思维的人，会受到各种干扰。而有批判性思维的人善于提出问题，分析问题，寻找解决问题的方法，形成自己的意见，做出决定，形成结论。

人和物体的最重要区别在于，人可以自我革新。物体的改变只能受到外在的影响，而人自我革新的方式在于积极、主动地思考。

一、培养教师的批判性思维从提问开始

作为教师的我们如能有效地培养我们自己的批判性思维，将为我们的教学效果的提升和教学质量的提高奠定坚实的基础。

如何培养教师的批判性思维？

培养批判性思维要从提问开始。会提问且懂得提问是批判性思维的启蒙。提问也是有模式和方法的，"六问法"就是一套很好用的提问模式。

第一问，谁说的。说话的人是谁（名人、权威专家、熟人、亲人……），他的话重要吗？

第二问，说了什么。他说了什么，他说的是事实还是观点？事实是可以被证实的，而观点表达情感、信念，是不需要被证实的。

第三问，在哪儿说的。说这话的时候他是在哪里说的，是公共场合，还是私底下？

第四问，什么时候说的。是事前说的，还是事中说的，或者是事后说的？一般事前说的最有可信度，事后说的可能是在推卸责任。

第五问，为什么说这话。说话的人，说这话的目的是什么，他说的话有依据吗？

第六问，怎么说的。他说的时候是开心的还是悲伤的，是口头说的还是书面表达的？

批判性思维不是一天两天就能培养出来的，也不是一个模式就能学会的，需要不断对自己的思维进行批判，经历建立推翻再建立再推翻，反反复复加强后，才能形成独立的思维。

因此，锻炼这种思维切不可操之过急。如果我们一步一个脚印，稳扎稳打，持续地输入和输出，那么我们的批判性思维就会逐渐形成，并在生活中得到验证和实现。

教学不是要培养学生人云亦云，而是要让学生以批判性的目光来研究现象和问题。批判性是教学过程中必须关注的问题，集中体现了思维深度和力度。在教学中，教师要研究学生的思维特点，从多方面研究批判性思维培养的策略。

二、培养教师批判性思维的模式

培养创新教师，使教师具有独创性思维，要着重培养教师的批判性思维。教师具有批判性思维，有利于教师不断超越、完善自我，不断提升自我的学术素养；有利于培养学生的批判思维和创新精神。

以专业学习共同体促进教师的批判性思维发展。学习共同体是学校的一种学习型组织，是以先进的办学理念为指导，为实现共同愿景，促进全体师生在学习、思考与行动的积极互动中不断完善与超越自我的优秀的学习型团队。

专业学习共同体的概念自 20 世纪 90 年代出现以来，在全球范围内得到了广泛的讨论与研究，发展专业学习共同体成为最有效的教育改革策略之一。它能促进教师的专业发展，并改善学生学习；它能够切实推动新课程改革的发展。在专业学习共同体建立的过程中，我们可以从杜威提出的探索问题的五步法中得到启示，即暗示—问题—假设—推理—试验。首先，要有一个真实的情境；其次，在这个情境内部产生一个真实的问题，作为思维的刺激物；再次，收集资料，进行必要的观察，理解这个问题，一步一步地探索解决问题的方法；最后，通过应用来检验自己的想法，并发现这些想法是否有效。

(一)在探讨中培养批判性思维

要有效地培养批判性思维，就要培养教师有效接收、理性分析、正确总结外部知识的能力，还应创造多样化的思维环境让教师能够进行思想的碰撞和有效的探讨。建立教师专业共同体就是一个有效的手段。

教师个体在知识结构、智慧水平、思维方式、认知风格、教学内容处理、教学方法选择、教学整体设计等方面存在差异，这种差异本身就是一种宝贵的群体资源。专业学习共同体可以促进教师对知识和理解的获得，促进教师个体之间知识的分享。这样，集体知识的增加和个体知识的增加就相互影响、相互促进，实现知识和经验的互补、思维和智慧的碰撞，从而产生新的思想。

专业学习共同体活动将教师的知识重构，使对问题的争论形成了多边互动。这种互动能够有效调动所有参与者积极投入，充分发挥每个人的聪明才智，激发高度的求异思维。教师在这种多边互动与协作的群体活动中，在交流信息、探讨问题、分享成果的过程中增长知识、发展能力、培养合作精神。教师的批判性思维也在这种思想碰撞的过程中逐步培养起来。

(二)在分析中培养批判性思维

培养教师的逻辑与推理能力是批判性思维培养的重点，也是衡量批判性思维培养效果的重要指标之一。在专业学习共同体活动中，一方面，教师通过分享各自的见解与信息，达到对学习内容的深层理解并与同伴开展包括协商、呈现自己的知识、相互依赖、承担责任等多方面的合作性活动。另一方面，教师通过专业学习共同体互动，将个人难题转化为公共难题，借助集体智慧解决个人困境，从而形成了一种加速个人智慧学习和实践创新的良性循环。在这个环境中，每个教师既是教员又是学员，在互教互学中既增长了知识，又学会了对零散信息进行恰当地分析、综合、比较、归纳，进而完成对批判性思维能力的培养。

(三)在实践中培养批判性思维

批判性思维是一门有关实践的科学，这是由批判性思维的目标所确定的，即"决定信什么或做什么"。这两个"什么"都与实践密不可分，前者是前人或他人的实践或者是即将要实践的方案，后者则是使用批判性思维的主体本身要进行或已经在进行的实践。不同的实践方式需要不同的批判性思维能力，因此，为了能够有效训练批判性思维，专业学习共同体的实践内容必须紧扣多样性与争议性。

专业学习共同体成员阅读批判性思维教材，共同拟定批判性阅读的问题清单后，每人跟踪研究一份应用语言学领域的重要期刊，关注关于教学研究的新动向及研究方法方面的讲座，从而确定自己的研究课题、撰写研究计划、展开调研、撰写初稿，三轮修改后，进行投稿发表。教师完成实际课题的能力反映了其批判性思维的培养成效。具备优秀批判性思维能力的教师，能够敏锐地洞察问题的症结所在，并且有能力提出卓有成效的解决方案。

总而言之，教育者批判性思维倾向对受教育者的影响是深刻、潜移默化的。为了实现培养拔尖创新人才的目标，我们必须先有效地培养教师自己的批判性思维，让课堂教学事半功倍。

三、在有效提问中培养教师批判性思维

批判性思维在提问中产生，提问也是一种批判形式。会问、善问、巧问，是成功型教师的可贵本领。批判性思维的本质是质疑、发现，而教师的能动性就在于把批判性思维的能力建构到课堂提问语中。从某种意义上说，教师提问语本身就是让学生习得批判性思维能力的一种示范。

保罗·弗莱雷指出：没有教育者和受教育者之间的对话和交流，就

没有真正的教育。[①] 按照人们通常的理解，对话就是人与人之间的谈话，但对话还蕴含着更为深刻的哲学意义：对话的本质是民主、平等和互相尊重，对话的方式是互动和交流。

批判性思维的核心集中在"批判"二字。某个事实或者现象一旦被我们的感官接收，我们首先要做的就是提出问题，问题产生了才有了批判的前提，才能有的放矢地对问题进行分析、推理和判断。因此，培养批判性思维能力的第一步就是培养提出问题的能力。那么我们如何去发现问题和提出问题呢？

(一)将批判性思维渗入教师提问语中，提问不再苍白

提出的问题要清晰易懂；不晦暗，不朦胧，不会被曲解、误读；有利于尽快切入问题核心。教师只有把问题想透，才能说得明白。

提问要注意变换不同的角度，如纵向对比、横向对比、因果关系、条件关系、旧知识引入、一分为二、换位思考等。不同视角的提问，可以让学生耳目一新，激起学生思维的浪花，引起学习兴趣。

提出的问题要有广度。较为广阔的思考空间，有利于学生思维的发散，有利于学生多维度思考，发现多种结论，能开阔学生的视野，进行跨学科思考、举一反三等。

例如，在实际教学中，教师可以根据教材特点、学生的实际水平，把较难的问题分解成易理解、有趣的小问题，或者把大问题分解成一组小问题层层深入、一环扣一环地提问，逐步引导学生向思维的纵深发展，这样的提问学生肯定乐于接受。在教学《语言的魅力》一文时，如果教师一开始就提问："语言有什么魅力？""语言为什么有这么大的魅力？"学生要么回答不出来，要么回答出来的内容切不中要害。因此，教师不急于让学生回答这个问题，而是把问题分解成几个小问题进行提问："盲老人上午在木牌上写的是什么？""结果怎样？"接着问："诗人在牌子

---

① ［巴西］保罗·弗莱雷：《被压迫者教育学》，顾建新、赵友华、何曙荣译，58页，上海，华东师范大学出版社，2001。

上添了几个字后，结果又是怎样的?"然后把"什么也看不见""春天到了，可是我什么也看不见"这两句话呈现在黑板上，让学生反复地读，再进行对比。再问："为什么添了六个字会产生这么大的作用?"教师通过引导小组交流、讨论，使学生对语言的魅力有了更深刻的理解。这些问题从易到难，环环相扣，层层展开，学生在教师的逐步启发下，既解决了课文的重点难点，又训练了思维能力。

提出的问题要有深度。教师要能连环发问，提出一连串的"为什么"，引发学生深度思考;由现象追究本质，由已知推导未知，有利于研习纵深开掘式的批判思维方式。

例如，在教学《地震中的父与子》一文时，教师注意到"不论发生什么，我总会跟你在一起"这句话在课文中出现了三次，于是教师向学生提出了这样的问题:"为什么文中三次出现这句话? 这种重复的写法有什么好处?"学生们在寻求答案的动机下，反复认真地阅读课文，最终理解了课文中这句话的三次重复表达了父亲对儿子的爱，以及父亲传递给儿子的信念和力量。然后，教师又进行了拓展性提问:"你们的爸爸妈妈有没有什么话，是让你记忆特别深刻的?"这个问题激发了学生强烈的学习热情，他们纷纷举手发言，如"你一定能做到的""失败是成功之母""书山有路勤为径，学海无涯苦作舟"等。通过对这些问题的思考和探究，学生对课文有了深层次理解，深刻体会到文中表达的情感。

提出的问题要有梯度。有经验的教师，常把课堂提问语设计为系列型提问，即设计连环提问，由浅入深，由易到难，提供链条式提问，或设计思维导图，步步提问，步步为营，步步长进。

例如，在教学《美丽的小兴安岭》一文时，教师提出了几个不同程度的问题。首先提出:"为什么说小兴安岭像绿色的海洋?"这个问题最容易，学生一下子能从文中找出答案来。接着再提问:"你认为小兴安岭哪个季节最美? 它的美表现在什么地方?"文中第二至第五自然段都是写小兴安岭的四季的，每个自然段描写一个季节，各段中每句话描写一件事物，学生要说出自己认为哪个季节最美很容易，但要说出它的美表现在什么地方就需要认真阅读课文后才能找出有关词句了。最后提出："为什么说小兴安岭是一座美丽的大花园，也是一座巨大的宝库呢?"由于学生对小兴安岭一年四季的美有了深刻的理解，对这个问题的理解就变得容易了。因此，教师提出的问题要有梯度，难易适中、合乎逻辑，这样才能激发出学生的学习兴趣，培养学生的思维能力。

总之，将批判性思维渗入教师提问语的设计中，一定会增强课堂思维的力度，让提问不再苍白，不再是无效或低效的。把融入批判性思维的提问语作为备课思考的重心，既能促使教师更深入地探求教材内容，又可增强教师备课的新鲜感。

(二)教师的提问语一定要与学生的思维对接

教师的提问语应是以"知其然"与"知其所以然"为目标的对接，不应是课堂的点缀与热闹的呼应，而应是积极思维的萌动与启发。教师要明确是常识型提问、知识型提问，还是思考型提问，并将这些提问类型与学生的思维水平、思维过程、学习技巧结合起来，使提问成为课堂的有效提问和高效提问。学生学会提问是提升批判性思维能力的关键，世界是在不断发问中前进的。批判性思维能力的提升，主要是靠有效提问能力的磨炼与养成。

提问的教学方式在小学的课堂教学中有着重要的作用，它不仅能充分激发学生的积极性，体现学生在教学活动中的主体地位，还能调控整节课堂教学的节奏，引导学生形成正确的思路，从而实现教学目标，提高教学效果。因此，教师应该从教学内容出发，综合考虑学生的独特性和发展性，精心设计每个问题，从而提高提问的有效性。

批判性思维是品德的塑造，需要教师的言传身教。如果教师不能以身作则，如何让学生觉得用自我批评来求进步是正常的事，如何让学生养成倾听他人意见的君子之风? 教师的教育教学行为不仅是在课堂上的行为，而且包括教师课上、课下的言行举止，在学生提问时的微笑，对学生不成熟意见的倾听姿态，对自己不知道的事情的坦率承认，对学生的探究和不同答案的引导和认可等。这样的教师，才是具有批判性思维精神和能力的教师。

第二节　丰富教研活动

教师的学术素养是在各种教研活动中逐渐提升的，只有在基于问题解决的校本教研活动中，教师才能将各种书籍、培训中习得的学术知识、方法加以消化吸收，转化为自身的素养。

一、基于问题解决的校本教研活动

"校本"（school-based）是校本教研的上位概念，也是进入 21 世纪后学校教育改革与发展的全新教育理念。从英文来看，大意为"以学校为本""以学校为基础"。校本教研是以学校所存在的突出问题和学校发展的实际需要为选题范围，以学校教师为研究的主要力量和主体，通过一定的研究程序得出研究成果，并且将研究成果直接用于学校实际状况的研究活动。校本教研有三层基本含义：一是研究教学，包括教学的内容、目的、手段，教学模式及其建构，教学设计与实施，教学评价等；二是从学校的实际出发进行研究，按照新课程的要求，从学生状况，教师构成，学校历史、现状及其资源环境出发进行研究；三是教学研究的主体是教师。大体上说，校本教研应具有依托性、科研性、人本性、牵引性、校本性等特性。[①]

"基于问题解决的校本教研活动"也就是根据教育教学改革的精神要求，依据该校教育教学研究的实际情况和客观需要，以学校内教学实践中的实际问题为研究内容，以教师为研究主体，以促进师生共同发展为研究目的，解决教育教学中遇到的各种矛盾和问题，从而提高课堂教学质量，推动教学改革的发展，提升教师专业素养的教研活动。它产生

---

① 孟霞光：《校本教研：教师专业发展的有效途径》，硕士学位论文，山东师范大学，2005。

于教学改革实践，发展于以校为本理念，分支于校级教研活动体系，涵盖专题讲座、案例分析、专家指导、学术沙龙等要素，具有鲜明的实效性、针对性以及"小而实"的特点。"基于问题解决的校本教研活动"的本质属性，决定着其对特色办校的支撑性、主题课程的链接性、推进教学改革的功能性，以及教师专业发展的相关性。教师要完成立德树人的任务，就必须具备科学的专业研究能力；教师只有具备了学术研究能力，才能具备培养学生"儿童学术研究"的能力。一个连自己都不知道如何基于问题进行研究的教师，如何做到对学生进行学术启蒙？

长期以来，中小学教师"满负荷"甚至"超负荷"工作，教师专业知识与技能"透支"现象严重。要改变这种状况，就需要创立一种有利于教师专业发展的新机制，为教师的专业发展提供有力保障。在新课程改革中应运而生的校本教研，能促进教师在学习中成长，在反思中成长，在同伴合作与互助中成长，成为教师专业发展的必然选择。这种成长是基于学校内部来实现的，以教科研一体化为途径，把学生和教师的可持续发展放在首位的成长。

二、以教学研究为基础研究，促进教师专业发展

促进教师专业发展必须抓住根本，这个根本就是教学研究。教学研究永远是学校工作的一个主旋律，离开了这个主旋律学校工作就会本末倒置。

(一)加强学习，为研究奠定理论基础

对先进理论知识的学习与掌握对教师教育教学观点的改变极为有利，它有助于提升教师专业素养，而且方便教师将新理念、新思想与其教育教学实践进行有效结合，相比于传统教育教学观念，能及时发现教学中的问题，有效提升教师教学水平。在理论学习方面，不应全依靠教师独立自主的学习，学校要为教师的理论学习创造条件、提供资源、指引方向。

1. 用前沿理论为教师学术发展导航

苏霍姆林斯基在《把整个心灵献给孩子》一书中这样写道："自我教育和个人的精神生活是从书本开始的。"为了培养一个人能在精神上独立生活，必须把他引入书的世界。在管理中，我校注重引导教师读书。为了让教师在读书的过程中摒弃浮躁，深入思考，学校先后为教师推荐了《一个模子不适合所有的学生》《他山之石》《第56号教室的奇迹》《第三次工业革命与中国教育变革》等书籍，引领教师"共读一本书"，并抓住一本书、一个章节，在干部、教师中分层次阅读，定期召开读书分享会，以"引原文，说案例，深思考"的要求在干部、教师等不同的团队中进行读书分享，形成读书氛围。

我们充分认识到打开教师的眼界，拓展教师国际化视野，使教师的学术研究与时俱进的必要途径是以请进来、走出去的方式对教师进行国际化的培训。为此，我校先后组织近百名教师走出国门，体验多元文化，走进国外友好学校参观学习，与国外教师共上一节课，使教师在深切的体验中不断调整、改变自己的教学方式。我校先后邀请四十多个国家的教育专家走进学校交流，使全校每一个教师都能近距离感受不同的教育理念。我校还多次组织国内外专家与我校教师交流国外教学与国内教学的方式有何不同，进行思维导图的模式、小组合作学习的方式、教学问题设计的培训。国外教师对学生主体的关注与尊重，分层教学、分层作业、个性化教学对课堂教学带来极大的冲击，这些都极大地促进了我校教师课堂教学行为的转变，使他们受益匪浅。这些国际化的培训使我校教师的学术研究更具国际范儿。

2. 校长是前沿思想的领军者

一个学校的学术氛围浓不浓，主要看这个学校的校长的学术素养高不高，是否具有学术领军能力，是否能够输出自己的学术思想，并被学校内广大干部和教师队伍接受、领会。祖雪媛校长每学期开学初与学期末，都把新学期的工作与下一步的工作凝练成一个主题进行全员培训，先后开展了"大气成就大器""让尊重成为一种文化""让每一个生命都精彩""心对了，就什么都对了""儿童学术启蒙"等专题培训，为教师打开一扇扇心窗，注入一股股新的思想泉流，让教师能以一种新的视角审视自己的工作、自己的专业，以一种新的思想去思考自己的教育教学工作。这样的培训无疑为教师的学术发展注入了活力，前沿的思想让教师的思想成为一潭活水，为教师学术研究中的开拓创新导航。

(1)诠释尊重教育，确定办学思想

2007 年，学校正式将"尊重"确立为核心办学理念。尊重的内涵到底是什么？能否作为学校的办学理念，能不能用尊重来推动学校的可持续发展向纵深方向发展？在祖雪媛校长的带领下，我们对以上问题进行深入的思考。

首先，我们对"尊重"一词进行追根溯源。"尊重"一词在上古时期就已出现，可以被解释为尊敬、遵从和重视。结合各类资料对"尊重"的解释，结合当今世界发展的现实，我们意识到，尊重不仅是重视与敬重，还应该是懂得与理解、包容与赏识等。

一般谈到尊重，大家都会想到尊重自己和尊重他人，结合现在学生的特征和世界发展的态势，我们不仅要引导学生尊重自己，尊重他人，而且要在思维深处引导学生做自己想他人，做今天想明天。也就是要尊重所有人，既包括当代人也包括未来人。尊重他人是一个人政治思想修养好的表现，是一种文明的社交方式。每个人都是有价值的，这既是基点也是核心。自然界中的所有人、事、物都有其生存与发展的规律，学生也有其认知与思维发展的规律，我们只有发现和掌握这些规律，做到尊重规律，才能真正做到科学发展、可持续发展。我们是做教育的，是教育人的，教育人最重要的要帮助学生。教育者要尊重教育的发展规律，要尊重学生的身心发展规律和其自身的认知规律。

就这样，在思考中我们不断丰富尊重的内涵与内容，即尊重人人、尊重环境、尊重文化、尊重规律。通过四个尊重培养学生，让学生在充分感受尊重的过程中学会尊重。我们可以培养学生对人、对文化、对事物的包容精神，培养学生对人、对环境、对社会问题的强烈责任感，培养学生乐于学习、善于质疑、勇于实践的探究合作精神。

（2）建构活力课堂，落实尊重理念

针对教育现状与学生的学情，祖雪媛校长从 2012 年正式提出"活力课堂"的建设，并在多年的研究和思考中不断将这一思想完善，不断地将其输出，使其在我校的课堂上生根、开花、结果。

活力课堂，顾名思义，就是让课堂充满生机与活力。它应该是自主开放的，是合作与分享的，是智慧生成的，是充满激情的，是思维灵动的，是有效整合并合并开发课程资源的课堂。再进一步说就是为关注人的生命生长、具有可持续发展学习能力而构建的课堂。我们希望课堂能够影响学生，让他们知识的累积能呈现出"成长式"的、自主的、有生命力的特征。在课堂上，教师要让学生的双手行动起来，思维活跃起来，语言丰富起来，兴趣被激发起来，让课堂充满笑声、掌声、辩论声。基于此，我们构建了活力课堂，它主要具有六大特征。

第一，一个核心：尊重差异，让每个生命都绽放精彩。每个学生都是不同的，在读懂学生、读懂教材的前提下，我们开展差异教学、分层教学，让课程定制化、游戏化，让每个学生都能体验到成功，获得不同的发展。

第二，两个体现：体现开放性，体现探究性。在以学生为主体的前提下，学校力求实现教学方法、教学内容、教学手段、教学地点的开放，营造民主、宽松、多维互动的学习氛围。学生不只坐在教室中学习，还走向博物馆、图书馆、社区等场所。教师不断改变自己的教法，引导学生运用不同的学法，帮助他们形成一种主动探求知识并重视解决实际问题的积极学习方式，让学生在学习过程中观察、发现问题、收集数据、研讨交流，从而在实践参与中解决自己的问题。

第三，四个带进：把微笑带进课堂，把民主带进课堂，把多元评价带进课堂，把现代化教学手段带进课堂。我们期望每一天，大家都能怀着喜悦的心情走进校园，用一张灿烂的笑脸、一句亲切的问候，开始温馨快乐的学习生活。把微笑带进课堂，让每个学生都有安全感，让每个学生都能自主地表达；把民主带进课堂，让学生的思维更加开阔，在师生、生生互动中进行思维的碰撞；把多元评价带进课堂，让每个学生都充满自信，评出发展的方向；把现代化教学手段带进课堂，激发每个学生的学习兴趣，打造充满活力的高效课堂。

第四，五个让：目标让学生明确，问题让学生提出，过程让学生参与，规律让学生发现，学法让学生归纳。教师精心创设问题情境，让学生带着学习的愿望，了解自己的学习目标，以学生的真实问题开启，引发学生自主学习的兴趣，激发学生对新知识的学习热情，拉近学生与新知识的距离，激发学生积极探索的热情，让学生在探究的过程中发现规律、掌握方法，使学生始终处于"愤悱"的状态中。

第五，六个我会：我会倾听，我会发现，我会质疑，我会思辨，我会合作，我会实践。在教学中，教师应尊重学生与生俱来的好奇心和好问的天性，满足他们喜欢和同伴交往的心理需要和学习需求，以培养他们适应未来社会发展所需要的能力。

第六，六个要：学情分析要透，学生关注要到，学习层次要分，学习兴趣要浓，思维引导要深，学习收获要大。

通过建构尊重理念下的课堂文化标准，我们进一步把"尊重"理念浸润于课堂教学活动之中，借助"探究性学习模式的研究""学情分析""分层教学的有效性研究"等课题，开展"差异教学"的研究与实施，促使学生产生积极的学习情感，积极主动地参与到学习的过程中，使学生会学、乐学。

(二)加强教研组科学管理，保障校本教研活动的实效

1. 教研组概念及本质特征

学科教研组是学校内部以学科教师为群体结成的，以教师间的互助形式进行学科专业问题研究，以提升教研组内部教师专业化水平为目的的学术组织。

学科教学组的主要特征表现在五个方面：一是成员，其成员为学校内部同一学科的教师；二是形式，其形式为教师间互助的形式；三是性质，

学科教学组是最小的学术组织，是校本教研最基本的单位组织和基础载体，三五个教师为一个学科教研组是常态；四是研究方向，学科上最小而实的学术问题，有时就是一个知识点的答案、一个教学环节的设计、一个教学目标确定；五是目的，其目的是提升教研组内部教师专业化水平。

2. 分析现状和共性问题

（1）定位偏差

学科教研组是学术组织，它是以提升教研组内部教师专业化水平为目的进行学科教研的组织。教研组有时会出现定位偏差，逐渐成为落实学校学科教学任务的行政部门。

（2）教研时间不足

由于工作安排紧、校区布局分散等，教师集中、面对面教研的时间严重不足。常规教研方式已经满足不了当下的需求。

（3）管理机制的粗放

对于教研组内部的运行机制，学界研究甚少。有些学校常常不能给予有效指导，或简单化为一个教研组记录本，或采用自生自灭的放任方式，只有部分学校能结合学校教学计划制订教研组活动计划。

（4）过于依赖教研组组长个人

教研组管理常常依赖教研组组长的个人魅力和工作经验。结果，出现各组间的差异明显不同。能力强的组长带领的教研组，有效运转就好，教师个体获益就大；反之则运转差，获益少。这个组长有可能带出一个好的教研组，换了一个组长就变了个样。决定教研运转有效与否的关键成了人为因素，而不是制度因素。

（5）同质化的教师间互助教研，实效性差

一个年级组教师间的水平相差不大，没有绝对的学术引领者，教研容易在同质化水平的教师间形成低水平的自我复制。

3. 借力"四化"，实现突破

一个学校要想提升校本教研活动的实效性，实现各学科、各年级教学的高质均衡，这个学校在学科教学管理上就必须是击中靶心的、有时效的，"完善教研组内部管理机制，实现教研组的自我有效运转"就是这个靶心。第一有效运转指在教研组管理上我们用制度方法尽可能代替人为因素，在制度的保障下使每一个教研组无论替换哪个教研组组长都能如常运转；第二有效运转指教研组能够围绕研究主题，制订相对较长的学术研究计划，展开有针对性的学术研究，使不同层次的教师在研究中都能提高自己的专业能力。

面对这种情况，我校经过实践，摸索出教研组有效运转的"四化"策略，即教研活动的仪式化、教研内容的课题化、教研制度的标准化、教研成果的模式化。

第一，教研活动的仪式化。仪式指在一些比较盛大、比较庄严、比较正式的场合里或为了引起重视而郑重其事地参照某种程序所举行的某种活动的具体形式。仪式总是给人一种庄重、严肃的感觉，仪式化就是为了追求与仪式相同的庄重、严肃感的趋近于仪式的活动形式，保留了仪式的感觉，少了些许程序化的东西。我们的教研活动也应该是这样的，应该让每个教师在参加活动的时候都觉得庄重、严肃。为了实现这个目标，我们采用"三固定、一落实"的方法。三固定指的是固定时间，固定人员，固定地点。一落实指的是教研活动内容按照学期初每组制订的教科研一体化的计划按部就班地执行。固定时间指每周空出两节课的时间，作为教研组的固定教研时间。这个时间，是根据教研组内各教师没有课的时间而在教研组内部自主选择确定的，最好是学期初排课表的时候就预留出每个教研组活动的时间。学校统一掌控各学科教研组的活动时间，便于参与教研。每个教师在自己的手机上设定教研活动时间提示，到时间手机提示参加活动，不能迟到。因故缺席的教师要请假和补会。固定人员就是明确每个教研组参与的固定人员是谁，人员要有归属感。固定地点其实是"仪式化"最重要的一点。过去教师参加教研活动都是在办公室，办公室里学生进进出出，来办事或者来交代工作的同事、领导也非常多，教师们手头又忙着批改作业，教研活动时组长一个人说，其他组员有一搭无一搭地听着，这样很不严肃，活动的效率也较低。为此，我们特别固定了教研组的活动地点，要求每次活动在专用场所，如会议室等处。这个时候教师手头不能带着任何工作，去的过程就有一种庄重感和严肃感，活动时也就能全身心投入了。

第二，教研内容的课题化。教研组定位为学术组织，教研活动其实质是一种朴素的学术研究活动，提升教研组内每个教师的学术研究能力是其核心目的之一。我校每个学科教研组每学期要制定符合自己教研组实际的、切实可行的、小的研究课题。这个课题来源可以是平时工作中教师们遇到的共性的学术问题，也可以是期末检测反映出的学科质量问题。这样的课题要小，要能够通过一个学期或一个学年的研究实现学术上点的突破。比如，我校本部北校五年级在期末语文测试中，一道形成解释的题目失分率为 47.5%，其他各部分的平均失分率只有 25%，那么在培养学生形成解释这个能力点上本部北校一定是有问题的，他们这个学期的研究课题就可以定在"语文课堂教学培养学生形成解释能力方法和策略的研究"上。这道题主要在难句理解上失分，因此研究课题还可以定在"语文课堂教学培养学生重点句理解能力方法和策略的研究"上。我校本部北校 2020—2021 学年第一学期科研小课题汇总举例如表 8-1 所示。

表 8-1　2020—2021 学年第一学期科研小课题汇总

学科组别	科研小课题题目
语文三组	提高学生通过多种方式理解新鲜词句的能力的研究
语文四组	培养中年级学生运用联系上下文的方法理解词句的能力
语文五组	利用思维可视化工具，有效提升高年级学生语文阅读整体感知能力的研究
语文六组	基于支架式教学设计理念的小学语文阅读教学策略的研究
数学三组	借助几何直观培养学生解决问题策略的研究
数学四组	中年级在解决问题的过程中建模能力的培养——建构模型的策略的研究
数学五组	利用多元表征培养学生问题解决的能力的研究
数学六组	向高阶思维培养的小学数学"问题串"的设计及应用研究

学科组别	科研小课题题目
英语组	基于多模态识读能力培养的小学英语阅读教学策略
美术组	小学美术中、高年级教学中提升线条造型能力的研究
体育组	寓游戏教学促学生体能发展的研究
信息组	小学高年级可视化编程教学中培养学生计算思维的策略研究
音乐组	小学音乐教学中合唱能力培养的研究
科学组	基于科学核心素养的"科学写作"大单元教学设计与实践

确立了课题，就要组织教研组撰写开题报告进行开题，形式和一般课题研究无异，只是内容都是简化的，不求理论化和深刻性。开题后，要制订教科研一体化计划，主要确定哪些教学内容是研究的落脚点，可以作为研究课来共同教研。前面谈到的"一落实"就是指的这个教科研一体化计划。在教研过程中，鼓励教师反思，集合教研组各位教师的反思就是研究的成果和轨迹。最后是进行结题，结题也简化到明确突破这个点的方法和策略就可以了。教科研一体化解决了真问题，促进教师学科专业能力的提升。

第三，教研制度的标准化。标准是对重复性事物和概念所做的统一规定。标准化的定义是在经济、技术、科学及管理等社会实践中，对重复性事物和概念，通过制定发布和实施标准，达到统一，以获得最佳秩序和社会效益。教研组内部的管理过去是比较粗放式的，有时候教研组组长不知道怎么干，不知道干到什么程度。推行标准化首先要推行教学常规标准化，这是定标的过程。常规工作检查是教研组的一种常态工作，教研组组长要和组员一起研究，确定每项常规检查的标准，制定检查记录表。每次组内检查后，教研组组长和组员要在组内教研活动中进行交流，这样做的好处是达到常规工作标准和进度的统一，还有助于组内好的经验输出，使所有教师的常规工作得到提升，还能使教研组组长对组内教师常规工作做到心中有数。

图 8-1(1)是四年级语文组《目标检测》作业的书写标准，全年级所有

班级一个标准，所有学生的作业全都贴上这个要求，检查作业也以此为标准。图 8-1(2)是学生作业的落实情况。作业的作答、批阅、改错都统一标准。此外，还要把常规检查固定化，这是查标的过程。常规教学质量由教研组组长把好第一道关，如教学进度、作业批改、教案复备、常规小测等都建立组内常规检查制度，固定检查时间。这样在学校常规工作抽检时，也能杜绝因态度和标准不到位的初级错误。教研活动痕迹化，这是树标的过程。要养成每次活动后记录活动过程的习惯，重点是记录下活动的成果。

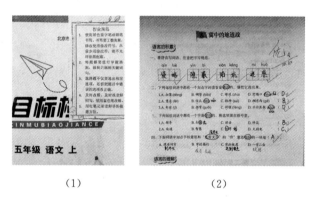

(1)   (2)

图 8-1 语文组《目标检测》作业书写标准及学生落实情况

第四，教研成果的模式化。模式化的目的是什么？就是让教师在教学中落实教研成果不走样，使学生在学习中不走样。例如，四年级在教研写景状物文章所涉及的五类题型以后，总结出了学生的四步讲题法，目的是让学生通过这四步讲题法能够清晰地、有条理地讲述出自己的做题思路。又如，六年级在讲说明文的时候，有一类题是说明文语言的准确性，于是教师就总结了四步答题法，形成模式后要求学生说清每一步，人人过关。再如，查字典的题是特别容易失分的题，我们就把四种类型的做题方法编成了儿歌，让学生朗读，使其能够记住并说出自己的做题思路。比如"根据意思定读音，拿不准时看例子"这个儿歌在抽测中起了很好的作用，学期考试中就出现了这种类型题"重创"，学生能够有意识地从例子中去找这个词，所以这道题失分率只有 4.5%。

教研组"四化"策略是针对教研组有效运转的研究，它通过一种管理模型应用，提高了教研组管理的科学性、规范性，使教研组管理从人管理到制度管理转变，从行政管理向学术管理过渡，从上级管理向自主管理过渡。它最终实现的是教师业务水平的提升，各年级间、各学科间均衡和优质的发展。

(三)多形式教研是培养研究型教师的有效途径

学校提供多形式教研是教师从经验型向研究型转变的有效途径之一。在多形式教研中，只有一线教师才能不断吸收理论知识，不断学会研究方法策略，不断内化为自己的学术素养。学校要因地制宜、因势利导地设计多种匹配本校教师发展规律的教研活动。

1. 以数据分析为基础进行小主题教研

问题解决包括提出问题、明确问题、提出假设和验证假设四个阶段。提出一个问题往往比解决一个问题更为重要。解决一个问题也许只是一个技巧问题，提出新的问题、新的可能性，从新的角度看旧问题，却需要创造性的想象力。其中"找到真问题"是问题解决的核心，也是教师学术研究能力的根本体现。如果我们的校本教研是围绕一个伪问题或者非本质问题展开的，这样不仅可能徒劳无功，而且可能与真问题背道而驰。现代大数据的广泛应用给了我们找准真问题的抓手。每次测试后通过大数据的对比就能找准一个教师在教学中的问题，找准一个教研组内学科教师间的共性问题。分析教师教学行为能够确定需要解决的真问题，这个真问题就是我们的研究小主题。围绕这个小主题进行深入研究，就能够实现有效益的教研。

一个校区的三年级数学教师对三年级抽测卷进行了分析，发现某道题(见图 8-2)的失分率是所有试题中失分率最高的，达到 62.5%。该题曾出现在教材上，教材上要求学生画出周长一样的长方形，然后看看能发现什么规律。

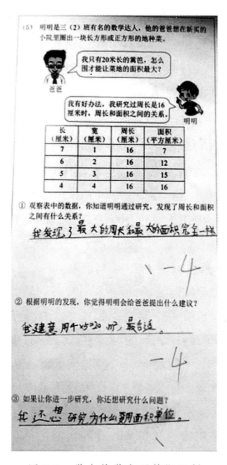

图 8-2　学生数学卷面答题示例

　　教师反思自己的教学行为：教学这一题时，学生画图比较容易，但是在发现规律的环节上学生遇到了困难，不知道该从哪个角度去观察，这个时候教师没有给学生足够的时间去思考，而是对学生进行了结论上的指导，让学生通过结论再去观察图形，并且做好笔记进行记忆。通过分析学生试卷的答题情况，教师意识到"规律真的要让学生发现，结论真的要让学生总结"。只有这样，学生才能将知识内化，掌握知识。另外，这道题学生观察信息比较片面，第一小题是"观察表中的数据，你知道明明通过研究，发现了周长和面积之间有什么关系？"，学生只关注到统计表中周长和面积的相关数据，而忽略了长、宽的数据，提取信息不全面。第二小题是"根据明明的发现，你觉得明明会给爸爸提出什么建议？"，学生需要根据爸爸的描述来回答。由于没有提取出关键的信息，没能弄明白此题的意思，学生出现了所答非所问的情况，还有的学生用明明举例的数据来作答。第三小题是"如果让你进一步研究，你还想研究什么问题？"，因为教师平时组织学生讨论过针对这种情况提出问题时要与问题情境相结合，提的问题一定与试卷中的题目说的是一回事，所以学生都能够提出与本题相关的问题，但是能提出有价值的问题的学生相对少多了。

基于以上分析，教师制定了下学期教科研一体化课题，研讨确定了下一阶段教研组跟进的教研对策。他们把下学期本年级本学科的教科研一体化课题定为"学生提取信息能力的培养"，并提出了三条研究策略。第一，继续培养学生"理解与批判"的能力，在课堂上引导学生从不同的角度观察问题，用不同的方法解决问题，培养其语言表述的全面性和思维的严谨性。第二，课堂上落实对学生提出问题能力的培养。利用学校质疑区，在重点教学内容中，让学生发现问题和提出问题，重点落在如何提出有价值的问题上。组织学生对问题进行分类研讨，明确哪些是有价值的问题，并对学生分类研讨的方法进行指导，教研组先教研然后抓落实。第三，继续培养学生有效提取信息的能力，加强对题意的理解。今后的教学将结合不同的题型、不同的知识点指导学生进行有效信息的提取。

我校一个校区的五年级语文教师对测试卷进行了分析，发现有道题（见图 8-3）是对整体感知能力的考察，学生失分率均较高，有的班失分率高达 85.83%。

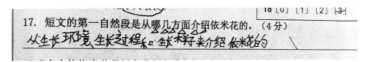

（图中学生答题文字：从生长环境、生长过程和生长样子来介绍依米花的）

图 8-3 学生语文卷面答题示例

教师反思自己的教学行为：课堂交流中总是出现个别学生理解，发言积极，大部分学生没有完全理解，发言不积极，没有理解到位的情况。但是课上时间有限，教师没有继续引导就草草结束了这个教学环节。课前预习概括主要内容检查不及时，课上教学后多数是互相检查修改，没有做到人人检查、修改到位，学生不理解的没有及时解决。课下专项练习中就对少数学生进行了补课，但该能力需要长期的训练才会有所提升。教研活动中缺少对整体感知能力的交流，教学方法单一，评价措施也没有提高学生的积极性。

基于以上分析，教师制定了下学期教科研一体化课题，研讨确定了下一阶段教研组跟进的教研对策。他们把下学期本年级本学科的教科研一体化课题定为"培养学生对不同文体的整体感知能力"，并提出了如下改进策略。

第一，课堂上重视在思辨中让学生学会归纳概括，让学生在辩驳中找到概括文章的基本方法。

第二，注重讲练结合，让学生将所学的知识和日常的练习结合起来，做到及时巩固。把握文本特点整体感知，语文教材中每一篇课文都是字、词、句、段围绕一个共同的主旨而构成的有机整体。整体感知文章内容，可以是阅读材料的文化背景、写作意图、题目含义、中心思想，也可以是文章内部层次、感情基调、人物形象以及写作技巧的归纳总结。

第三，引导学生感知文章基本内容，了解文章大致思路，感受作者表达的思想感情。整体感知文章内容是全方位的，一般情况下，可采用由浅入深、从前到后的顺序，从文中摘选关键词句，如表明文中思路的过渡句、抒情句、总起句等，进行提炼、筛选、合并，从而使学生能从整体上感知文章内容。

第四，引导学生对文章从整体上进行归纳，在学生自主阅读、整体把握的基础上，对阅读的步骤、重点等问题要给予必要的说明，以提高课堂教学效率；在学生学习遇到疑难处，教师要给予必要的点拨；在学生发表自己的观点之后，教师要给予必要的点评。

第五，交给学生对不同文体感知的方法，如了解大意法，让学生先通读全文，初步把握文章大意，这有助于学生迅速进入状态，融入文章，对文章各部分内容的把握与理解也就能更迅速、更准确，此方法适用于各类文体。在阅读前，教师可给学生提出这样的问题：这篇文章写了些什么？要求学生带着问题去感知，在通读全文后，用简洁的语言概括文章的内容。此外，还有整理线索法。初读课文时凭直觉思维对文章的线索有个大概的了解，是总览全文的进一步要求。阅读时教师指导学生抓住贯穿全文的脉络线索，联系人和事的某一具体事物或思想，如时间、地点、事物、情感等，指导学生抓住文章线索的来龙去脉，文章的思路便一目了然。通过整理线索，学生对文章的情节发展过程就有了总体上的把握，这就为进一步进行细致的局部分析做了充分的准备。

通过以上两例，可以看出"问题"的确定是科学有据的，有效的校本教研就要解决教师教育教学的真问题。通过数据找问题，通过分析自身行为定主题，从提出研究假设（策略）到实践验证，这个过程就是对教师学术研究的历练。历练成为习惯就是能力。

2.发挥教研组主观能动性，开展多样化教研

形式一：月课组内共研互听课。

我们学校有月课制度，每个教师每个月要面向教研组内所有教师上一节公开课。每次各教研组都是团队协作，集体作战。师徒共上一节课，师父上样板课，徒弟学，为了达到更好的效果，会反复几个回合。骨干教师开放自己的课堂让徒弟随时学习，对组内教师也随时开放，组内教师路过班级时都有可能进去听一听。有时两两一组，科学划分课时，提高时效性。例如，五年级语文教研《狼牙山五壮士》一课，根据内容，教师把第一次任务放到第一课时学习；第二课时重点突破第二次任务，通过思维导图对比感受壮士的壮举、壮行，再加入拓展阅读资料，升华情感。

形式二：依托"新事物"常规教研有创新。

现在的社会日新月异，新的事物、新的思想不断产生，冲击着我们的生活，也改变着我们的教育。我们的教育要抓住这些"新事物"，与时俱进改变我们固有的教育思维，使我们的常规教研有所创新，从而实现我们的课堂变革。

第一，思维导图教学法的有效应用。思维导图以直观的方式，将多重思维显性化，符合大脑的运作模式和思维记忆的特性，有利于学生语文水平的提升和思维品质的培养。思维导图能帮助学生构建清晰的知识网络，培养学生的抽象思维。思维导图具有将知识可视化的特性，它凭借图形、线条、符号等方式的连接，将复杂的知识体系以结构图的方式清晰地表现出来。我校各语文教研组在以下几方面运用思维导图进行尝试：课前预习、课中、写作。

课前预习时，学生可以想想自己已经掌握的知识点与新授课文有哪些知识点可以相互联系，在思维导图中绘制出来，再根据教师的预习提示来打开自己的思维，绘制出自己对课文的理解，也可以将自己对课文的猜想及感兴趣的问题绘制在思维导图上。这样，在接下来的课堂学习中，学生可以对自己原先绘制的思维导图进行修正和补充，进一步完善自己对课文的学习和理解。小学生的思维特点是形象的、具象的，停留在物体表面的，以形象思维为主。在写作方面，思维导图具有将知识可视化的功能，能借助颜色各异的图形、文字、线条等，把复杂的知识体系直观形象地呈现出来。在总结写作方法时，有的学生竟然用思维导图总结说出了写作方法，非常了不起。

在教研组组长的带领下，教师每周守时参加组内教研活动，有实效、有创新。在每次教研活动开展之前，组长会通过思维导图的形式向每个教师明确教研的内容，尝试着改变以往对一大段复杂的文字抓核心词的情形，用思维导图表现既具体又形象。

第二，电子书包的有效使用。我校在语文第一课时的教学中全面推进电子书包的使用，这一新技术的应用使课堂结构更加优化，使学生的阅读能力更加深化、知识获得过程更加活化、思维品质得到强化。在语文课堂上，我们可以充分利用电子书包的 IRS 系统对学生进行课前测，了解学生的预习情况，让学生在课上提交测试题。教师能够同步接收到学生的答案，电子书包的评价系统也可以根据学生提交的答案同步分析出学生的知识漏洞，从而促使教师及时调整本节课的教学重难点。课中，随时通过 IRS 系统对所学知识进行检测，教师根据统计结果合理调整教学进度，还可以将它作为课堂游戏的工具（如打赏机制和随机分组），活跃课堂气氛，激发学生学习兴趣。课后，根据 IRS 系统的测试结果，教师为学生推送个性化的教学资源，从而实现因材施教的教育理念。电子书包在语文课堂上的应用不仅可以使教师快速把握学情，顺学而导，而且可以通过改变教学方式和评价方式使教师提升获得感，提升内驱力。

贾山老师率先在幸福村学区"电子书包"推进活动中做了展示课"自己的花是让别人看的"，在市级课题"基于核心素养的学校课程体系建设与实践"现场研讨会上做电子书包《我的伯父鲁迅先生》第一课时观摩课，以及这节课区级研究课。在"第三届全国基础教育信息化应用展示交流活动"中进行了现场说课。

电子书包在小学语文课堂教学中的运用可以充分调动学生的兴趣，让学生养成良好的语文学习习惯，并有利于提高学生的自主学习能力和创新思维能力，从而实现课程改革对课堂教学凸显学生主体性的要求。

电子书包学习平台的交互功能为学生提供了自主学习的空间，尊重学生不同的学习方式、学习方法，给学生更多体验的机会。学生从被动学习转向利用资源的主动、自主地学习，学习不再受时间和地域的限制，拓展了合作、研究性学习的空间，学生可以随时利用学习终端中提供的学习平台进行生生间的讨论、师生间的交流与互动，极大地提升了学生的创新思维能力。

形式三：同课同构——阶梯教研。

教研组是学校的最基础的教研核心团体。如何发挥教研带动科研、科研促进教研的双核作用，是摆在我们每个教研组成员面前的课题。各教研组发挥月课和微课以及走班上课的作用，只有将矛头指向自己，每个教师的提升才能让教研组职能发挥最大化作用。

抓源头——向备课要质量。从主问题的设定上，我们以语文要素为靶心，精准定位课后习题，做到有的放矢，让课堂围绕主问题展开，提升课堂的时效性。教师的教学活动设计倾向于小组合作的探究模式，让语文课堂真正思辨起来，让学生在讨论中实现知识的获得。我们发挥教研组的教研合力，教研组长带领教师讨论、探究备课中的重难点，让每位教研组成员都清楚教学目标。比如，我们对《梅花魂》一课的教研，全组教师进行同课异构，每个教师先自己备《梅花魂》一课，目的是对教材和教参有深入的了解，在分组教研的时候，大家是带着思考、带着问题参加的，在集体备课中，通过对教学设计的共同研究、对比发现，教师会发现不同教学内容的教学方法，及时改进低效甚至无效的教学方式，从而保证课堂节奏，提升课堂效率。接着组内推出一个教师上课，听课时，我们要求全组教师既要从整体上把握讲课教师的课堂，又要有重点地去听，大家分别对课堂评价、各环节的有效连接与过渡、重难点的处理方式方法、当堂检测目标的完成度等几个方面进行关注，分别带着任务走进课堂，全面把握课堂教学的有效性。

第一个教师上完课后全组教师进行评课，梳理三条优点，提出一条改进建议，最后达成共识。然后大家梳理自己的教学设计，可以进行微调，学习并借鉴上一个教师的课堂成功点。同课同构，使教师在同课同构的过程中互相学习、引发智慧并进行思维的碰撞，在碰撞中实践，在实践中反思，在反思中达成，在达成中分享，在分享中成长。教学在不断地实践和体验中得到升华，共同构建出精彩而有效的课堂。

"你有一种思想，我有一种思想，交换后每人有两种思想。"同课同构活动中的相互听课、评课、反思就是一个体验和感悟的过程。它能让教师在互动中思考：同是一堂课，结构都一样，听的过程中我学什么？同是一堂课，结构都一样，我去评什么？只有带着这样的思考走进研讨，才会在研讨中形成思维的碰撞，产生新的教学思想，才会在质疑中积极反思自己的教学行为，在后面的教学中取长补短，形成更有效的教学策略。每一个教师都积极参与其中，通过备课、议课、磨课，实现真正的研课，这期间没有旁观者，这样的研讨才会让每一个教师都能准确地改进教学策略，优化自己的教学方法，提升自己教学水平。

教师经历备课—说课—上课—评课—磨课—再上课—研课—出成果的过程，并向校区推荐成型的优秀课例，完成科研轨迹的撰写。在这个阶梯化过程中，月课于我们是做一课磨一课，做一课精一课，做一课收获一课。

第三节　积极开展各类课题研究

课题研究能够引领教师从经验型向研究型转变，更重要的是能够把研究意识注入教师的脑中。在各类课题研究实践中，教师不断经历学术研究各个阶段的过程，不断运用各种学术研究方法，潜移默化地使自己的学术素养得到提升。

一、强化管理，为课题研究提供有力保障

加强对课题研究的科学管理，能够解决课题研究中普遍存在的问题，为课题研究提供有力保障，使课题研究成果反哺教学实践。

(一)课题研究管理中的普遍性问题分析

目前，学校课题研究管理当中普遍存在管理工作定位不明确的问题。大多数学校课题研究管理部门还停留在行政管理上，将负责传达相关科研课题信息和提交课题成果作为主要工作内容。在实际管理过程中，管理人员往往会不自觉地侧重对立项及结项数量进行管理。由于在课题开展过程中并未形成行之有效的过程监管机制，因此极易出现管理疏忽、管理错漏等问题，这也导致各项课题缺乏足够的规范性，影响课题研究质量。

在当前的课题研究管理当中还普遍存在课题管理制度不完善的问题。现有的管理制度也大多直接套用院校、单位机构的科研课题管理制度，并未与学校自身实际情况进行有效结合，因而在很大程度上限制了管理制度的有效性发挥。只简单采用笼统、框架式课题管理制度显然无法满足各类型、层次课题的管理需要。

(二)深化落实科研课题过程管理建设的管理系统

一个学校有了一个完备的科研课题管理系统，就有利于各级各类课题的统筹管理，人员、资源的合理调配。管理系统的正常运转能够保证科研课题研究的有效推进，不因外界因素改变而影响研究的进行。

1. 建立组织机构，保障研究工作有序进行

成立由校长挂帅、副校长负责、各校区科研干部分管的科研领导小组。我们认为课题研究能在一所学校开展起来、坚持下去并取得丰硕的成果的关键在于领导。实验教师的研究是非专业性的，在完成教学工作的同时，要付出更多的精力和辛苦，如果学校领导不重视教育科研，不支持教育科研，对研究工作不闻不问，教师就不会心悦诚服地做出奉献。这就要求学校领导要深刻认识教育科研的意义，深入科研第一线和教师一起投入教育科研中去。

成立科研指导小组，确定学术领军人物。校长、校区主管、科研主任组成科研指导小组，负责指导校内课题的选题、组织实施、结题答辩、成果推广；学校内的特级教师、市级学科带头人、市级骨干教师负责校内课题研究学术指导，负责各个课题研究的学术问题解答。

成立研究小组，努力为每个课题找到真正的"主人"。坚持以人为核心的课题管理原则意味着课题管理者要充分强调人的主体作用，不管从课题内容的确立，还是管理过程中所采取的措施，抑或是培育研究者的心态角色等方面，都要紧紧围绕着调动人的积极性、主动性和创造性的活动进行管理活动。每个领题人对自己所负责的课题有足够的研究能力。因此，学校在进行科研课题申报时要倡导教师量力而为，选择自己有能力研究的课题。据此，我们以教师自愿为原则按不同立项课题，将

教师合理划分到不同课题组，明确研究教师的研究任务。这样，既不增加教师的研究负担，又能让教师有效地参与到实践研究中去。

2. 课题全生命周期植入式管理

我们可以将一个课题从选题到开题到结题的过程比作一个生命从孕育到出生直至生命终止的过程。在这个生命周期内我们要提供必要的辅导和支持，这样才能使课题"健康茁壮成长"。

(1)组织立项管理

在科研课题的立项阶段，需要对现有评审方式进行优化改进。通过积极利用二轮评审的方式，在第一轮科研课题评审会当中初步决定立项与否，第一轮审核由各校区把关，并针对科研课题项目的情况提出相应的修改建议。其中选题较优但缺乏有效设计的课题，则需要由校内学术领军人和教学科研干部进行讨论研究，针对其研究方向与方法、研究结构等各个方面提出相应的指导意见，从而可以更有效地对科研课题进行修改和调整。随后在第二轮科研课题评审当中，需要对立项课题方法进行统一明确，利用此种方式在有效保障立项课题质量水平的同时，实现课题的科学规划。

(2)中期进展管理

课题研究进入中期阶段，则需要做好相应的中期进展管理工作。在此过程中，可以通过积极构建起研讨检查会制度，对科研课题进行严格的中期检查，使得科研课题项目得以顺利进行。在研讨检查会中，研讨检查会成员需要根据各个课题的具体研究内容、研究计划等，对其已经开展的研究工作和取得的阶段性研究成果等进行逐一审核，并要求相关人员真实汇报在科研课题研究中存在的现实问题及下阶段工作计划等，在对研究当中使用的各种原始资料进行集中整理后一并交由研讨检查会成员审核，使其可以据此公平、客观地对科研课题进行中期进展管理。在管理科研档案的过程中，则应当通过积极利用数据库技术、计算机技术等构建电子化的科研档案管理系统，借助扫描仪、计算机等设备实现对各类纸质科研档案的信息化管理。通过充分利用系统各项功能，完成包括最新科研政策及相关成果发布或展示等工作，使得科研信息传递更加高效、透明，而积极构建科研课题信息化管理系统也有助于深化对科研课题的全过程管理。

(3)课题评价管理

在科研课题的考核评价中，首先需要量化评价指标体系，将各级别课题与评价体系挂钩奖励，参照学校发展性综合评价指标，依照其具体级别与数量等赋予相应的系数。

通过灵活运用信息化手段从科研课题立项、中期管理、结项等各阶段展开细化管理。在量化科研课题评价指标体系并主动建立起完善的科研课题管理制度下，有效达到优化科研课题管理成效的目的。

(三)充分调动研究者的积极性

不要责怪广大一线教师对于科研课题的恐惧心理，而是应该从课题研究管理上找方法帮助教师克服这种心理，让他们逐渐熟悉科研课题并喜爱上科研课题。只有当教师乐意并主动参与课题研究，学校的科研氛围才算真正形成。让教师享受科研的快乐，快乐从何而来？这种快乐来自教学的过程和师生的共同成长。学校要倡导教师研究学生出现的新问题，探讨解决新问题的办法，促进学生的身心发展，这不仅是当代教师的责任，而且是教师得到快乐的源泉所在。事实上，高质量的科研成果不仅需要严谨求实、埋头苦干的科研作风，而且需要宽松的科研环境与研究者快乐的精神状态。当下最需要的是恢复课题研究自由、自觉的本性，摒弃唯课题、唯论文的单一化、简单化的评价体系，应让教师在探索教育教学的科学之路上体会到做科研的快乐。要使教师产生并享受课题研究带来的幸福感，就需要在管理中树立"尊重"的思想，尊重每个教师自主发展的意愿，尊重每个教师在课题组中的发言权，尊重每个教师的不同理解。

从现实的角度出发，让教师以课题主持人的角色参与到课题研究活动中来，既对其个人的专业成长和职称晋升有很大的帮助，又能够直接地提升其研究的热情和积极性。一旦教师能够独立地开展科研课题研究，那就意味着"管理"已经可以退出了，这可能就是学校科研管理的最高水平。对于一些中小学来讲，教师接触科研课题的时间并不长，科研课题管理对他们来说是一个全新的挑战。在课题管理过程中注重以人为本，以教师为核心，为教师的成长和发展创造条件，必将成为现代学校课题管理的一种合理选择和必然追求。

二、进行研究，以课题成果指导教学实践

教科研是一体化的，在教育教学中进行研究，经过多年研究取得的成果一定能够用来指导我们的教学实践，能够用新的思想指导我们的实践，用新的策略方法代替原有的策略方法，从而使教学效益有所提升。

(一)参与课题研究，助力专业化成长

教学系统是由教师、学生、教材、媒体等构成的。随着时代的发展，学生的认知水平、心智模式在不断发生着改变，教材和媒体也随着时代的发展和科技的进步，不断被注入新鲜的"血液"，这要求教师必须以研究者的身份从事教育教学工作。苏霍姆林斯基向校长们建议："如果你想使教育工作给教师带来欢乐，使每天的上课不致变成单调乏味的苦差，那就请你把每个教师引上进行研究的幸福之路吧。谁能感到自己是在进行研究，谁就会更快地成为教育工作的能手。"教师参与课题研究面对的是教学工作实践中出现的各种教育现象和问题，当找到行之有效的办法之后，教师还会把办法和结论运用到教学工作中，这样就会少走弯路、少进误区，保证教师教育教学活动正确有序地开展。小学教师作为知识的直接传授者，每天都必须解决很多问题。参与课题研究既可以提高教师水平也能促进学校的发展。课程改革需要教师提高教学研究能力。教师通过参与课题研究不断提升自我成就感，在教学中主动研究，在研究中有效教学，这样，教师在实施教学工作时就可避免枯燥乏味的机械式教学。

例如，我校"十三五"北京市重点立项课题"以尊重为价值导向，促进教师课堂教学行为转变的研究"，立足于课堂教学实际，目的在于将

我校尊重教育的核心理念与教师的教育教学行为进行融合与对接，并通过有效开展课题研究活动，从教师自身做起，更新观念，积极转变课堂教学行为，在促进学生多样化发展的同时促进教师专业化发展。广大教师通过参与课题研究，教师角色行为、教学准备行为、课堂教学实施行为、课堂教学评价行为发生了实质性的改变。

(二)从问题中来，进行小课题研究

引导教师进行课题研究，要从小处入手，循序渐进，其中帮助教师确定研究题目是第一步，也是重中之重。我们可以指导教师将自己平时教育教学中遇到困难时无意识提出的问题，有意识地积累起来，再指导教师从这些有意识积累下来的问题中筛选并梳理出有一定研究价值的问题，以此作为我们研究的小课题。

1. 小课题研究的价值与意义

小课题研究是以教师在自己的教育教学实践中遇到的问题为课题，运用教育科研方法，由教师个人或为数不多的几个人，在不长的时间内共同研究，取得结果，其研究结果直接被应用于参与研究的教师的教育教学实践工作中去，并取得实效的教育科学研究。

它的特点是选题内容和范围小、研究难度小、周期较短、方法简单、操作容易、见效快。小课题研究无须审批立项，是教师自发进行、自我负责的"常态化"研究行为。它提倡一种"问题即课题，教学即研究，教师即研究者，成长即成果"的理念。

2. 小课题研究的五个步骤

小课题研究的五个步骤是发现问题、制定方案、解决问题、总结过程、实践运用。学校各部门、各班级、教师个人都可以在自己的工作中发现存在的问题，或梳理存在的困惑。比如，教师教学方式方法改进层面、教学知识点和能力点突破的策略、学生知识能力与习惯培养方面的问题。要考虑这些问题是否有价值：于我是否有价值，是否能解决实际问题，是否能解决最突出的问题。小课题研究必须立足于"小而精"，要选择自己(或同备课组的两三人)有能力驾驭、能做得了、做得好的具体实在的课题。将问题转化成研究主题，题目范围不过大，句式规范，前后逻辑关系清楚，研究重点明确。学期初各校区汇总各教研组的研究小课题，请学术领军人物帮助把脉命题的科学性和价值，通过审核才开始撰写教科研一体化的方案。

3. 制定教科研一体化方案

首先，教研组组长带领组内教师一起研讨小课题的研究内容与目标。其次，确定研究步骤与人员分工。主要写清楚两个方面：一方面是此项研究分哪几个阶段，一般每阶段具体做哪些工作；另一方面是此项研究有哪些人员参与，具体负责什么工作。这里的重点是小课题研究在教材中的具体落脚点，哪篇课文、哪道例题是我们重点研究的载体。最后，在教研组组长的带领下按阶段进行实践研究。

4. 及时反思轨迹并留痕

在小课题研究中，教师要对研究、对实验结果进行及时反思，并形成文字。我校推出"科研轨迹"这一创新管理制度，要求教师记下成功之处、不足之处、教学创新等。一般前半部分为记叙，后半部分为议论；前半部分注重前因后果，注重关键细节，后半部分要以前半部分为基础展开议论，要符合较前沿的教育教学新理念、新思想。每篇轨迹都要有一个鲜明的主题，对原始材料进行筛选，有针对性地选择最能反映主题的特定内容，把关键性的细节写清楚。不仅要说明思路，描述过程，而且要交代结果。评价要表明对案例所反映的主题和内容的看法和分析，以进一步揭示事件的意义和价值。

（三）课堂中实践，反思形成轨迹

自我反思被看作教师专业发展和自我成长的核心因素，是教师发现、分析、研究、解决问题的过程，是教育评价的过程，也是教师的专业学习与全面发展的过程。在反思中，教师的角色发生了两个变化，一是由单纯的教育工作者变为研究型教师，二是由"传道、受业、解惑"者变为学习型教师，实现了教学与研究，教育与学习的一体化。从这个意义上说，反思不但可以改进教育实践，而且可以改变教师自己的生活方式，帮助教师逐步实现专业自主发展。

教师独立研修能力是促进教师可持续发展的核心能力。我校让教师书写教科研轨迹，就是想以此为载体将科研课题研究与备课、上课一体化，抓住教师书写的个性"轨迹"，有针对地帮助其掌握研究问题、反思问题的具体方法，使其体验深入开展研究的成功和乐趣，养成独立研修的习惯。教师书写教科研轨迹的具体做法有以下五点。第一，提炼问题。学期末通过质量分析将学科教学存在的共性问题提炼出来，将其定为下一学年学科年级集体共同研究的问题。第二，做问题解决方案。假期内教师将围绕问题进行相关资料的收集，做先期研究，对提出的解决问题策略和实施方案进行研讨。第三，确定新学期研究指南。将教师研讨的方案提交学校科研处，经过科研处初期指导修改后就成了新学期教师实践研究的指南，将其贴在轨迹的首页。第四，确定个人主攻研究方向，开展研究行动。解决一个问题往往有三到五个策略。教师要根据自己的实际情况选择。第五，书写自己的行动研究轨迹。

这种教科研轨迹的书写及时见证了教师的思维过程，留下了教师的研究痕迹，记录了教师的成长轨迹，能促进教师有针对性地从教育理论的高度重新审视教学，有效解决问题，从小处着手改变教师已经形成的就事论事的思维定式和惯性行为。通过这样规范科研行为的具体管理指导，教师的认知能力、监控能力、操作能力及评价能力都有了很大的提升。

(四)积累典型案例，形成教学案例或论文

撰写教学案例，教师要像照镜子、过电影一般，再现自己的教学过程，用新的观点进行严格的审视、客观的评价、反复的分析。教学过程中的是非曲直、正确错误，都能由模糊变得清晰。撰写教学案例能使教师把某些教学问题认识得比较深刻，解决得比较恰当，利于教师总结成功的经验和失败的教训，看清自己的长处和不足。撰写教学案例的过程，就是重新认识教学事实的过程，就是反思、研究、总结、提高的过程。

撰写教学案例是对教学实践的反思，从实践中选择典型的实例进行描述和分析，可以使教师更清楚地认识有些做法为什么取得了成功，有些为什么效果不够理想。通过反思，教师能够提炼并明确有效的教学行为及其理论依据，从而更有效地指导今后的实践。教学案例是教学情境的故事，不同的人对故事会有不同的解读，因此教学案例十分适于用来进行交流和研讨，可以成为教研活动和教师培训的有效载体。教学案例集中反映了教师在教学活动中遇到的问题、矛盾、困惑，以及由此产生的想法、思路、对策等，就这些问题和想法开展交流讨论，对提高教师分析能力和业务水平是非常有益的。

撰写教学论文、课题研究资料，固然是教学研究；撰写教学案例，也是教学研究。写成的教学案例、教学论文、课题研究资料，都是教学研究成果。相对而言，教学案例是较小的、单一的教学研究成果，教学论文与课题研究材料是较大的教学研究成果。关于某个专题研究的教学案例，其本身不仅是教学研究的成果，而且还是撰写教学论文或课题研究材料的素材。这类素材经过加工，具有典型性，采用这些素材的教学论文与课题研究材料，紧密联系实际，内容丰富，真实可信。

教师撰写教学案例，是教学实践与教学研究的紧密结合。教师撰写自己的教学案例时，既是行动者，又是研究者。教师既可以通过具体的教学行为的描述和分析，加深对教学理论的理解；又可以通过教学理论的指导，使教学行为更加科学、合理。要写好教学案例，就需要把教学案例涉及的问题披露出来，深入分析研究，取得清晰的认识，较好地解决某个问题。教学案例尽管是个别现象，但具有典型性，代表了某种倾向。经常撰写教学案例，就能够敏锐地发现带倾向性的问题，找出解决同类问题的途径和方法。教学案例还能体现教学规律。教师对典型教学案例深层次的认识积累多了，就能够通过个别看一般，透过现象看本质，真切地感悟教学的规律，建立起一套科学的思维方式，形成高效的工作方法，养成良好的工作习惯，使之达到自动化的程度，从而减少教学的盲目性和随意性，提高教学效益，提高自己的教学实践能力。

撰写教学案例、撰写教学论文、撰写课题研究材料是教师进行教学研究的三个方面，三者密不可分。撰写教学案例是撰写教学论文、撰写课题研究材料的基础，撰写教学论文是撰写教学案例的提高，撰写课题研究材料则是撰写教学案例的升华。三个方面结合，能够促使教师做到教学行动与教学研究紧密结合，教学理论与教学实践紧密结合，教学经验与教学科学紧密结合。

第九章

学术启蒙与校长的
学术治校

在儿童眼里，世上的种种事情都是新鲜而令人惊奇的。他们对周围世界有着极大的兴趣和求知欲，往往能以一种打破砂锅问到底的精神和自己独特的视角来审视与探索。儿童的这种天性需要得到成人的呵护，学校要为他们释放天性、快乐地探索创造条件。做好这一点并不容易，需要有一支同样充满好奇心、好提问、好琢磨、会研究的队伍。

在校长的眼里，学校就是一个研究基地，只有校长自己善研究、懂研究、会研究才有可能去影响一支队伍。祖雪媛校长在学校里被大家亲切地称为"问号"校长，因为她问自己、问干部、问教师、问学生，走到哪里就问到哪里。问带来了思考，问带来了多角度思维，问带来了思维的深刻性，问带来了对新问题的发现，问带来了深度的研究。她和教师们一道从宏观到微观的层层深入的立项研究轨迹，正是以问题驱动的研究，引发了教师的主动学习与创新，带来了一次次学校的变革与发展，推动了教师发展、学生发展，促进了学校全面发展、特色发展。

第一节 让学校充满研究的味道

星星为什么会眨眼睛？苹果为什么会掉下来？我是从哪儿来的呢？几乎所有的孩子小的时候都是提问的天才。而随年龄的增长，他们的问题难度也大起来。有的家长嫌烦或再无耐心回答问题，或回答不上来孩子的问题；有的家长则十分智慧，孩子一问问题就指明方向引导其到某某书里去找答案；有的家长带着孩子一起在网上输入关键词去找答案；有的家长带孩子走进博物馆、走进大自然去寻找答案。在家长的积极引导下，孩子会越来越爱问，越来越爱学。孩子入学后，正好遇到学校、班级、不同的学科的教师都注重培养好问、质疑的好习惯，并能引导他们带着问题思考、带着问题探究、尝试自主去解决问题，孩子好问的天性就保持并延续了下来。爱因斯坦说过，提出一个问题往往比解决一个问题更重要，因为解决一个问题也许只是一个数学上或实验上的技巧问题，而提出新的问题、新的可能性，从新的角度看旧问题，却需要创造性的想象力。

瓦特是英国的发明家，他对当时已出现的蒸汽机原始雏形做了一系列的重大改进，发明了单缸单动式和单缸双动式蒸汽机，提高了蒸汽机的热效率和工作的可靠性，对当时社会生产力的发展做出了杰出贡献。瓦特为什么能成为发明家呢？在瓦特故乡的小镇上，家家户户都生火烧水、做饭。对这种司空见惯的事，有谁留过心呢？瓦特就留心了。他在厨房里看祖母做饭，炉子上坐着一壶开水。开水在沸腾，壶盖"啪啪啪"地作响，不停地往上跳动。瓦特观察了好半天，感到很奇怪，猜不透这是什么缘故，就问祖母："什么东西使壶盖跳动呢？为什么水开了壶盖就跳动？是什么东西推动它呢？"连续几天，每当做饭时，他就蹲在炉子旁边细心地观察。起初，壶盖很安稳，过了一会儿，水要开了，发出响声。蓦地，壶里的水蒸气冒出来，推动壶盖跳动了。蒸汽不住地往上冒，壶盖也不停地跳动着，好像里边藏着个魔术师在变戏法似的。瓦特高兴了，几乎叫出声来。他把壶盖揭开盖上，盖上又揭开，反复验证。他还把杯子、调羹遮在水蒸气喷出的地方。瓦特终于弄清楚了，是水蒸气推动壶盖跳动，这水蒸气的力量还真不小呢。水蒸气推动壶盖跳动的物理现象，不正是瓦特发明蒸汽机的认识源泉吗？

遗传学家麦克林托克曾说：我太倾情于我所从事的研究，以至于一大早就起床急不可待地去工作。麦克林托克一钻进实验室就是十多个小时，她与玉米简直到了"亲密无间"的程度。正是这种醉心于玉米遗传学研究的执着精神，让她在玉米细胞的染色体中发现可移动基因，即所谓"控制因子"，提出了一个革命性的思想。

为了适应我国社会经济的快速发展，《中共中央国务院关于深化教育教学改革全面提高义务教育质量的意见》提出要"着力培养认知能力，促进思维发展，激发创新意识""突出学生主体地位，注重保护学生好奇心、想象力、求知欲，激发学习兴趣，提高学习能力"。

一、营造具有"探究"特质的文化氛围

学校是一个矛盾和问题无时不在、无时不有的地方，学校内部最大的矛盾是教师的实际水平与学生、家长、社会的高期望不匹配。教师多是从学校走进学校，最大特点是惯性地用他的教师教他的方法开展教育；惯性地运用老教师传授的经验进行教育；惯性地运用小教研组形成的共识开展教育。解决观念、思维、方法等种种问题，为学生走向明天打好基础，不是一个校长、几个干部就可以做得到的，必须营造一种具有"探究"特质的文化氛围。

祖校长在学校做的第一份问卷中的一个题目是：你期望学校今后在哪些方面做哪些改进？祖校长与80%的教师进行了访谈，发现能提出问题与建议的只有两位。综述这支队伍的特性，明显存在着权威型、家长式管理痕迹，教师们不善于主动提出问题和思考，习惯于被动的工作状态。基于观察、研究和反思，祖校长在我校提交教代会讨论的第一个五年规划中，就明确提出学校要体现"人文、探究、开放、自觉"的文

化特质，并对其做了详细的解释。"人文"是人类文化中的核心部分，它的集中体现是重视人，尊重人，关心人，爱护人。"开放"多表示张开、释放、解除限制；并且把原因探究出来。"自觉"指自己有所认识而主动去做，自己感觉到，自己有所察觉。自觉也是一种内在自我发现、外在创新的自我解放意识。"探究"就是指每一个教师都应具有问题意识，认识到"问题就是机会，问题促进发展"。问题怎么会促进发展呢？那就是我们应该像科学家一样，做专家型教师，形成善于发现问题，理性面对问题，多角度分析问题，乐于围绕问题开展深入研究，找到问题根源，科学破解问题的能力和习惯。

（一）让自己先成为研究者

1996 年，祖雪媛初做教学主管，基于课堂教学存在的"部分学生思维参与学习过程，部分学生游离在外"等问题，带着教师们做了"学生全员参与教学全过程的研究"。教师基于不同思维水平的学生的学习需要，创新了多种学生能参与学习的策略，实现了课堂教学的转变。2001 年，祖雪媛成为校长，面临经费不足和投诉不断等问题。她选择了以科学研究整体推进破解问题。第一个研究项目就是"基于可持续发展教育思想的学校形象策划研究"，该项目将干部、教师的目光引向了对学校整体文化建设的思考与实践。

什么是学校的形象？白家庄小学应树立怎样的形象？依据是什么？形象策划的主要策略是什么？一个个问题带来了一次次学习与思考，将历史与现实、现实与梦想、实践与理论结合起来。

以问题为驱动的研究使祖校长更清醒地认识到：学校形象是学校的表现和特征在社会公众心目中的反映，是社会公众对学校的总体评价，也是社会公众按照一定的标准和要求，对某个学校经过主观努力所形成和表现出来的形象特征所持的整体看法、最终印象和综合评价；面对学校实际：远距离分布的不同校址办学，学校的形象策划绝不能做表面文章，应扎扎实实地分析学校实际情况进行深入思考，以先进的教育理念为指导，通过策划及时总结学校的办学经验，发展、彰显学校的特色，造就有个性的学校品牌，提高学校内部的向心力、聚合力，提高学校核心竞争力，满足社会对高质量教育的要求。接下来在进行学校形象策划时，祖校长就从三方面重点展开深入思考：一是从传承学校历史文化需要层面；二是从学校规模迅速扩大需要层面；三是从学校可持续发展需要层面。这又包括"理念识别、行为识别、环境识别"多个系统。

在进行理念识别系统构建研究时，怎样才能体现整体思路清晰、局部相互联系呢？祖校长以"为学生创建一座乐园"为基准，进行深入思考，力争把一个美好的愿景描画为操作性强的可以实现的目标体系。首先，以可持续发展教育项目提倡的主体教育和可持续发展理念为指导，以基础道德建设要求的精神为基础，在注重中华民族精神的传承和结合我校的历史优良传统与文化的继承基础上，提出并不断完善了具有白小个性的办学目标、团队作风、精神、管理特征及质量标准。

例如，我们把历史上学校的追求，结合未来对教育的期望，将学校办学目标定为：创建一座乐园——一座能够开启潜能，使每一个教师、学生都得到最大限度发展的乐园。乐园应该从哪些方面体现呢？围绕这个问题，我们进一步展开研究和探讨，逐渐确定乐园应遵从每一个学生的心理和发展需求，应该从使其感受到"环境的怡人之乐、身心的健美之乐、学习的探究之乐、坦诚的交往之乐、不断体验成功之乐、超越自我发展之乐"六大方面体现。

再如，为了把理念转化为行动，使行动形成习惯，最终提升个人素质，在管理方面，我们又进一步探究：哪些标志化管理特征能够体现世界教育管理趋势，能够最大化地体现"人本主义"思想呢？一定是"人文化、开放性、探究性、自行性"。而这四个特征的内涵分别是什么呢？通过进一步的追问，我们了解了"人文化"就是以人为本，注重对人性的尊重，注重人的内心的感受与体验，注重个人的发展，体现人文价值观，培养具有人文关怀精神的有道德、有个性的人。"开放性"就是解放思想，解除不必要的封锁、禁令和限制；敞开心灵，善于接受新的事物。开放主要体现在四个方面。其一，思想的开放。一方面，强调要拓宽自己的视野，勤学、多思，形成自己的思想；另一方面，强调要能在集团内外积极获取新信息、新思想。其二，思维方式的开放。人人都能从不同的角度、不同的方面、不同的层次思考问题。其三，性格的开放。其外在表现就是要善于交际；内在表现就是要敞开心灵，还要对不违背法律规定和道德准则的新奇事物具有包容的态度。其四，环境的开放。要尽可能地为教师与学生提供开放的阅览、艺术、科技、体育天地，提供开放的网络环境。"探究性"就是要人人具有强烈的探究欲望，具备基本的探究方法，以一种探究的思维方式，解决我们面临的和可能面临的形形色色的新问题。"自行性"就是自动、自发、自觉，充分发挥每一位干部、教师、学生的自觉性、主动性、积极性、创造性，按照自己认同的目标，沿着适合自己的轨迹，运用适合自己的方式，螺旋式向上运转，达到超越自我发展的境界。

在行为识别系统的构建策划中，我们进一步了解学校行为形象策划是通过行为规范化、制度化和具体的执行行为，将学校理念外化的过程。它包括学校内部组织及其成员行为与活动的规范与协调，有特色的学校制度和活动的形成，还包括校长形象、教职员工形象、学生形象的策划等问题。在队伍建设制度方面，为了体现人本管理思想，体现需要性原则，我们突出两个遵从：遵从未来学校教育的发展需要，遵从教师个人发展的需求。具体实践上，我们研究制定了能促进教师综合可持续发展的《教师工作发展性评价制度》《干部工作发展性评价制度》，促进教师特色发展的《星级教师评价制度》；制定了随时代发展不断调整的《教师师德行为规范要求》《教师礼仪规范要求》《教师一日生活制度》《科研骨干教师工作要求》《课堂常态课标准》《探究性学习标准》《备课、说课标准》《课后反思标准》等。

在环境识别系统的构建策划中，我们围绕"学校环境识别系统如何更充分地体现反映学校理念"这一核心问题，从个性化视觉环境识别、个性化听觉环境识别、个性化嗅觉环境识别等多角度进行学习、思考和策划。环境识别是学校理念的静态识别形式，是学校形象策划的最外层、最直接的部分，可以运用视觉传达方法，在学校物质性载体上使用一系列识别符号，刻画学校的个性，突出学校的精神、风格。

用什么形象标识能够体现传递出我校志存高远、不畏艰难、永不停息、不断超越自己的精神追求呢？对！那一定是古代传说中飞得很高并且能够给人们带来吉祥的鸟——云鹤。如何体现我校天人合一的可持续发展教育理念呢？"圆环"是地球、太阳、宇宙的象征；"BX"是白小汉语拼音缩写，组成向上奋飞的云鹤。整个构图简洁形象：展翅飞翔的云鹤迎着喷薄欲出的太阳，向着宇宙奋飞（见图 9-1）。

图 9-1　学校的形象标识

用什么体现学校整体办学理念，落实"环境的怡人之乐"呢？建绿色的"自然走廊"，让学生置身在绿色的大自然中，听琴赏花。建蓝色的"科技走廊"，让学生背靠大海、仰望星空，产生无尽的遐想，并可在互动实验区内进行声、光、电等小试验，引起探究自然、社会奥秘的兴趣。建粉色的"艺术走廊"，设学生艺术作品获奖区，设学生艺术作品自由展示区，设开放的图书及开放网络资料查询区。建黄色的"资源走廊"，设资源开放展示园地，让学生感悟资源对于人类生存的需要和资源与可持续发展的关系。各个教室内部和墙外专栏都要有自由展示区和规范展示区，展现学生成长的足迹，让学生体验成功，楼外建绿色休憩园。学校的各个主题层，均围绕主题设有专题宣传作品，一至三层设突出我国在自然、科技、艺术等方面的成就展，激发学生爱我中华的情感和民族自豪感；四层设突出世界在利用资源建设中的最前沿、最先进的成就展，让学生在差距中增强责任感和使命感。例如，我们要求由教师带领学生利用废旧的挂历纸、丢弃的月饼盒、剩下的毛线等来装饰宣传栏、展示区等。学生在具体实践中感悟、体味可持续发展理念，感悟生活中处处有资源，保护环境、珍惜资源必须从小事做起，从身边做起。

在听觉识别系统构建的策划中，我们主要以校歌和主题曲主旋律为主体，还包括上学、下学铃声，上课、下课铃声，课间、午间休息铃声，礼仪活动的各种声音，大型活动庆典的各种声音，公关宣传的相关声音。例如，根据我校"和谐"理念，我们把铃声设计为让鸟鸣声、流水声、乐曲声和学生的欢笑声浑然一体的立体声，让学生时时感受和谐相处的快乐。

嗅觉识别主要研究、策划和规范办学过程中各种气味问题。嗅觉识别部分分常规性和临时性两种，所涉及的场所有楼道、厕所、食堂、礼堂、教室等。嗅觉识别部分随季节和活动需要而变化。

(二)让教师走向幸福的研究之路

习近平总书记在全国教育大会指出："教师是人类灵魂的工程师，是人类文明和传承者，承载着传播知识、传播思想、传播真理，塑造灵魂、塑造生命、塑造新人的时代重任。"[①]有怎样的能力，具备什么素养的教师能够培养学生的问题意识，教会学生收集信息、筛选信息并得出自己的结论呢？

1. 用课题引导教师走向幸福的研究之路

苏霍姆林斯基在《给教师的建议》中写道："如果你想让教师的劳动能够给教师带来乐趣，使天天上课不至于变成一种单调乏味的义务，那你就应当引导每一位教师走上从事研究的幸福道路上来。"为什么走向从事研究的路就会幸福呢？

从心理学角度讲，创设研究的氛围，提供研究的条件，让教师从事教育教学研究最能激发教师的主体意识，激活内驱力，从被动改进走向

---

① 《习近平在全国教育大会上强调 坚持中国特色社会主义教育发展道路 培养德智体美劳全面发展的社会主义建设者和接班人》，载《人民日报》，2018-09-11。

主动建构，即走向基于问题的主动学习、实践、反思与创新，这种看得见的发展轨迹与成果最能让教师体验、享受到成功，体验到职业的幸福感，以更大的动力投入研究学生的成长之中。从教育的角度讲，教师的研究水平直接影响到学生的研究水平，当学生成为小专家开展研究并不断收获硕果时，教师的欣喜又会化作一种更大的教育动力。

祖校长带着干部、教师研究的第一个课题就是建构以可持续发展理念为指导的小学学校文化建设研究。当时很多干部、教师都是第一次参与课题研究。什么叫概念界定？什么叫文献综述？课题研究到底有什么意义？如何开展课题研究？什么是学校文化？学校文化包括什么？建设标准是什么？如何建设？对这些问题大家都是陌生的。祖校长开设讲座"我第一次做文献综述的经历"，用最朴实的语言、最真实的经历、最简单的概述跟教师们分享了自己如何做文献综述，分享了自己做文献综述的感悟，传递了每个人都能做且一定会有收获的期待和信心。我们仅用一年时间研究的成果就在北京市举办的联合国教科文组织首届可持续发展教育大会上做了主发言，我校新建校——科技园校区成为这次研讨会的分会场，展示了我们"在可持续发展教育理念背景下的学校环境建设"研究成果。次年，我校代表北京市在上海举办的全国可持续发展教育研讨会上分享可持续发展教育研究成果，不断梳理展示规范的、系统的、深入的学习研究和研究成果。

祖校长还反思了自己所见的管理成功的案例和自己管理实践成功的案例。在 2007 年北京市举办的由朝阳区承办的校长办学研讨会上，祖校长首次提出了管理的四个法宝，即发现、点燃、分享、提升。"千里马常有，而伯乐不常有"，管理者要想培养优秀的教育人才，就要先发现人才。发现什么呢？他在教育科研中有什么价值？点燃就是管理者带领教师从理论层面进行分析，学习主题探究的基本方法。分享就是将有价值的经验推广。提升就是让更多的人参与到经验的反思中来。例如，铁平老师是一个对学生充满着无限热情并得到学生和家长肯定的老师，但极怵写作。祖校长就耐心地听她讲故事，鼓励她不用考虑标题、逻辑，想到什么就写什么。之后，祖校长帮助她从多元智能理论的高度分析了一个个小故事。后来铁平老师在写出了首篇文章《东方不亮西方亮》后一发不可收拾，最终出版了自己的专著——《构建班主任能量场》。杜文丽老师是祖校长在学校巡视时发现的另一个类型的老师。每天中午休息时，总能看到一群学生围着她在讨论什么，一个教品德与社会的老师怎么有这么大的吸引力？祖校长走进了杜文丽老师的课堂，发现杜老师尊重学生的主体需求，她的课堂具备进行小课题研究的特质，于是，祖校长鼓励杜老师总结经验，给学生出探究学习作品集。祖校长组织核心团队，丁兆惠副校长、安海霞主任利用十一长假全方位地梳理、提炼并创新了"品味北京文化"的校本课程，杜文丽老师也从此走上了一条科研之路，逐渐成长为北京市学科带头人。

　　一批批科研骨干教师应运而生。白家庄小学的第一批科研骨干教师代表丁亚燕专研主题教育文化建构，成为北京市紫金杯特级班主任；丁兆惠专研教师学术启蒙、教科研一体化和学校环境文化建设，指导课程建设后曾在学校科技园校区、望京新城校区、本部北校校区做校区主管校长，引领推动校区发展，后成为学校第一批输出的正职干部。第二批科研骨干教师代表陈凤云、安海霞、杜文丽，第三批科研骨干教师代表张继红、李颖、陈欣婷等均从参与课题研究走向独立立项研究，具有多项市级及以上规划课题。科研到底给教师带来了什么？科研使教师形成了较强的"问题就是机会，问题促进发展"的思想；形成了较强的"求真、求实、求新"的品质，依法、依规、科学实证的办学和教育教学风格；形成了较强的"追根溯源"的习惯；这些骨干教师不仅成为促进白家庄小学发展的中坚力量，而且为推进整个区域教育改革发展贡献了力量，为后续培养儿童学术启蒙奠定了坚实的基础。

　　2. 以评价目标导引教师自主发展，提升学术素养

　　经验型教师往往依据自己对教育的理解或者自己的教育观念，来处理教育活动中遇到的各种问题，教师的理解或观念有一些有理论支撑，可能是合理和得当的，还有一些属于经验层次上的教育常识，可能存在

问题。教师成为研究者，已经是当今乃至未来教师基本素养的一部分，已经成为教师职业存在的新的基本表现形态。因此，教师必须摒弃"教书匠"的意识，以研究者的姿态重新审视自己所从事的复杂多变的教育教学活动。为了提升教师的科研意识，规范教师的科研行为，使其形成科学研究的习惯，我校在每学期的教师发展性评价、过程性评价与终结性评价中都明确了最基本的底线标准，引导教师根据自己的实际进行选择、实践与完善。教师评价标准中的科研指标如表 9-1 所示。

表 9-1　教师评价标准中的科研指标

科研指标	评价标准
聚焦质量分析和教育教学实际问题，制定日常研究课题	问题精、准、细，可操作； 部分可操作
结合课题制订可行的研究计划，紧扣课题进行每月研究课教研与分享	计划内容与主题一致； 上传课前教研资料和课后资料
撰写两篇以上教科研轨迹，能解决问题，能分享经验	优秀：完成两篇，能解决问题，能分享经验； 良好：完成两篇，能解决问题； 合格：完成两篇
进行德育类课题实践研究，积累过程性材料，做到规范完整、丰富、质量高	规定时间内保质保量完成 2 分； 规定时间内完成 1 分； 备注：家校工作计划、家校工作总结、家校工作会议记录
进行教学类课题实践研究，积累过程性材料，做到规范完整、丰富、质量高	课题研究过程性材料规范、完整、丰富、质量高； 过程性材料规范、完整

在评价标准的引导下，我校各层次的教研活动变成了一个在小课题引领下的研究过程。一个学期结束之时就是我们下一个学期常规科研工作的开始，大家借助"大数据"认真分析每个班的共性问题和个性问题；年级组再聚焦各个班的共性问题，最终形成下一个学期一个年级或几个年级一个学科的科研小课题。

3. 以"教科研轨迹手册"为载体引导教师拾级而上

面对教师科研基础底子薄、积极性不高的情况，如何让教师快速而又能扎实地走上研究的幸福之路呢？有效的方法就是尊重教师的实际，紧贴一线教学实际，用最简化的问题、最简单的模板和框架导引教师的思维，规范教师的教学行为，培养教师有目的地学习和积累的良好习惯。因此，我校于2002年就开始推行"教科研轨迹手册"，让教师清晰地看到自己的思维路径、自己的实践成果和发展变化。十九年过去了，我们也根据不断发生的新的实际问题与教师需求不断改版，用最简单、最易操作的研究规程指导教师"入格"。

"教科研轨迹手册"分为四部分，每一部分又有详细的指导语。例如，第一部分的指导语为：本学期重点研究或准备突破的问题是什么？为什么要研究这个问题？这对教师来讲是最难的，因此我们提醒教师发现与提炼问题，从多角度思考，如质量分析、课堂教学问题、作业呈现、学生收获与成长等。为什么要研究？可以从理念、理论、课程标准等多角度思考。第二部分"解决策略/方法"的指导语为：突破这个问题的具体策略和方法有哪些？用思维导图展示，注意各部分之间是并列关系；一一对应，写出为什么一定要选择这些策略和方法？提示从理念、课程标准、学科教学法、心理学、教育学等多角度进行分析确定；也可以从前人已形成的经验角度分析。第三部分"可检测到的学生预期效果"的指导语为：通过实施所定的策略和方法，学生会有什么变化，如学生课堂行为、活动效果、作业等方面的变化。

不是有了这个详细的轨迹指导手册，教师就能学会并获取成功的，学校及各校区的科研部还要组织教师进行教学研究、答辩分享、指导修改、经验分享、结果评价等，一步步地引领教师走向科研之路。教师们的"教科研轨迹手册"越写越好，他们独立撰写的立项研究也就会如雨后春笋般破土而出，他们的获奖作品也就会逐渐增多，从而使一批批骨干教师走向研究之路，为儿童学术启蒙的改革奠定基础。

二、创建课堂质疑文化制度，培养质疑习惯

爱因斯坦在谈他的科学创造时说：我没有什么特别的才能，不过喜

欢寻根问底地追究问题罢了。发问从学生刚会说话时就开始了，但随着年龄的增长，进入了一年又一年的学习之后，学生的发问怎么渐渐减少了呢？学生能养成终身受益的"提问"习惯，关键在教师。

教师面临的问题是总怕课堂上的时间不够，因此可能不太关注学生的提问。祖校长把在课堂观察中发现的诸多课堂教学问题，通过梳理、合并，提出了：教师对学生的提问是否能进行有效鼓励？教师是否设立并使用专门的提问题区域？教师是否能引导学生进行问题归类、提炼？教师是否能带着学生比较已经提出的问题，探索提出深度问题的思维路径？大家由此达成共识，认为建构课堂的质疑制度，形成全课程、全学科、全方位的质疑至关重要。

为了进一步促进由"教师让学生问"发展到"学生主动问"，我们分别研究制定促进学生"我会质疑"习惯养成的标准，其中包含了学生达标要点、教师达标和干部评课管理要点，如表 9-2 所示。

表 9-2　白家庄小学质疑习惯培养评价标准要点

年级段	学生达标要点	教师达标要点	干部评课管理要点
低年级	大胆向教师、同学提出不懂的问题	创设氛围、情境示范、指导提问；给学生独立提问的机会；对提问的学生进行有效鼓励；设立专门的提问题区域	教师课前、课上是否给足时间和空间让学生提问；教师对学生的提问是否能进行有效鼓励；教师是否设立并使用专门的提问题区域；教师是否能引导学生进行问题归类、提炼；教师是否能带着学生比较已经提出的问题，探索提出深度问题的思维路径
中年级	能结合学习内容标出不懂的问题进行提问；能在小组合作中提问	指导学生围绕学习内容进行课前、课上提问；对提问的学生进行鼓励；设立专门的提问题区域	
高年级	能从不同角度提问；能提出有思考深度的问题；能在小组合作中提出引发大家辩论的问题	引导学生从不同角度对学科所学内容或要探究的主题进行提问；引导学生提出有深度的问题；设立专门的提问题区域	

这些"精、小、细、实"的标准引导大家对标分析，找到提升的空间和可能。为了达到"人人都敢问、个个都敢辩、学生质疑百分百"这一追求，我们持续将学生质疑习惯的培养列入白家庄小学教育集团各年度教学工作计划中，纳入每一门课程、每一节课的课堂评价中。

干部听课要了解教师课前、课上是否给足学生质疑的时间和空间，课后对教师培养学生质疑的情况进行点评。学生的质疑就是一棵稚嫩的"幼苗"，一点点风吹草动都会把这棵稚嫩的"幼苗"扼杀在摇篮当中。我们肯定、鼓励敢于提问的学生的教师；我们鼓励能够在黑板上设立专门的提问题区域的教师；我们鼓励在完成学习任务之后，组织学生分析课前提问带来的益处，分析如何确定主问题与次问题的教师；我们鼓励利用一切机会指导学生质疑的方法和丰富质疑角度的教师。

（一）充满"问题探究"味道的教代会

每学年两次的以谈论"学校工作计划"为题的教代会，是所有学校必做的常规管理工作。我校每年都将"从下至上，从上至下"经过基层干部和集团领导谈论形成的新学习计划初稿提交给集团教代会。在这样一个主题教代会上，我们将计划讨论分为两部分。第一部分，首先，由校长简要介绍一下最新的教育发展新形势、新要求，介绍新学年市、区两级领导的新部署或规划要点；其次，在此基础上讲学校新学期指导思想定位思考、目标思路、重点工作思考及要求；最后，由教育、教学、科研、信息、总务各口集团主管领导介绍在学校总目标和重点工作下的各口工作落实情况。第二部分进行分组谈论计划，提出改进问题的建议。

随着我校课程改革的深入发展，特别是儿童学术启蒙思想的逐渐落地和我校"构建课堂思辨文化"的深度研究，祖校长越发感到影响教育改革的核心应该来自管理者自身管理的变革，如果管理者不改变自己灌输式的管理思想，教师团队也很难彻底改变自己对学生的惯性灌输思想。仅从讨论学校的计划来讲，能不能最大限度地尊重教师的主体，激活每一个教代会代表的思维，从"讲述式"教代会，走向"探究式"教代会呢？从 2017 年开始，我们逐渐改进了以下方面。第一部分，基于问题自主学习电子版学校工作计划。各校区同时分成教育、教学、科研、信息、总务五个组自己讲解"为什么会确定某一指导思想?""为什么要把某项工作列为重点?""哪项重点工作和哪项重点工作是有关联的,有怎样的关联?""某项重点工作本学期能不能不做? 理由是什么?"……第二部分,各校区派代表用思维导图的形式讲述自己的理解和创新性思考。第三部分,结合共性认知问题和质疑问题由校长和各集团主管进行答疑。一个小小的以问题驱动的先学后讲的改变,让我们看到了教师的巨大变化。首先,我们看到了活跃且热烈的场面,每一个教师的思维都动起来了,都在积极地表达着自己多角度下的思考;其次,我们看到了教师智慧的潜力;最后,我们感受到了由于教师的思想得到极快的共鸣所爆发出的一种工作热情和动力。集团问题驱动的教代会模式传导到了各校区的全体职工大会,人人积极参与谈论,人人深度思维某策略,为每一个新学期的到来奠定了坚实的基础。

(二)特殊阶段"六问"带来的教师智慧

谁都没有预测到,突如其来的新冠疫情,打破了我们平静的生活。2020 年 1 月下旬,教育界的"战役"随之打响。干部和教师们为了准确无误地报送信息,发信息、打电话、等消息、调整报表,有时真的连饭都顾不上吃。面对特殊时期的防控形势,教师们并没有停止学习研究的步伐,而是以积极的心态投入热火朝天的备课中,按计划节点出色完成了假期备课互学、互评、互改任务。教师们本着对学生高度的责任感和使命感,不厌其烦地修改课程方案,为学生设计可选择的一周具体学习内容。不同部门的干部、教师在接受上级布置的各类任务时,总能主动出击、及时研究,发现问题及时整改。骨干教师毫不犹豫地参加了市、区录课任务。

2020 年 2 月,学校启动"停课不停学"的"延学"模式,这使教师们面临的挑战更大、难度更大、任务更艰巨。"新课不能教,什么可以学? 旧课复习到什么程度?"这对于每一个教师来讲都是个难以拿捏的大难题。"这种模式持续多长时间? 一周? 两周?"对这一问题无人知晓,这对教师来讲又是一个大挑战。这个时候，校长是直接隔空灌输一条条文件要求，布置一个个具体任务，还是通过问题驱动，唤起教师的主体意识，激活教师潜在的能力，共同创造性地破解难题呢？祖校长选择了后者。

在致全体教师的一封信中，祖校长这样写道：

有几个问题我不想"灌"给大家，相信你们能够探究出结果。

第一，为什么我们每一个人一定要保证自己严格按防疫要求做？具体怎么做才叫做得好？你的学生们都清楚吗？都做到了吗？

第二，特殊时期，班主任和学科教师应该在班级学习圈中发出怎样的交流主题和导言，才能引导学生能够深切关注"逆行者"？才能够引导学生发掘、学习他们的内在精神并化精神为行动？

第三，用什么方法能够激发家长和学生共同努力，自觉在家中培养自我控制、爱眼、重礼仪、爱劳动、爱锻炼等良好的习惯？

第四，给学生怎样的学习资源，才能激发他们的思维？才能搭好新与旧之间的桥梁？才能提升学生的文化底蕴？

第五，面对学生和家长的各种质疑，你用怎样的科学语言应对？当你真的不会回答时你将采取什么方法？

第六，今天我给你们写了一封信，明天你们该和学生说什么？

你们有着责任担当精神强、思维活跃能力强、交流合作水平高等诸多优点，我坚信：你们的存在一定能给学生带来温暖；你们的存在一定能给学生带来力量；你们的存在一定能给学生带来信心；你们的存在一定能给学生带来期望！我坚信：我们同心同德一定能打赢这场没有硝烟的战斗！

这种开放的、直面管理实效的追问方式，犹如投落到湖面的一粒石子，瞬间激起了教师们思想的共鸣和情感的涟漪。教师们纷纷分享自己的理解和思考：

我们要让学生理解，只要我们心有敬畏，按防控要求做，保护好自己，珍爱生命，就是对疫情防控最大的贡献。

我们可以引导学生重新认识生命的意义，在保持自身健康中学习到尊重环境、尊重人人；让学生主动关注社会、关注国家，培养学生的社会责任感，帮助学生树立正确的人生观和价值观。

非常时期，我们都要有同呼吸、共命运的担当意识，要鼓励学生用"真实"的目光去发现生活，用"思辨"的耳朵去倾听社会，让"逆行者高光时刻"的勇气和担当，变成学生们面对灾难时前行的明灯和希望。

我们现在的安定，是因为有人在替我们负重前行，有国才有家。作为教师，我们要抓住这一"立德树人"的契机，引导学生在阅读中与经典对话，在阅读中荡涤心灵，努力当好学生成长路上的引路人，当好学生奉献祖国的引路人。

学生在家学习，我们要把责任担当精神、思维活跃能力、交流合作水平带给家长、带给学生，让他们在温暖中获取知识，在力量中抗击疫情，在自我管理中学习成长，在乐观自信中面对未来。

一份份发自肺腑的感受，一句句饱含深情的话语，在我校七个校区的教师群中此起彼伏，三百多个教师就这样相互分享着自己的智慧和思考。温暖、关爱、责任和力量就这样荡漾在白家庄小学每一个教师的心中，为开启延学期间教与学新模式提供了一盏心灯、一份指引。

第二节　致力于"儿童学术启蒙课程"的专项研究

儿童学术启蒙课程从萌芽到长出嫩芽再到逐渐开花结果是一个漫长的过程，要想让干部、教师都能理解到位，校长首先要不断地进行自我追问：什么是儿童学术启蒙？到底为什么要建设？它的价值有多大？怎样建设？

一、大量阅读，思考"儿童学术启蒙课程"的含义

朱传世的《论基础教育阶段的学术启蒙问题》，引发了我们的进一步

思考。儿童学术启蒙课程如何定义？"学术"在《辞海（第 7 版）》中的解释为"较为专门、有系统的学问"。"术"在《说文解字》中的解释为"邑中道也"，指道路，引申为方法、技术、技艺等。"启蒙"在《现代汉语词典（第 7 版）》中的解释是"使初学的人得到基本的、入门的知识"。经反复思考研讨，我们认为儿童学术启蒙是指在小学阶段能够比较系统地学习一些做学问的基本入门方法。就是有意识地培养学生的问题意识；辨析选择有研究价值的问题；会围绕问题收集、筛选有用的信息；体验比较规范的学术研究过程；能举证说明观点，并逐步产生自己的观点和主张，转化成一定的小论文或文创、科创等学习成果。通俗来讲就是让学生长时间地思考、琢磨一个问题，用打破砂锅问到底的精神，不断经历提问—选题—计划—答辩—实施—总结—反思—创新的全过程，引发和保持学生研究的兴趣，养成良好的学术习惯，在不断发现惊喜的过程中，培育出持续研究的品格。

二、反复追问，思考"儿童学术启蒙课程"的价值

课程学习就是要顺应、保护、延续学生的自然天性；它是使学生感到学习乐趣，产生学习内动力的源泉，它是使学生产生创新思维的重要前提。

（一）充分尊重学生的天性和心理发展的需求

在小学阶段开展学术启蒙课程，毫无疑问，能给学生提供人人都能学会怎么提问、怎么选题的机会；能给学生提供人人都能学会怎么围绕选题，专注地进行阅读、访问、考察、检索与删选信息、探究的机会；能给学生提供人人都能有表达自己新的认识形成新学习成果，再提出新的问题的机会。

（二）充分尊重学生未来发展的需要

学生未来将面临什么？需要什么？随着机器应用于数学、计算机科学和神经科学的深度学习，计算机的功能日趋强大，数据资源变得强大

而丰富，使用学习算法解决问题比以前更快、更准确，也更高效。我们身边感受最深的一个深度学习快速改变格局的例子就是对语言翻译的影响。基于深度学习的最新版翻译器，代表了自然语言翻译质量的重大飞跃，几乎一夜之间，语言翻译就从零散、杂乱的拼凑短语升级到了语意完整的句子。

国务院 2017 年印发的《新一代人工智能发展规划》提出，到 2020 年人工智能总体技术和应用与世界先进水平同步，人工智能核心产业规模超过 1500 亿元，到 2025 年人工智能核心产业规模超过 4000 亿元，到 2030 年人工智能理论、技术与应用总体达到世界领先水平，人工核心产业规模超过 1 万亿元。随着政策的进一步推动以及技术的进一步成熟，人工智能产业落地速度将明显提速。伊恩·朱克斯（Ian Jukes）在《未来教育简史》（*A Brief History of the Future of Education*）一书中认为，学生应当掌握内省技能、人际交往技能、问题解决技能、协作技能、信息分析技能、信息沟通技能、创新技能等。学习者成长在一个参与性和分享文化的时代。人们不再只是通过阅读文本来获取有效的信息，图像、声音、视频和大量的网络数据极大地丰富了人们获取信息的来源。人们不仅要成为这些信息的获取者，而且要成为一个善于表达观点、善于传播信息的生产消费者。

我们越来越深刻地理解了习近平总书记提出的教师要做学生创新思维的引路人。我们意识到，教师最缺的，也是学生们迫切需要的不断增强的问题意识、多角度审辩思维的习惯和与众不同的创新思维能力。

(三)彻底解决课程改革和课堂教学中存在问题的需要

学术似乎是成人的专利。小学并没有把学术启蒙看得很重。每个学科都倡导探究性学习，教师也在实践，但依然存在培育不到位、不充分、不深入、不平衡等问题。小学只有科学学科形成了科学探究目标体系，学生能够围绕已提出和聚集的问题设计研究方案，通过收集和分析信息获取证据，经过推理得出结论，并通过有效表达与他人交流自己的探究结果和观点。但问题意识、多角度审辩思维的习惯、思维创新能力还是不能得到很好解决。教师应在参与研究和指导研究的过程中成长。

2004年，我校成立了课程开发团队。这时教师从未有过开发课程的经历与经验，没有任何文件规定教师必须开发校本课程，没有文件规定每所学校必须开多少门校本课程。庆幸的是，教师的课程开发能力提升是有规律可循的。规律是什么？怎样开发能够满足学生需求的更多的、可供选择的课程呢？

第一，回顾发展，发现一般规律。我们回顾、研究、提炼了"品味北京文化"这一课程产生的关键要素。其一，教师必须对要开设的课程充满兴趣，最好是自己的专长。例如，杜文丽老师本来就是个文艺青年，好读书、好看话剧，丁兆惠校长对北京文化情有独钟，有着丰富的积淀。其二，教师必须对该兴趣的研究实践延续了一定的时间且有成效。例如，杜文丽老师有过带着学生进行"北京的小吃、北京的四合院、敦煌莫高窟、张家界"等探究学习的经历。其三，必须有一个懂课程、高水平的团队共同研究，对于课程目标定位、主题设计、结构特点、逻辑关系、呈现方式，均需团队反复推敲研讨。例如，我们这个团队是由区学科专家王颖（品德与社会教研员），富于文化底蕴和创新能力的丁兆惠，有文化实践专长的杜文丽，有美术设计专长的黄晶慧，参与过朝阳区科技、劳动、信息三合一地方教材编写和实验的祖校长，以及有过编写德育校本课程经历的领导组成。

第二，研发校本课程，激发教师特长发展。我校在岗教师均是学科出身，从学习到工作均有学科教学大纲和上级配发的教材。如何超越自我，去建构能满足学生的兴趣，促进学生未来发展的校本课程呢？唤起教师对儿时兴趣特长的回忆；唤起学生对个性追求的欲望；出统一的模板指导教师书写课程纲要，规范申报流程，明确规定我校的校本课程必须凸显文化主线和探究主线。

百余门校本课程像滚雪球一样发展起来，既满足了学生差异发展的需求，促进学生的特长发展，也提高了学生探究能力，为学术启蒙课程开发打下坚实的基础。此外，这些校本课程也丰富了学校的文化建设。

学术启蒙在学生成长中带来的巨大价值，促进我们更深入地思考和进一步系统构建的决心。

第三节　系统学习、回顾与反思，让管理更加有效

办学多年，虽然已积累了诸多的管理实践经验，但在面临党和国家更高的教育改革要求时，祖校长仍在深度追问自己：校长领导力的特质是什么？校长跨学科整合领导力与校长领导力的区别在哪里？STEM教育与PBL（基于项目的学习）有什么联系与区别？与世界先进国家的小学课程设置相比我们的优势与亟待解决的问题是什么？

一、领导力的特质是影响学校成功与否的关键因素

什么是领导力？领导力就是指在管辖的范围内充分地利用人力和客观条件在以最小的成本办成所需的事，提高整个团队的办事效率。约翰·麦克斯韦尔认为，一个人成功的必备条件有三个。第一个是必须能和别人友好相处。第二个是想法必须正确，要好好花时间想想自己的人生，想想未来有什么目标。第三个是培养团队人才、领导团队的能力。约翰·麦克斯韦尔曾说："我每天的目标就是要学一些东西。早上我会问自己：今天，我要学什么？我见面的这个人，我要他教我什么？每天晚上我问自己：我向谁学到了什么？谁教了我东西？领导承担着最大的责任。领导要学会放低姿态，先让自己成为一个好的聆听者，因为只有聆听才能学到东西。"约翰·麦克斯韦尔将领导力分为五个层次。第一层次，职位，人们追随你是因为他们非听你的不可；第二层次，认同，人们追随你是因为他们愿意听你的；第三层次，生产，人们追随你是因为你对组织所做出的贡献；第四层次，立人，人们追随你是因为你对他们所付出的；第五层次，巅峰，人们追随你是因为你是谁以及你所

代表的东西。^① 在学校内部，成功的学校领导都有以下四个方面的特质。

(一)设定方向是发挥校长领导力的前提

设定方向包含四个要素：愿景、理解、期望、沟通。德鲁克基金会主席弗朗西斯·赫塞尔本认为：一切工作都源于使命，并与使命密切相关，你不是为了管理而成为管理者，而是为了使命而成为管理者，你所做的一切工作，无非与大家进行沟通，让大家接受这个使命，然后团结并带领大家，朝着这个使命方向前进。没有使命感的教育是盲目的，真正的教育要具有灵魂，具有坚定而明确的价值追求。我校管理之所以能排除万难使远距离散点分布的校区同德同育，其中重要的原因有以下几点。其一，无论是学校整体的发展还是一个项目的推进，都首先注重用核心价值理念、用学校发展目标激发每个人的内驱力与潜力，且学校的核心目标一直与党和国家的教育方针政策和教育改革发展方向一致。其二，在设定愿景之后，能用多元的方式从多角度引导大家对愿景目标谈个人深刻的体会和独到的理解，达成团队认知的高度统一。其三，创建能够将学校和教师个人实现远景目标的高期望评审机制，用高期望标准引领自主发展。比如，用星级教师的申报标准，引领教师专项发展；用教师发展性的评价标准，引领教师综合发展；用团队发展性的评价标准引领教师合作发展。其四，在引导教师朝着目标前行时，有效沟通是极为重要的。所谓有效沟通是基于目标的沟通，要紧紧围绕目标和标准，针对遇到的问题，进行科学的诊断与分析，形成良性循环。

(二)培养教师是发挥校长领导力的核心

培养教师包含三个要素：激发教师智力、提供个性化支持、领导者的示范性。校长对学生的影响力是通过教师这一中介来实现的，教师的表现是由动机、能力、环境三个主要因素决定的。培养教师只在提升教

---

① [美]约翰·麦克斯韦尔：《领导力的 5 个层次》，任世杰译，6～10 页，北京，金城出版社，2012。

师专业、能力上发力是不能治本的，要联动，特别是要在改善教师的心智模式、教师的系统思维上下功夫。长期以来，教师从学校走向工作岗位，从未真正接触社会。这种单一的经历，加之绝大部分时间总在一个学科里打转转，导致了思维的固化，严重地影响到学生的综合发展。因此，在培养教师方面，校长的领导力要更加侧重对教师思维的培养，如在某一学期学校在课程改革中追问最多的便是关系问题：教育方针与学生核心素养的关系，与学校四个尊重培养目标的关系，与教学大纲的关系，与一节课的课堂文化标准的关系。校长要引导教师站在制高点上想问题，用联系的思想、整合的思想看改革，促提升。此外，教师的培养要特别注重个性化的支持，比如，学校结合教师星级评审的方向与追求，会对教师进行基于项目的支持和分层指导、分层对口个性化的定制化培养等。

（三）重设组织架构是发挥校长领导力的保障

重设组织架构包括三个要素：建立协作文化、搭建发展平台、建立与各渠道的有效连接。教师在实际教学过程中的教学风格是个人化的，教师处于孤立的状态之中。教师发展其专业知识与能力并不完全依靠自己，更不是孤立地形成与改进其教学策略与风格。这种策略与风格的形成与改进，很大程度上依赖于教师群体的协作文化。教学的动态生成需要整个团队的协作文化来更新教师的教育理念，完善教师对教育的理解。教学的动态生成需要教师在专业成长过程中通过行动研究来完善其观念系统、知识系统、伦理与心理人格系统。我们整个团队建构的就是基于尊重理念的开放的文化、分享的文化，特别是在星级教师评审中将"发展自己、成就他人的协作文化"落在实处，成为教师的一种习惯。正是因为建构了一种协作的文化，学校在大家共同努力下，通过共同的浇灌，使得贫瘠的土地渐渐变得肥沃，成为每一个教师成长与发展的精神家园。

（四）有效管理教学行动计划是发挥校长领导力的关键

有效管理教学行动计划包含三个要素：分配、监督、协调。学校管理者要十分重视协调环节，应尽量排除与教师教学无关的各种外部需求，让教师把更多的精力集中在教学过程中。校长的领导力应体现在以一种积极的心态调动、协调家庭和社会可以调动的一切力量，如充分发展家长教师协会职能，推动家庭育人工程、家庭协同育人工程等。

二、校长跨学科课程领导力更应体现在科学建构上

被誉为现代课程理论之父的泰勒发表了《课程与教学的基本原理》，指出开发任何课程和教学计划都必须回答四个基本问题：第一，学校应该试图达到什么教育目标；第二，提供什么教育经验最有可能达到这些目标；第三，怎样有效组织这些教育经验；第四，我们如何确定这些目标正在得以实现。他的学生兼助手塔巴针对泰勒模式提出一个更为详细且具体的解释方案，在一定程度上扩展了泰勒模式。塔巴认为课程设计应该包括以下七个部分：第一，需求诊断；第二，目标设定；第三，内容选择；第四，组织内容；第五，选择学习体验；第六，组织学习体验；第七，决定评估内容方式。综合两位学者的研究，结合我们学校的实践，祖校长认为七个环节可以合并为五个环节：第一，需求诊断；第二，目标设定；第三，内容选择与组织；第四，选择、组织学习体验方式；第五，决定评估内容方式。

(一)引导教师科学开展需求调研，科学设置目标，形成系统思维，保障课程开发的方向性

1. 课程建构的第一个环节就是需求诊断

需求诊断是课程开发的起点，无论哪个国家在开发课程的过程中都会考虑到国家层面的目标，从发展的角度讲又都会考虑到学生的实际需求。即课程目标的建立既要顶天立地，又要脚踏实地。课程开发要在目标定位中考虑人的可持续发展与社会的可持续发展，要将人的自然属性与社会属性统一，因此应该包括三个方面：第一，分析我国教育方针、学生核心素养、学校培养目标之间的关系；第二，分析课程标准与培养目标的关系及定位；第三，分析学生基础及发展需求。例如，我校的尊

重课程体系，就是在充分分析的基础上，制定了分成四个领域的学校课程总目标，既对接国家育人目标，又体现各学科课程标准与学校育人目标，并开发了七十多个跨学科主题课程；局部课程设计也要定位准确，科学开发。

2. 引导教师深度追问，找到课程开发的独特价值

在学习中，祖校长体会到做跨学科学习，首先，要基于生活中的真实问题确定一个鲜明的主题；其次，跨学科不是没学科，要在主题学习中体现学科各自的核心特征；最后，要凸显跨学科学习过程中各自共同突出的核心概念。以"北京的四季课程跨学科主题"为例，在建设过程中要首先引导教师确定主题，围绕主题思考各自学科能开发哪些引导学生深度学习的内容，达到什么目的。培训教师引导学生围绕北京的四季这一主题用自己喜欢的方式，如列表、画图表达自己已经知道了什么，有哪些学习方法，还有哪些学习经验，你想进一步探索哪些问题？你认为社会上面临哪些亟须解决的问题？在这样的思维基础上，确认与"北京的四季"相关联的学科领域有语言、工程、体育健康、艺术、数学、科学、信息技术等。例如，语言方面可以从阅读、写作、演讲的角度去感受四季变化的规律和蕴藏的文化，积累关于四季的诗歌、谚语故事；工程方面可以做四季校园规划、四季循环规律模型；体育健康方面可以做四季养生品；艺术方面可以用独到的舞蹈语言、戏剧语言等表达四季的特点和规律；数学、科学方面可以探究四季的形成和二十四节气背后蕴含的规律；信息技术方面可设计关于四季变化规律背后蕴含的文化影片的制作，进行关于北京四季服饰、食品、编程设计 3D 打印。最终，教师概括出"北京的四季"跨学科主题课程的核心概念是文化传承与规律探究。

(二)引导教师将评价设计与评价贯穿课程建设的始终是保证课程质量的关键

评价的目的，就是要全面地检验学习经验在实际中是否起作用，是否指导教师得到所期望的那种结果。评价的过程实质上是一个确定课程

与教学实际达到目标的程度的过程。课程评价必须贯彻在课程建设的始终。课程评价至少包括三次评价：第一次在学习课程之前进行，即实施前测评价；第二次在课程实施过程中进行；第三次在课程后期进行，以便测量在此期间学生的变化。对于评价结果，泰勒认为，不应该只是一个单一的分数或单一的描述性术语，而应该是反映学生目前状况的一个剖析图，评价本身就是让教师、学生和有关人士了解教学的成效。评价要关注学生学前知识背景等方面的评价，还要进行核心技能的培养、性格的评价、问题解决的评价以及在任务学习过程中的评价。比如，我们常常在项目学习过程中设置交流汇报的环节，教师提出国外非常注重在交流阶段对交流的广度、深度和内容的丰富性方面进行评价。在学习团队构成方面，注重分工与小组规模的评价。在核心技能方面，注重基础性评价解释、协调承担的角色、换位思考、倾听论证调节等多方面的评价。

以开发与实施"北京的四季"课程为例，我们并不是到了学习结束时才考虑评价，而是将评价的思考设计贯穿在五个环节之中。首先，我们制定了评价的原则：第一，校长要带领教师共同制定评价指标要素；第二，评价要贯穿整个课程的全过程；第三，评价原则上要充分利用信息化手段体现动态个性评价。其次，确定了评价的体系从四个方面来进行设计：第一，基于核心素养的评价，包括执行能力、坚韧度、深度学习、成长性思维；第二，核心产品评价，包括学习记录设计、草图、计算、小组合作评价、专家教师评价、自我评价以及所做的艺术产品等；第三，终结性的考试评价，包括学科概念的考试，概念图以及解决问题的方案设计等；第四，确定各个环节的具体评价标准。这也充分体现出校长的课程领导力。

后 记

HOUJI

　　儿童学术启蒙，并不是让儿童去做高深的学术研究，而是儿童通过对身边事物、自身生活等的观察、思考，提出想要研究的问题，然后在教师的引领下进行问题提炼，再经历实践探究、反思提升，以科创、文创作品等成果展示研究所得。儿童就像科学家一样去观察、去思考、去提问、去实践，经历的是学术启蒙的过程。儿童学术启蒙课程，脱胎于白家庄小学二十余年来坚持实施的跨学科主题课程，是白家庄小学全体师生在坚信、坚守中不断实践的课程改革，致力于培养学生观察倾听、质疑思辨、理性思维等关键能力与必备品格，致力于培养"传承中华优秀传统文化、吸纳先进世界文化"的具有北京情、中国心的世界人！

　　本书的编写和正式出版，首先要感谢北京教育科学研究院"遨游计划"项目组领导的支持。白家庄小学作为项目实验校，积极参与项目组的课程改革实验，基于"六位一体"模式，自主创新课程，形成由"尊重"理念引领的"基础＋主题"课程结构、课程实施"四流程"等，成功建构儿童学术启蒙课程。感谢朱传世主任，本书从立意到结构框架，再到儿童学术启蒙的建立与解惑，无不倾注着朱主任的高位指导。

　　本书编写分工如下：第一、第二章（李瑞霞、郑燕、徐小青），第三、第四章（李颖、胡岩芳、胡艳霞、魏华丽），第五、第六章（陈淑慧、程淑娟、李海玲、祁颂），第七、第八章（陈欣婷、杨泽、蒋雨晨），第九章(祖雪媛)。团队在祖雪媛校长的带领下，分工明确，精诚协作。本书的编写也得到了程崴崴、袁欣、郑天妹、李倩等一线老师的大力支持，他们提供了丰富的实践案例，特此感谢！北京师范大学出版社给予了本书极大的支持，特别是冯谦益编辑、申立莹编辑为本书的编辑和出版付出了辛勤的劳动，在此向她们表示衷心的感谢！

在课程改革不断深化的新时代，作为北京教育科学研究院"遨游计划"的项目实验校，白家庄小学将不断深化"六位一体"的课程改革，深化"尊重"理念引领下的儿童学术启蒙的理论理解和课程实践，不断凝练、提炼课程成果，以儿童看得见的成长，让每一名师生都得到最大限度的发展，让每个生命都能绽放属于自己的异彩！